全椒古代典籍叢書

王肇奎集 3

（清）王肇奎 撰

政協全椒縣委員會 編

國家圖書館出版社

第三冊目録

（清）王肇奎 輯

陳氏聯珠集十卷（卷七至十）

清嘉慶七年（1802）刻本

陳氏聯珠集卷七

全椒王肇奎鶴嶼采錄

陳　堅

字庭愷青陽人縣學生著有鋏門詩草

曉起

曉起步園林凝雲凍日影寒風響松梢四顧益幽靜梅花幾點開春意枝頭併和雪嚼清香沁入詩脾冷

洪北江曰寄情淡遠造語新奇

冬夜

冬夜長如年百端入夢想倚枕聞犬聲披衣啟羅幌淡烟山腰橫殘月松頂上東鄰猶未眠軋軋繅車響

月夜華溪

境幽心自閒偶向溪邊步衆鳥投寒林片雲空際度荒邨歸牧童橫笛天氣暮舉首望東山淸光峰頂露圓影落寒流水月成佳趣

田家卽事

今歲夏秋旱農家倍辛苦乖龍惟貪眠石燕不肯

舞。既羅炎魃災。無稼復無圃。澤竭泉源枯。抱甕向
何所。偶從田家行。忽見山雲吐。電光閃不收。雷聲
殷如鼓。始吹林際風。旋滴階前雨。一雨洗積塵。再
雨沃焦土。物類悉昭蘇。如病忽然愈。老農呼阿兒。
有酒可速取。即此一家樂。可以徵比戶。但願膏澤
匀。一時遍寰宇。

避暑塔影禪林與乘山上人

世人若熱中。乃覺熱如火。避暑學逃禪。靜向蒲團
坐。萬慮盡棄捐。一身信安妥。溪聲入戶涼。塔影當

簷沱況共遠公談往往天花墮

梅緣書屋

治父山之東毛公洞之右地僻田園寬竹樹十餘畝中有讀書屋梅花繞前後東風一夜吹暗香飄戸牖縹緲來壅仙繽紛聚清友日夕恣盤桓何福能消受相對渾忘言夙緣信非偶

聚猿峰

我來九華峰如經三峽地怪石排山巓衆猿競連臂風聲作夜啼欲下數行淚

箏笛浦泛月

金斗城東秋夜長。滿船明月流清光。風定更深思渺茫。忽來箏笛聲悠揚。悲哉魏妓沉極浦。水底幽魂誰與訴。想是顧曲逢彼怒。樂府紅粧問水府。嗟彼老瞞寧知音。重淵珠墜難再尋。我泛輕舟索幽響。水鏡劃開天滉漾。漁陽鼓治埋芳洲。淝水歌姬投濁流。才邑並墮奸雄誅。抽身不早夫何尤。君不見銅雀臺高貯歌舞。分香賣履氣消沮。又不見洛水停驂賦感甄。凌波羅襪徙生塵。魏國山河今已

矣怨笛悲箏心不死江樓角斷日將起餘音嫋嫋
蘆花裏
翟補庵曰筆端
駿利憑弔情深

課雪樓

同雲夜斂開晴天高樓集客題詩篇獸炭爭燒畫
燭燃滿座推敲羣騁妍爭呵牙管裁花箋俄焉月
上東山巔雪影皎皎月娟娟寒光激射相新鮮四
顧一色皓無邊牓題課雪當早鐫元龍百尺霄漢
懸至今樓與人俱傳主人置酒開瓊筵諸君酬飲

眞匋然。

題散賑圖

秋雨不來秋雲高江南鴻雁哀嗷嗷活民書自九天下萬姓歡呼騰層霄大吏親行到村落細察吏遣諸官曹分別都啚編戸口瘠瘐悉見無匿逃委積已備三十載散利特先十二條縣令坐抱災民册胥吏奔走開倉廒仰體 聖主愛黎庶賑貸毋或侵分毫大者一戸米一石儼然須祿同官寮小者一戸米五斗不鄙微薄爭折腰遠者負

囊走百里近者歸市惟崇朝更有老弱力不振載車遞送寧辭勞災民得食安厥堵拜手稽首歌且謠丹青不僅寫官長繪圖用記皇恩饒

鶴嶼日寫出愛民至意自是盛世元音

鬬雞石 在九華九子巖

淮王仙去屑霄迴遺卻餘砂在丹鼎雙雞偷啄並飛昇雲中仍復爭先鳴鬬心未泯忽遭謫謫向巖前化爲石不效陳倉振羽翼宛然紀渻養全德淩風對立隨天雞扶桑日出石應啼

見湖亭

危亭依翠巘曲檻俯清溪日射湖光動煙籠柳色迷劈天懸雁塔劃鏡走虹堤極目江城近人家綠水西

鶴嶼日字句挾飛鳴之勢

齊山湖晚眺

風光何處好暮色滿湖邊落日明秋水餘霞媚夕天網收漁父岸帆下賈人船眺望無窮趣歸吟思渺然

捧檄橋

安陽初作尉祿養孝思深不受徵車聘方傳捧檄心薛包堪比德張奉豈知音橋畔留芳躅秋風我獨尋

冬夜

同雲閉霽邑凋戶夜翛然晴雪梅花月疏籬竹葉烟裁詩呵凍筆煮茗扣冰泉遥念山陰客乘舟入剡川

送族叔父魯濱之霍山

雲壑宜高臥輪蹄竟踢霜忍教辭菊徑豈果愛茶槍留別心徒切從遊我未遑霍源雖道好風景是他鄉

翟補庵日流利

從容堂追和曾大父露書公韻

半壁全頹日難將隻手扶堂召成預兆臣節在須臾急遠人歸敵從容婦殉夫二生同就義痛哭赴溪隅

原作　陳捷

戰艦連雲下江城勢益孤將軍私納款女子共
捐軀碧血畱千古丹心照九區從容尤不易芳
躅想堂隅

野步

信步到田家疏籬映日斜分秧雙足馬運水八盤
車村婦羣挑麥園翁獨灌花早須靈雨降膏澤徧
桑麻

清泉嶺

峭壁映松楸清泉石罅流斜陽千嶺暮落葉一亭

秋北苑茶方熟西山碣尚留無人談鮑趙懷古思悠悠

萬羅山

靈山羅萬有江祖隔溪橫石壓天門迥潭空玉鏡平晴雲樵徑滿落日釣臺明太白遺踪在彌深弔古情

滂圃賞月

滂圃開夜宴邀我賞淸輝室小賓常滿牆低月早歸坐花金粟綻得句羽觴飛吟到三更後涼深露

濕衣

考坑庵偶成

空山塵事少策杖晚涼天一徑花籠月千峰樹雜烟郵莊時鬥酒佛閣夜談禪自笑謀生拙偏招物外緣

冬日飲山家

清晨辭古寺扶杖踏朝暾嶺峻餘殘雪林疏見遠郵懸巖冰盡凍沸井水偏温野老貪留客圍爐酒一樽

雲巢

九華秋沛任流連寄老齊山也夙緣與我林泉同自擇隨人位置得天憐數椽靜寂臺堪眺一勺清寒茗可煎更買左山隣左史（齊山洞名）茅庵脩竹影娟娟

洪北江日援據史傳下筆有神

天門山

片帆飛渡過天門積水蒼茫勢欲吞萬里秋風來塞雁千尋巨浪走江豚蒹葭牛渚烟光淡城郭鳩

茲樹邑昏閒倚篷窗胸臆瀾新詩好與謫仙論

舟泊鍼魚觜喜晤劉鳳頒孝廉 觀錫

流水汪洋送客程扁舟一葉大江行相逢澤國秋先冷共話他鄉月正明兩岸蘆花團蟹舍幾家燈火賣魚羹來朝同向金陵去回首天門遠樹平

清溪泛月

天影虛涵雁影斜清溪小艇泛蘆花半規皓月懸雙塔一縷寒烟鎖百牙風笛汀樓飄酒旆水燈柳岸見漁家孤城夜久頻吹角鼓枻高歌與尙賒

百松墩

隴外溪橋橋外墩。蒼松百本覆雲根。月移虬影橫秋澗。風遞濤聲入夜村。直勝萬花開繞谷。卻同五柳種依門。揭來誰是題詩手。懸水先生句尚存。邑尚書吳文簡公號懸水

釣魚

豈學披裘向富川。不爭得失自悠然。窺園偶剪垂頭竹。把釣閒求縮頸鯿。涼夜月明孤艇坐。秋江風定一綠懸。白蘋紅蓼清潭曲。好伴輕鷗泛碧淵。

田居

萬疊烟嵐一畝宮終朝負耒學田翁鐘來舉椀松陰下客至藏鉤㮇影中祈雨遠尋龍洞水占晴靜驗鵲巢風柴門納盡遙山翠時倚斜陽望牧童

湛清園十四夜玩月

三五將盈卻未盈池亭預賞月華明十分圓待來宵補一線虧從此夜爭竊擬登樓先庾亮恐教泛渚後袁宏天香仙樂無多讓共把清樽仔細評

甯樸庵曰刻畫入微
混沌幾被鑿破矣

遊杏花村

春風一路覺香濃小杜尋詩有舊蹤十里花飛爭
弄影幾家酒熟恰開封文樓佛寺參差見牧笛餳
簫次第逢買醉山村歸去晚隔林遙打暮天鐘

九華看雲海

盪胸叫絕勢滔滔九子峰前萬頃濤一線雲從山
岫出千層浪比海門高戍樓且喜同嘘蜃立極何
須更斷鼇松頂石舟如可御乘風壺嶠覓仙曹

題洪北江先生萬里荷戈集

諍諍抗疏媿匡衡共慶朝陽有鳳鳴節飲尚

垂敧器戒投荒　特許荷戈行　楓宸折檻

旌狂直藜閣傳經號更生一片忠心深愛國非同

矯激爲沽名

　孫華陽曰

有典有則

夜過三溪

踏到沙堤欲五更殘星入浪影澄清鵶啼古樹驚

風冷馬認歸途趁月明雲碓杵喧隨水轉石橋霜

滑傍欄行家園咫尺欣非遠忽聽村雞報曉聲

題從兄越之三我圖

面目因人幾百端。我同我我好參觀。分明鼎峙如三友。取次圖成總一般。清影豈緣杯月現。浮生原作鏡花看。鬚眉似此何嫌複。相對相師莫自寬。

孝陵

一憤濠梁大志伸。干戈創業治還淳。鼎移郟鄏千邦舊。弓瘞橋山六日新。漫道分藩皆叔父。可能顧命是元臣。謂齊泰黃子澄漫言女戶承恩重。愁絕西宮殉葬人。

洪北江曰三四論古有識顧盼自雄

秋日泛湖

四圍山色碧如螺輿到中流發棹歌天劈雲箋憑鴈寫浪鎔湖鏡倩風磨潭心網集鱸魚上渡口人喧秫米多我欲浮家烟水裏悠悠身世寄秋波

南湖山莊在銅陵

幽居差喜謝囂塵半倚山厓半水濱柳拂清波爭宕漾松依怪石共嶙峋傳書野鶴時窺戶分飯溪魚每趁人風信幾番花事盛開樽隔岸喚比鄰

碧雲庵懷宋僧希坦

爲訪碧雲庵蓮社今寂寞不見吟詩僧松風滿山郭

朱心垣曰輞川之遺

秋夜

夜深明月出四壁蟲唧唧明月過窗來蟲聲猶不息

鶴嶼曰言外傳神

無極洞讀會大父詩

崔嵬最高亭窅窱無極洞剔蘚覓遺詩清芬猶可誦

無極洞　　　　　　陳　捷

雲峰晴欲吐秀色靄眉宇細路曲如蛇桃花映洞戶

遊上清溪

探遍清溪源遊興尚未歇遠樹生暮烟歸舟待明月

鮑有軒日淡遠

過五溪望九華

奇秀會將半臂擷又分嵐翠入詩瓢山靈有約仙源近晴雪梅花踏石橋

漂母墓

纍纍荒冢寄城阿古徑春風長碧莎進食王孫非望報千金一飯未爲多

春溜在齊山

懸崖下溜綠澌澌壽字巖前凍解時泉水塘隨春意動韶光已被蟄龍知

壺天在齊山

賣藥曾從市上懸而今匏繫在林泉始知壺裏乾坤大分得人間一線天

鮑一峰曰透徹

池陽竹枝詞

桑柘門西草自芳清晨結伴去燒香牽衣行到乾明寺鐵佛亭亭二丈長

紅旗繡繖爛生光擊鼓鳴金賽九郎文選樓頭西廟裏遊人凴檻說蕭梁

妾在湖邊養鴨媒郎從湖上打魚回經旬不踏湖
心路笑問荷花開未開
青雲隄畔梛梛如絲雙塔亭亭映碧漪村女不知沉
水事焚香都拜二生祠
爭攜綠酒上齊山令節重陽喜暫閒九鼎洞聯銅
佛寺翠微亭子在中間
清溪五日泛龍舟婦女傾城盡出遊生熟人來都
不避榴花插鬢艾盈頭

不盡藕花插鬢支盈頭。
當筵莊口放龍舟歸女傾城盡出遊生憐入來歸
佛寺。翠微亭子在中間。
笋擂綠酒上齊山。合節重陽喜暫閒。九鼎泊邊纔
水事。焚香。補拜三生祠。
青雲堤畔柳如絲。雙塔亭亭與碧斜村
心路。笑問。梅花開未開。
家在湖邊叢鵑渡。則從湖上打魚回。經旬不醉酒

陳氏聯珠集卷八

全椒王肇奎鶴嶼采錄

陳　壞字繡輿青陽人縣學生著有梅田詩草

江南有佳人

江南有佳人。容顔何綽約。修眉淡若描。纖腰瘦如削。秉性柔且嫺。不願嫁輕薄。擇婿已三年。絲蘿未有托。家在城西隅。金碧耀高閣。朝捲珍珠簾。暮垂芙蓉幕。佳人善鼓瑟。每自理清曲。所恨知音稀。紘斷不肯續。鳳凰寧孤飛。豈隨凡鳥宿。

采蓮曲

郎行湖上路繫馬垂楊邊妾弄湖中艇扣舷歌采蓮感郎久顧盼兩意相纏綿不惜千金軀婉轉就郎抱但恐暫相歡恩情難永保聘禮重元纁室家非草草願如雙鴛鴦交頸宿煙島願作並頭蓮齊向秋風老

短歌行

朔風吹鴈來遙聽雲中唳音響一何悲使我生愁思出門登東皐山日已西墜嚴霜變丹楓冷露落

紅萎人生無幾時倏忽亦已逝所以志士心寸陰不肯棄當其窮居日懷仁而抱義胸羅經濟才遂欲及時試遨遊公卿庭豈爲趨形勢惟彼燕與雀焉知黃鵠志

貧居樂

仰視雲霄間翩翩鴻鵠舉如何烏雀羣甘自投羅罟乃知達者流靡往不得所惟彼蠢與愚羈縛多困苦人生能幾時天地一逆旅往者不可追來者不可覩寥寥數十年姓名登鬼簿貴賤雖不同同

歸一坏土目旣無所見口亦不能語縱有千載名
身後何足取我少有奇志不願守圜圃欲挾李廣
矢射石沒其羽欲爲毛遂錐脫穎囊中處欲效班
仲升投筆封萬戶欲學馬伏波紀功立銅柱懷此
已十載空言竟無補近得貧居樂豪氣漸消沮伏
處不復出幽懷聊自抒疏食可樂飢何必享鍾釜
布衣可禦寒何必被錦組衡茅可棲身何必峻堂
宇禽鳥可悅耳何必聽鐘鼓文章可遣懷何必矜
燕許山林可閒步何必遊秦楚老妻足自娛何必

善歌舞稚子日相親何必多儔侶瑤池不可尋何
必求仙女金經不可閱何必禮佛祖時或耕我田
扶犁伴農父時或讀我書開卷晤往古時或彈我
琴隨意成妙譜時或飲我酒乘興散愁緒時或倚
枕眠蕉葉聽疏雨時或倚闌立松陰看月吐圓內
好花開時用銅缾貯門前清泉流時用瓦鐺煮春
日貪曉眠中庭每當午夏日乘夜涼北窗不受暑
願爲甕裏雞毋爲槖中鼠願爲泥內龜毋爲柙中
虎悠悠以終身欣然忘貧窶仰天忽大笑斯人誰

我與

洪北江曰與酣落筆一氣數行有天馬行空之妙

田父問答篇

田父手持壺黃昏來予宅一見遂開顏云與醉令夕坐列松樹下不知山月白山月照我衣與酣笑談劇田父前致詞予言且弗責君抱磊落才當爲廊廟客方今求賢良邱園有旌帛何不遊京華丹墀獻籌策富貴須及時功名勒金石而胡托山林是有煙霞癖簞瓢既屢空形影日消瘠所好惟

飲酒舉杯情自適予聞田父言大笑聲啞啞人生
天地間年壽不盈百日月相往來速如駒過隙嗟
彼榮華子厚履而豐席肴饌羅珍奇宮室煥金碧
姓氏天下傳豈不生赫赫誰知去日多暮景來相
迫身與鬼爲隣一旦歸窀穸妻兒號北邙萬物盡
抛擲死者竟無知空名復何益乃知山中樂心不
爲形役茅屋三兩間門無車馬迹有田自可耕有
麻自可績境遇隨所安勿與天命逆後人視今人
亦猶今視昔今人若自苦又爲後人謫且盡壺中

酒寸陰殊可惜

園中曉起

曉來天氣涼酒醒夢亦醒開窗蕉露多滴響入清聽披衣下苔階隨步過花徑殘月猶在池無風水光定隔林有茅庵飄來數聲磬

遣愁

一日不飲酒憂從何處來胸中塊已積面上顔不開見花亦寂寞對月空徘徊青春能幾時白髮潛相催歡樂苦不足何暇悲與哀所以李太白一飲

三百杯

夏夜讀陶靖節集復與諸友飲酒

夏日氣炎炎終朝不出戸黃昏乘暮涼竹牀臥園圃樹影上西牆山月始東吐所知四五人晝夜常相聚談笑非俗情居今每稽古曠懷陶淵明東林修淨土如何惠遠公飲酒禁不許柴桑結草盧蕭然僅環堵性分有眞樂寧復問貧窶信乎安命人可以繼鄒魯人生在適志莫爲身形苦良辰豈再來無酒亦宜酤晝飲旣不足還將夜來補掃石置

杯盤雜坐無次序野蔌與山肴采采美可茹物貴得其時何必膾與脯時將酒令行嚴飭如軍旅中庭蛙亂鳴聊以當兩部高酣興愈濃足蹈手亦舞臨風發浩歌音響遏天宇宿鳥驚樹端翩翩振其羽舉首望南山寒煙横一縷

溪邊

溪邊柳梟梟溪中魚離離旁有釣魚者竹竿手自持終日不獲一弗與結網思靜坐磐石上此意無人知

題涔圃

仁人宅可安丈夫居能廣在志不在境湫隘亦塏爽今君托涔圃地勢僅一掌五尺牆及肩三椽簷礙額所幸造花公景物資清賞風逐琴弦生月趁酒杯上芳春一花開一圃內有一花齋香氣襲書幌盆池觀魚樂蹄涔絕罟網柴門盡日關不聞車馬響倚枕北窗下羲皇可想像鄴侯平泉寬石尉金谷敞繁華能幾時轉盼成榛莽人生如大夢何事苦勞攘所以魏焦先蝸廬自偃仰

課雪樓

世無孔北海賓朋弗滿座又無李長吉誰喜高軒過惟彼大厦成燕雀何足賀今君築小樓樓上客常坐開窗面東山奇峰森箇箇白鶴峙其右九華列其左煙霞接簷宇可以寄高臥方茲雪新晴月影相揚播羣賢既畢來僉曰雪宜課因之樓得名呵凍爭唱和長歌兼短吟隨風珠玉唾詩成綺筵開肴饌雜相佐一醉倚闌干幾點寒梅破

鮑有軒曰清老

黃山湯泉歌

女媧昔居此鍊石補蒼天地鑪起陰火餘氣蒸靈泉泉深二三尺清澈含雲煙微波泛沙底一串明珠圓又如風出松濤聲細涓涓嗟予塵世人胸被塵俗塡對此不能舍解衣臨池邊初入尤覺熱探湯疑火煎久之身體適寒煖性不偏一浴濁顏淨再浴俗慮蠲泥垢美春鳥殼蛻驚秋蟬是我若非我飄飄羽化仙緬彼古賢聖澡德見性天銘盤日觸目刮垢功愈堅清明在懷抱物欲寧相牽人苟

不洗心洗身亦徒然

秋夜宿山莊

深山有佳趣一徑入空谷秋風落葉多天光漏林木仰聽雲中雞俯見溪上犢泉石清且幽伊誰營小築青青立簷松密密壓牆竹柴扉晝不關聊可免剝啄主人喜客來相與談五穀煮鐺茶水香開甕菊酒熟大兒奉杯盤小兒進粟菽飯後意翛然殷勤復畱宿萬籟寂不聞寒月在茅屋

月夜有懷

對花一斗酒對月一張琴我醉欲安絃所恨無知音豈無知音者路遠不可尋空山雲樹杳滄海煙波深惟餘一片月兩地照同心

獨坐有懷

獨坐忽不樂對酒猶歔欷開簾立階前秋月照我衣故人久離别何日方來歸忽聽雲中鴈又向江南飛

懷杜丁園

鷓鴣日感觸無端此中自有深意

衆鳥歸故巢疎鐘下高嶺舉頭對月明回頭見人影之子久不來寂寞山齋冷

張竹軒曰高淡在韋孟間

古意

曉起理新妝隔簾聞荷香開簾看荷花簾前雙鴛鴦鴛鴦見人忽驚起一齊飛入荷花裏

落花吟

春色在花間春去花難保東風吹雨來一夜枝如掃誰家折花人見此心懊惱昔年對落花花羡妾

容好今年對落花妾比花容老落花雖落花莫哀明年春至花猶開

鶴嶼曰泠泠有絃外音

秋閨怨

幼女不知秋邑哀門前拾得紅葉來摩抄誇向阿娘道紅葉紅於春花開阿娘見之默無語斜倚闌干淚如筯今年葉落人未歸去年花開人已去

朱心垣曰至情語脫口而出便成絕調

殘月怨

月影殘妾心寒夜深時倚闌干妾心欲比明月難

月缺有時滿妾憂無時歡對殘月獨自看

莫遠別

花發宜春天人生愛少年少年等閒度白首誰相憐勸郎莫遠別別時長作他鄉客富貴從來不可求老去折花復何益東隣有婦多幽怨鬢髮蕭蕭顏色變自言十五初嫁時桃花醲出東風面十八夫婿仗劍行歲歲寄衣擣秋練獨守空閨三十年盡日相思不相見願郎與妾弗相離丈夫行樂須

及時妾有金釵不敢惜爲郎換酒將進之君不見
江上芙蓉並蔕開鴛鴦對浴秋江隈雙雙飛去還
飛來

古鏡篇

野老閒鋤井邊草掘得古鏡胸前抱走至長街喜
欲顛聲聲叫賣秦宮寶往來傳看人皆驚良工磨
治光輝生煙開雲散淨無迹一片秋月當空明背
有銘詞看不辨土花斑剝青綠遍不識何年鑄得
成不知曾照何人面酬值脫我囊中金買歸弗使

塵埃侵有時懸向虛堂上不照人面照人心

醉歌行

大江之水向東流丈夫處世如蜉蝣百年瞬息幾日月朝爲春兮暮爲秋何不及時飲美酒坐花醉月恣淸遊君不見曠野外荒山隈古冢綠草殘碑蒼苔狐狸鳴咽甝甝往回秋風起兮白日淡死者一去魂不來令人悵望而泪下憑弔而心哀又不見武帝金莖貯仙露魏家銅雀藏歌舞一朝身作九泉人煙銷月冷誰爲主我今散髮走四方高陽

酒徒相徜徉。振衣華岳排玉宴。放舟黃河流瑤觴。
一斗千金未爲貴。一醉千日未爲長。與酣白眼傲
天地。高歌一曲驚起朝日升扶桑。
鶴嶼日長鯨怒蚪不可羈勒

我歌章

我醉欲高歌。我歌歌如何。青青隄上柳。灼灼水中
荷。美人摘荷花。荷花嬌且多。美人自比荷花好。人
生行樂須及早。秋風一夜吹花老。
我醉欲高歌。我歌傷以悲。道邊北邙山。古塚何纍

纍借問持榼者云是富家兒紙錢一束泣數行生
前有酒不盈觴死後一滴何能嘗
我醉欲高歌我歌君且聽君不聽我歌君夢終不
醒榮華何足誇萬事皆前定願君出山早還山田
園數畝屋數間人生能得幾時閒
我醉欲高歌我歌歌欲殘一歌令人怨再歌令人
歡善哉榮啟期三樂能自寬樂莫樂兮酒滿壺身
後浮名不可沽眼前風月無時無

書所見

弟無布衣兄輕裘弟無粒米兄肥牛弟無寸土兄

高樓兄之妻子日以樂弟之妻子日以愁弟向兄

前借一斗兄曰厨中適無有弟旣出門哭聲哀兄

家飲酒客又來

甯樸菴曰比尺布斗米之歌意更沈痛

醒樓

睡而醒醒復睡醉而醒醒復醉舉世盡言酒醉人

我道不如名與利酣飲醉一時馳騖醉一世一時

之醉醒不難一世之醉醒不易湛淸園裏百尺樓

花梛參差弄明媚春風宜醉不宜醒顏曰醒樓是
何意但使醉目不醉心何妨日日攜壺至

響山亭

香氣滿園春藹藹園中人可觀園外西牆地比東
牆高屹立一亭大如蓋六面玲瓏擁花竹千峰蒼
翠披圖繪朝朝啼鳥來好音夜夜流泉送飛瀨何
須鼓琴亭之中衆山發響盡天籟

九華龍門歌

山雨初霽雲未收一山葉落千山秋山鳥不啼山

亦愁一嶺直穿雲上頭幾家茅屋清且幽霏霏翠
色空中浮兩石相對夾清湫形勢居然據上游奔
泉百丈天際流怒雷迅發風飂飂吾聞神禹治九
州龍門鑿破功無儔如何九華山之陬更有名字
相比侔居人勸客勿久留下有深潭碧悠悠每見
白日飛龍蚪

金光洞 一名轉身洞

九十九峰遊欲徧遊興尙濃人未倦山靈似厭客
太奇峰頂白雲飛片片芒鞋直踏雲下來回首望

峰峰不見崔嵬巨石誰劈開石峽天光漏一線偪
仄未能容一人出入君須把身轉松下霏微翠邑
寒洞中隱約金光現空亭日落僧未眠魑魅公然
登佛殿
洪北江曰咄咄逼人
天臺峰
九華之峰九十九此峰最高勢寡偶孤亭翼翼捧
朝陽峯頂有捧日亭睥睨衆山盡培塿我來獨立萬仞之
危巔舉手欲招五老與七賢陰崖六月耀冰雪古

木千載生雲煙長嘯一聲震山谷頃刻奇形怪狀
變萬千噫嘻天臺之高哉崢嶸而突兀碧落近而
在上兮呼吸之氣可以通帝闕大江汎而走下兮
見潮汐之往來與蛟龍之出沒造物乃有此使人
驚魂魄安得腰間寶劍化爲龍從此飛上青天攬
明月

從容堂

紛紛賊衆徇池陽滿城號哭太守亡趙倅繕壁爲
固守兵權盡在張林手張林意欲勸納降憤氣填

胸髮衝首力竭明知事不成庭前置酒會親友入
室更與老妻訣此身已受君恩厚國不可破城將
亡賊尚未來爾且走妻曰君可爲忠臣我獨不爲
忠臣婦若謂妾言爲不然妾請死先君死後倅也
聞言忽大驚女子性烈能捐生勸君切莫倉皇死
死不得所鴻毛輕忽報元師薄城至几上晨書十
六字字字寫出何淋漓一腔血灑千行淚又復爲
詩別弟兄遣子出廨承祀事堂成昔以從容名今
日庶不負其志爲臣死君婦死夫一門正氣成雙

義吁嗟乎婦人尚識君恩重不願生元願死宋愧
殺開城老都統更有二生哭聲哀含寃同赴清溪
隈夜深燐火堂上來
洪北江曰曲折淋漓
結語可補宋史之缺
翠微隄曉別
天欲曙征人牽馬出門去雞初鳴主人載酒送客
行離亭淡淡晨光明欲雨不雨天陰晴長堤拂水
寒煙生柳花亂落嘑黃鸝鸝聲滑如惜別柳條青
不堪折

孫華陽曰
離亭畫境

臺城

雞鳴山下長江水。雞鳴山上樓臺起，畫棟雕梁入五雲。崔嵬直與蓬萊比。臨風悄然憶蕭梁，虎步龍行爲帝王。江左年逾二百載。天監之世稱平康。如何老至反違德。不重蒼生重寂默。高臺說法天雨花。聰明遂被浮屠惑。同泰寺中三捨身。盡日持齋僅一食。干戈已動壽陽城。猶坐蒲團思定力。長鯨氣勢如虎雄，滿城咸怨吳老公。金甌傷缺難自保。

千佛不建破敵功可憐求福反得禍池魚殃及城
門火苦口無人送蜜來餓死臺城空荷荷人生自
有命在天一日難強況百年彭殤壽夭偶然爾鬼
神安得操其權沉冥空門竟何益徒令後世嘆非
賢只今形勢猶依舊湖內芙蓉堤上柳芙蓉花落
柳葉飛城頭日暮鼪鼯走

自黃山下至洋川書院和洪北江夫子韻

壬戌秋八月北江夫子遊九華予與從弟
熟之從焉復訂黃山之約以九月十六日

爲期至是與景蘇爇之同往而夫子已先
數日遊去矣遂上文殊院望天都峰留五
日取道東下抵洋川書院以遊山詩正於
夫子夫子作詩贈予兄弟因依韻和之
黃山峰勢成樓臺樓中仙人常往來黃山雲氣成
滄海海上仙人應相待仙人與我有夙期願隨杖
履手與攜百五十里旣不遠出門何必憂途歧途
中日暮見秋月三十六峰峰頂出九月之望月正
圓登高尙近重陽節雙屐飄飄如御風飛來縹緲

虛無中軒轅子明在何處追尋欲上天都峰天都
形勢涵天地頓使胸中發奇氣一徑忽從地軸行
洞中九曲珠穿蟻竊喜深山多老僧我來更結方
外朋同憶九華山共登芙蓉踏破青層層東巖夜
靜秋景澄四更復起然明燈我今從遊不再能望
中徒把豪興增此身幸得雲霞蒸還到蓬萊看日
昇

原作　洪亮吉

半春約客遊天臺芒鞋已返客始來半秋約客

入黃海可惜疲蹤復難待山靈笑我屢失期不待伴侶相扶攜豈知事會適然耳僅隔百里趨先歧山山秋爽山山月汝乍入山予轉出題餻說餅顧並違絕憶秋中兩佳節狂來忽怨天半風不遮笑語來雲中諸君清福亦奇絕各以月滿升中峰一峰參天一拔地盍得乾坤此清氣環山宣歙十萬家下視眞同垤中蟻九華既愧雲水僧（謂先期約焦山僧巨超遊九華亦前後二日不獲相值）黃海又復慚吟朋君不見天臺天都讓汝登我轉下歷堦

千層萬山中間一水澄寶氣上燭光如燈三宵
七浴爾可能痼疾若失神明增靜中道氣時鬱
蒸他日或者能飛昇

題朱心垣秀才艮焯聽詠圖

先生愛詩如愛寶錦囊佳句知多少交遊遍及大
江東萃集璣珠付梨棗心垣輯有江左詩鈔家近桃花潭水
濱踏歌古岸思汪倫興來杖策出門去殷勤爲訪
山中人丹崖碧嶂地何僻一徑莓苔印行迹秋風
吹樹秋葉飛遙見寒林露幽宅宅幽勢阻晝沈沈

忽聽松間流妙音，裊裊不絕再三嘆。側耳頓覺清我心，此時有意誰能識。相與無與情轉密，滙南張子善丹青，揮毫點綴精神出。柴扉半掩白雲寒，樓上兒童自倚闌。清吟未罷聽不倦，斜陽在樹蟬聲殘。

題友人水墨竹

君家居處三間屋，屋屋後屋前都種竹。十年種竹竹始成，屋裏日光天亦綠。婀娜參差幾萬竿，圍中每日報平安。一朝飲酒興忽起，搨成數幅青琅玕。娟

娟遠抱淩霄勢筆花墨雨飛蒼翠淇水深傳君子
心蒼梧密灑湘妃淚吾聞與可畫竹稱化工先有
成竹存胸中然後兔起鶻落神氣相流通顧圖萬
箇掛在畫堂之北高樓東煙雲滿壁生秋風

題鳳梧軒畫譜

入門瑟瑟驚秋雨軒窗時有煙雲吐梧桐已老鳳
鳥飛丹青一册留遺譜遺譜再三披想見槃礴時
拈毫若神助與致何淋漓有時畫爲蘭空谷無人
春雨寒有時畫爲竹渭川一夜東風綠有時畫毛

羽林下枝頭自飛舞有時畫蝴蝶香魂夜宿花間
月他如山石與雲泉設色絕妙思並專筆參造化
功補天解衣往往人疑顛吁嗟人去不再還千金
難買一幅縣死後珍重逾生前

張竹軒曰格奇詞秀骨重神寒

美人新浴歌

美人新浴羅衣裳明鏡臺前匀晚妝嬝嬝娉娉出
洞房清風吹來荳蔻香手持紈扇不須揚珠簾斜
捲天氣涼幾株垂柳帶夕陽亞字闌干臨池塘欲

摘芙蓉插鬢傍花間酣睡雙鴛鴦

春晴

簷響墮殘雨窗虛含曉暉出門望山色新翠滴人衣淺水鷺鷥立微風蝴蝶飛梅花今歲晚二月始芳菲

孫華陽曰

齊梁神韻

春曉

報曉一聲鳥幽人春夢回卷簾看蝶舞臨水有花開日影依簷下嵐光入座來空齋無客至卯酒獨

銜杯。

曉起

夜。雨。小。樓。外。滿。池。春。水。生。一。花。依。石。放。雙。屐。到。門。

聲。柳。色。年。年。綠。山。光。處。處。清。不。須。行。谷。口。圜。內。有。

啼。鶯。

春夜獨酌

高閣暮煙含。春宵酒一。柑賞花時不再。對月影成

三。燈。識。前。溪。渡。棋。聽。隔。院。談。憑。闌。發。長。嘯。知。是。興。

微。酣。

雨霽

二月雨初歇小園開杏花淡煙籠樹邑啼鳥惜年華牆外餳簫暖林間酒斾斜故人如有意今夕到吾家

夏晚

客度溪橋去兒從山館歸拂牆蕉葉大壓架荳花肥池淺鷗容宿簷低燕礙飛黃昏坐籬畔斜月淡清輝

七夕立秋

斜月照疎櫺黃昏雨乍停梧桐秋一葉河漢夜雙星在野蟲初語填橋鵲自靈更闌小兒女瓜果燦中庭

見月

多時不見月今夕始登樓天外一輪滿人間千里秋圓輝穿樹杪斜影上簾鈎對此若忘夜翛然發素謳

鶴嶼日起語飄忽

秋夜

煙橫三徑外人靜二更餘古硯香生墨疎燈淡照書樹喧驚月鳥池響躍萍魚獨步閒階下淒淒露濕裾

早秋夜坐

古寺藏溪曲鐘聲聽晚撞涼風吹短榻斜漢落疏窗興倦憑書臥愁堅借酒降夜深蟲語起寂寞對殘釭

園居

漫漫前途遠吾生未有涯惟將一壺酒常對四時

花。室小留賓坐。牆低種樹遮。不才成棄物。非是愛煙霞。

朱心垣曰十字成句

山居

寂。寞。子。雲。居。春寒睡起初。帶雲鋤短筍。汲水灌新蔬。兒。幼。初。知。字。家。貧。慣。借。書。興來持杖出。那用歎無車。

九日詠懷

欲向長天問。愁將短髮搔。空言成畫餅。佳節懶題

饑日暮樵歌下年荒米價高山妻操井臼幸弗厭

焦勞

華溪

地得雲泉勝人家近水邊夜涼千樹月春曉一橋

煙雨後溪聲壯花時鳥語圓奇峰圍岸曲波底見

青蓮

鶴嶼日晝
手不到

湛清園

樓影臨池動波光拂檻搖栽花留一徑隔水駕雙

橋雨滴新荷葉風生舊柳條主人閒度曲飛響入
雲霄

曉至湛清園

高閣人初去（時景蘇弟北行）芳園我獨過草經新雨長花
比舊年多栖鳥鳴春樹遊魚戲碧波東風不常好
對酒總當歌

雨集涔園

紅葉掩蒼苔柴扉傍晚開樹隨燈影動人帶雨聲
來作客每千里（主人將之霍山）銜杯能幾回且拌今夕醉

休問隴頭梅

三溪夜歸

高樓歌乍闋問夜已三更寒月逐人影亂山圍水聲燈懸深寺暗煙帶斷橋橫曲徑沿溪上時驚沙鳥鳴

白鶴寺與家三峰秀才登瀛夜坐

秋水滿堂坳浮生亦幻泡榻移新月坐門聽老僧敲濁酒貧猶貰殘書病未拋爲尋方外樂蓮社結深交

白鶴寺晚歸

日色橫高嶺鐘聲出翠微鳥投深樹宿人帶暮煙歸一徑沿山轉孤邨藉水圍誰家燈已上猶未掩柴扉

石船澗

一徑曲含煙山幽地亦偏亂雲都上樹怪石恰成船鳥語桃花外人家春澗邊兒童欣客至相與煮清泉

潘蘭如曰幽秀絕倫

雪晴至茶坡沖

林表初開霽，攜筇偶出門。松枝斜墮雪，山鵲小成村。地僻民風古，簷低日氣溫。二三黄髮叟，曝背坐籬根。

鶴嶼曰簷低五字寫盡村居冬日之樂

過沈氏園

一闋水中央，荷花四面香。過橋穿曲徑，種樹繞邊牆。虛檻凌波敞，清風入座涼。主人如愛客，傳酒到池塘。

白雲庵

久聞雲外寺今入白雲遊荒徑菊花晚亂山楓葉秋經聲團梵院日影下鐘樓聽說生公法階前石點頭

九華山

路轉白雲巔峰高挂碧泉遊人山邑裏老屋水聲邊雪湧潭心樹霞蒸洞口天枯僧無箇事終日枕流眠

從洪北江夫子遊九華

秋風三島客。重上九華山。入寺驚僧老。棲雲羡佛閒。卅年成久別。（歲癸巳夫子與朱竹君先生同遊九華）萬里始生還。（時自新疆回）舊碣東巖下。追隨拂蘚斑。（洪北江曰撫今追昔惻惻予懷）

東巖曉起

禪榻人初起。疎鐘出化城。峰高看日上。江遠與天平。古樹濤聲重。飛泉練影明。須臾雲海湧。如坐石舟行。

東巖曉起微雨至飛來峰

秋曉雨霏微遊山願豈違枯節鳴石磴清磬濕禪扉雲自榻邊起峰從屋裏飛高僧留客坐少待有晴暉

施炯樓曰奇警

由伏虎洞登棋盤石

衆峰當面落半壁覺天低僧老洞爲屋石高松作梯探奇寧惜命選勝定留題回首白雲起來時路已迷

洪北江曰起語雄健三四新奇

宿天臺羅漢墩

夕照衆峰暝疎林羣鳥飛忽聞清磬響便與老僧歸寶座蓮花象香臺桂月輝夜深然法炬試聽說皈依

過五溪題望華亭壁

危橋通古道一歲幾回經沽酒人投店看山客上亭煙光凝樹碧峰影落溪青斜日憑闌久飛鴻入杳冥

由銅佛庵登齊山絕頂

扶筇尋古刹曲徑到山巔靜坐僧如佛清遊客是
仙孤城秋水外雙塔落霞邊小杜風流在黃花九
百年

宿華蓋庵

淡煙迷古洞薄暮叩禪關林鳥鳴初歇雲僧性共
閒磬聲飄月下人影臥花間夜半西風起松濤瀉
碧山

清溪二生祠

宋德祐元年池州破州判趙公殉難有二

生不知姓名枕公尸而哭遂投清溪死之
落日清溪曲停舟弔二生荒祠春草綠高柳暮鴉
鳴以節報君父何心留姓名一泫流不斷夜夜起
悲聲

鶴嶼曰慷
慨有餘哀

黄山

雲暗鼎湖龍軒轅尚有峰寒山初落木深寺遠聞
鐘翠滴三秋雨濤飛萬壑松天都如可上遊與十
分濃

茅篷

一寺倚雲根，茅篷舊迹存。秋深猿嘯樹，夜靜鬼敲門。竹裏嵐光重，巖邊水氣溫。赤松遊獨早，雙屐印苔痕。時赴洪北江夫子遊山之約，遲十餘日不值

硃砂庵

人在樹頭行，天開霧氣清。入山寒犬吠，到寺老僧迎。銅塔蓮爲座，香厨芋作羹。亂峰爭抱屋，多半不知名。

文殊院

飛鳥不能度一梯青到天石奇成五色松小亦千年密霧凝秋雨疏鐘入夜泉山高寒氣重一醉伴雲眠

莫雨自文殊院下浴湯泉

洪北江曰突然而起勢如俊鶻穿雲

晚自危岑下崎嶇石徑懸一燈擕夜雨十里踏秋煙影記峰頭過寒知屐齒穿老僧猶未睡相引浴溫泉

借山園

修竹帶煙霏圍林春鳥飛花多臨水種牆復借山
圍爽氣虛侵席清香暗襲衣新晴游客早曉起卽
開扉
泊鳩茲
萬室臨流出波濤動畫簷卸帆千艦聚納稅一關
嚴江月迎秋皎天風向晚尖此鄉多美酒夾岸漾
青帘
夜泊采石曉起卽登太白樓
夜泊磯頭月朝登水上樓天開雙嶂落雲湧一江

秋倚馬追清興騎鯨問碧流山風吹木葉片片動
人愁

雨花臺坐

突兀聳江隈遊人拾級來雨花傳逸事說法剩高
臺武帝固已矣雲光安在哉鐘聲飄古寺欲去復
低徊

莫愁湖

綠水浸樓臺登臨酒一杯天光垂樹下山色過湖
來燕子喃喃語蓮花寂寂開無情惟兩槳不送莫

愁回

桃葉渡

來岸起紅樓層闌漾碧流晚風桃葉渡春水木蘭舟地自前朝勝名因韻士留我來偏用楫泛月續清遊

嚴而郵曰
自然工麗

秦淮晚坐

一帶秦淮水滿滿向晚流曲闌看月上小艇載花遊溪笛咽殘夜天風涼早秋誰憐江上客無計可

澆愁

秦淮泛月

古渡暮生煙，遊人夜泛船。花迷樓上月，燈放水中天。酒氣金樽溢，歌聲玉笛連。遺風傳六代，佳麗自年年。

次韻　徐桂馨

疏雨散溪煙，黃昏上畫船。人迎桃葉渡，月近桂花天。秋意驚昌谷，新詩續惠連。令弟熟之亦有和作江干窺半面，風調憶前年。戊午七夕晤君於止馬河

九日舟過針魚觜

片帆飛鳥外風急送歸船樹暗雲拖地江空水接天戍樓聽角動蘆岸見罾懸寂寞故園菊花開又一年

晚泊

小艇帶秋歸孤帆挂落暉江豚吹浪走塞鴈貼雲飛樹遠全迷岸潮平漸露磯黃昏何處泊渡口一燈微

秋歸

鴈影渡江飛秋風吹客歸帘高黄酒熟籪冷蟹螯肥疎柳橋邊路斜陽竹裏扉庭闈新白髮從此日瞻依

春曉語家三峰

春鳥喚人起開門花滿枝呼兒去沽酒與客好吟詩林月淡欲没溪雲寒未移徘徊小階側新句得來遲

張竹軒曰宛然一幅春曉圖

偶過舊宅

猶記爲兒日庭前結隊嬉灌蕃侵蟻穴捉蝶弄蛛絲敗碓空餘臼荒畦不復籬小梅親自種已見出牆枝

朱心垣再過草堂

好客如飛鴈年年來九華秋從前夜到日傍遠山斜園樹始飄葉池荷猶放花盤飧無美味仍是舊人家

曉別

夢斷小窗曙開門星在天秋蛬鳴砌下征馬立簷

前別路風生樹寒塘露墮蓮回頭望親舍已是白雲邊

張竹軒曰結語有無限神情

暮春送別

三月春將去孤舟君更行落花風片片啼鳥雨聲聲莫以前途遠而忘後日情今宵宿何處雲樹隔江城

送族叔父魯濱之霍山

一歲再登程低徊不忍行當春花未放近臘雪初

晴貧豈詩人命愁爲旅客情壯遊亦吾志何以慰
平生

金陵送從弟景蘇之維揚

弟向揚州去而吾歸九華登舟重分手何日始還
家杯酒客中盡片帆江上斜今宵一行鴈兩處宿
蘆花

過華溪草堂有感

百尺梧桐樹伊人手自栽徑隨春草没門倚夕陽
開架上殘書卷牀頭舊酒杯華溪一灣水日夜過

牆隈

謁五世祖造之公墓歸途遇雪

古木蔭高墳香依斷碣焚先靈憑此地奕世守清芬人凍一身雪山呑四面雲歸來度危嶺屈曲路難分

幽居

竹子門扉石子牆托身差喜在山莊日當亭午樹陰正雨過園丁花事忙設榻欲招高士臥舉杯敢學謫仙狂清琴彈罷渾無事閒掃苔階納晚涼

茅舍

蕭蕭茅舍小於蝸結得西隣四五家細雨綠肥三徑草春風紅醉一園花客憐抱病爭投藥婦勸休書學種麻自是浮生如夢短功名何必誤年華

春日閒居

半生事業酒杯間睡起遲遲意自閒深院近嫌遊客到衡門常遣小童關琴書暖借窗前日竹樹青連屋後山一任花開與花落不須惆悵送春還

甯樸菴曰有瀟洒出塵之致

病起

一月沉痾臥篳門起來雙目尚昏昏夢中言語偏多幻病後詩書久不溫近水花飛新結子當階竹密早添孫扶筇那問春深淺又向牀頭覓舊罇

首夏

四月清和睡已酣柴門芳草碧煙含稻秧插水農分馬桑葉盈筐婦飼蠶詩到夢中吟亦苦飯過午後食彌甘相逢幾箇持竿侶指點前溪有釣潭

午睡

中庭午影落高槐。半卷殘書是睡媒。竹榻涼多當檻設。藕塘香重透簾來。杯浮碧釀春常在。門掩清溪晝不開。消受餘閒惟一枕。隔林啼鳥漫相猜。

夏日閒詠

幾株垂柳繞門庭。六月陰濃晝不扃。花氣襲衣風裏坐。溪聲到枕雨餘聽。忘機久掩彈棋譜。消暑惟看相鶴經。數日未從堦下過。草沿三徑盆青青。

鶴嶼曰人間清福

夏杪偶成

竹籬茅舍倚青山。枕簟清涼午夢閒。池內芰荷風
色老。階前苔蘚雨痕斑。書經兒讀邊俱皺。詩爲人
同句屢删。燕子雙雙簾外去。夕陽時節未飛還。

新秋晚坐

華溪南畔竹林東。秋色初來暑氣空。拂檻影低楊
柳月。到簾香細稻花風。婦開舊甕春醪碧。兒課新
書夜火紅。數笏小園無隙地。葡萄滿架菊成叢。

甯樸菴曰秀
氣撲人眉宇

秋夜

娟娟月影映茅齋唧唧蟲聲聚蘚階秋後花開香
自淡病中詩就韻難諧光陰荏苒隨波去情性迂
疎與俗乖何事多愁同宋玉且將酩酊暢幽懷

冬日偶成

堪笑孤身似繫匏廿年長此坐衡茅多愁空自煩
妻勸率性何能免俗嘲琴爲救貧曾早賣書因呵
凍每遲抄小園又見春光到新月梅花上舊梢

華溪

門前流水碧湍湍三月華溪草屋寒聚石成砠容

客渡栽花夾岸引人看魚乘春浪上沙渚鷗帶夕陽飛釣灘一片波光宜夜月清琴時坐水邊彈

徐湘浦曰風景宛然令人神往

夜過三溪

溪流入夜響涓涓細路紆迴古洞邊橋背東山遲得月樹臨秋水淡生煙誦經僧定門初掩舂粟人歸碓自懸行到空亭猶小坐暗香飄動桂花天

前山洞

遥勝岧嶤上碧岑天開石窟晝沉沉山僧勸我更

衣入仙境招人秉燭尋世外乾坤驚雪煖空中樓

閣逼雲深不知混沌何年鑿萬竅玲瓏太費心

晚至白鶴寺

南天一嶂鬱崔嵬蕭寺深藏石徑迴泉雜疏鐘當

澗落人隨秋月上山來陰濃小院添新竹夜静空

壇墮古槐寂寞老僧初入定漫驚寒犬吠林隈

由東巖曉上天臺峰

天開九朶碧芙蓉擬躡芙蓉第一重雲擁千巖深

似海山高八月冷如冬秋風落葉客迷路曉日隔

林僧打鐘舉目忽驚霄漢近此峰峰外更無峰

孫華陽曰可與陽明先生高林日出一聯並傳

九日宴碧桃巖

九十九峰秋氣高況逢九日與偏豪遊人一路簪黃菊道士千年種碧桃未獲良宵同玩月且逢佳節好題餻巖邊醉卧爭相倚滿隝松風瀉暮濤

遊黃山歸晚宿太平道中

黃山回首白雲盡三十六峰都是青落葉僧遊天外寺

謂茅庵僧澡雪同日下往箬嶺

夕陽人倚水邊亭幾家茅店

煙留宿九月秋風酒易醒夜半文殊最高院鐘聲
還落夢中聽

遊齊山

楊柳花飛鶯亂鳴無人不向翠微行長堤賣酒門
書字古洞題詩石記名徑入竹林通絕巘雲拖江
水壓孤城漁舟晚傍巖邊泊一片歌聲唱月明

清明後重遊杏花村

清明已過雨初收重出西城續舊遊三月煖風吹
牧笛一湖新水泛漁舟尋花馬踏村邊路問酒鶯

啼柳外樓太守祠堂春寂寂滿階碧草暮煙浮

出望華門度翠微隄

雨過山城送暮涼九華門外色蒼蒼煙中雙塔落疏磬江上一舟歸夕陽新水漲飛楊柳岸晚風歌歇藕花塘誰家少婦顏如玉十五當壚喚客嘗

張竹軒曰晚唐佳句

清溪泛月

塔影雙雙月影孤輕舟搖曳出平湖溪含冷露清於洗山抹晴煙淡欲無燈火隔林時吠犬櫓聲依

岸作鷺鳧江樓更靜誰吹笛猶憶當年唱鷓鴣

七夕止馬河阻風和嚴而郇秀才 龍甲韻

連宵碧纜繫汀洲明日西風送客不水上舟人談止馬天邊織女會牽牛波濤高湧星河動絡緯悲啼蘆荻愁忽聽歌聲隔船起半彎新月一江秋

徐華亭日與義山駐馬牽牛異曲同工

秦淮旅夜

潮來潮去覺宵深斜倚闌干思不禁橋上燈闌收夜市城中風急響秋砧誰憐旅館三更月獨照離

人一片心樽酒已傾愁未斷溪邊唧唧草蟲吟

秦淮偶吟

一片溪光雨後青畫船都傍畫樓停珠簾高捲飄紅袖銀燭爭燒耀錦屏花市月殘香未散板橋雲斷夢初醒可知深巷貧家女乞乞機梭徹夜聽

祝心齋寺丞錦堂招同呂之亭秀才培泛月

誰家楊柳拂高樓翡翠簾開玳瑁鉤白下好花皆近水黃昏遊客共登舟金釵半醉春風艷玉笛三更古渡愁鴻雁漸來江漸冷溪邊猶自不知秋

莫愁湖

湖中瀰瀰起微波露冷香殘幾點荷南國佳人從古少西城遊客至今多空餘兩槳搖秋水無復千金買艷歌偏是當前山色好淡煙疎雨似青螺

徐一蟾曰婉轉清便若流風之廻雪

泊舟

浪花飛濺入篷窗紅蓼灘頭泊小艭有客舉杯澆別恨是誰擫笛弄新腔月流清影秋橫漢鴈帶寒聲夜渡江惆悵舊交空入夢鯉魚何處寄雙雙

甯樸菴日壯語

春日寄家三峰

光陰荏苒去難留又見春風度隴頭壯士有懷惟倚劍美人多病不登樓看花密約年年夢對雨閒吟字字愁莫道故交囊已空明朝還貰鷫鸘裘

春城送別

江水無情送客帆數行楊柳碧毿毿長亭風急驪歌起幽徑泥香燕子銜魂斷夕陽添別酒淚如春雨濕征衫秋來北塞多歸鴈珍重音書寄一緘

送從弟景蘇北上

頻年寂寞處蝸廬擬向東風謁　帝居世有
聖君慚擁褐門非名士漫停車明珠豈合彈飛
雀巨餌終當獲大魚我亦欲行行未得霏霏春雪
落肩輿

再贈族叔父魯濱

聞道明朝向六安臨行又復駐征鞍懷才豈肯煙
霞老作客何堪歲月殘楊柳欲舒攀雪岸鄉園難
別戀詩壇但逢郵店宜沽酒江北江南到處寒

贈漁者

蟹簾蝦網托生涯斷港平洲處處家綠笠戴雲新雨過青燈搖水晚風斜一江秋色歸煙艇五夜歌聲出荻花泛泛自偕鷗鷺侶得魚換酒不須賒

過鋤經堂呈甯樸菴夫子

田舍蕭然一畝餘先生居處樂何如入樓翠滴雙峰雨滿架香飄萬卷書雞犬似從雲外聽兒童知向月中鋤欲求自在終難得（樓上額曰小自在）盡日門多問字車

十載春風絳帳和一回對酒一回歌羲皇夢覺功
名淡燕趙歸來著作多時自北歸得詩二百餘首才提早推供
奉馬書奇不換右軍鵝閒居更比神仙樂那用飛
昇到大羅

題李忠節公傳後

四面妖氛盡敵師微臣力竭勢難支生吞諸賊心
徒切死守孤城節不移誰楚紀公甘蹈火歸天傳
相痛騎箕賊以油浸竹箕坐公其中脅降不屈遂縱火焚之誰從灰燼收
殘骨老婦雛孫涕淚垂

題洪北江夫子萬里荷戈集後

萬里烏孫縹緲間迢迢車馬去秦關探窮星宿源頭水題遍昆侖界外山諫草至今留御座詩篇自昔滿人寰盤根錯節非無意百日初周卽賜環

雜咏十首錄五

木筆花

枝頭脫穎欲傳神夢破江郎五色勻畫日有心花縣曉書空無迹管城春金錢可潤紅妝麗翠帶如

題錦字新芳信幾番風遞報東皇應是染毫人

鶴嶼曰匠心獨造

牽牛花

藤花濕濕已成叢細雨移栽自牧童灌水不分流
上下問名遙指漢西東斜陽有影眠秋草曲徑無
聲放曉風黑白雖殊同帶子旋將藥籠作牛宮

秋海棠

弱質阿那石砌旁懷人當日試紅妝杳無春信虛
垂淚化作秋花亦斷腸豔色十分憐命薄芳心一

點抱愁長夜深燒燭知難睡黃菊相依並傲霜

芭蕉

大葉參差拂檻搖綠天新種幾株蕉風前書拆芳
心展雪裏圖成淡墨描小院無人秋瑟瑟疎簾聽
雨夜瀟瀟不知得鹿誰眞假一夢何須笑鄭樵

苔

如錢如髮總纖纖石上斑斕雨後添紅襯落花香
滿地綠迷春草色侵簾穎垣露下衣痕濕幽徑人
來屐齒黏最是始生當送別銷魂何處問江淹

落葉八首

千樹扶疏繞屋栽。商飈何事苦相摧。當窗乍見紛紛下。隔院還飄片片來。秋水懷人驚白露。柴門迎客掩青苔。添薪正可煎清茗。日向籬根掃幾回。

停車坐石愛斜暉。滿目蕭條景象非。帶雨每堆栽菊徑。隨波旋過釣魚磯。林間啟戶搴窺室。樹底眠雲月上衣。睡起秋聲無覓處。禪宮仙梵遠依稀。

每嘆流光隙裏過。從朝着夜躇蹉跎。東皋望斷秋無盡。南陌分來愁更多。柳邑早凋秦塞露。楓聲晚

入洞庭波遙知元亮歸來日惟有孤松不改柯
咸陽城上暮蟬鳴無復青青舊日榮萬樹霜飛秋
九月一天風緊漏三更空山尋遍渾無迹古井塡
多漸覺平開倚衡茅徒悵望飄蓬應自悟浮生
欲下低徊不忍離夕陽天氣曉風時老來蒲柳寧
堪問秋到梧桐已早知公子登樓空墮淚美人臨
鏡暗低眉共嗟世事無常好白髮新添兩鬢絲
池塘非復綠成陰一片飄零一片心踏月有聲皆
瑣碎看山無處不蕭森歌傳歸鴈情何切曲譜哀

蟬痛倍深晼曻難留須記取吳江楓冷動悲吟
老樹沈酣午夜霜枝頭槭槭任飛揚村當晼照微
含紫寺認前朝已隕黃溝水有題流太急宮階不
掃恨偏長江南江北遙相望送客汀洲欲斷腸
空林惜別黯魂銷漫把芳心問故條北渚有波風
嫋嫋山阿無鬼木蕭蕭秋深宋玉悲搖落歲暮淮
南感寂寥誰向東君覔消息明年先度綠楊橋

悼鸚鵡

客有自隴西來者以鸚鵡贈大兄兄轉贈

予能言善舞未期而夭從弟景蘇爇之作

詩悼之予亦成二律

也曾調舌誦波羅。惡夢難禳可柰何。隴右魂歸山

月冷。江東秀盡客愁多。徙教儀羽成追憶。豈果聰

明合折磨。惆悵簾衣侵曉捲。稚兒猶自問鸚哥。

漫言舍利證前修。脫着金籠可自由。喚斷疎槐花

已落。啄餘香稻粒空留。六宮寵愛成孤塚。三國文

章剩一洲。從右有才多命蹇。忘機翻羨海中鷗。

鶴嶼曰圖窮而七首見

悼犬

予家畜一犬歷今十有三年矣憐其老憊命僕埋之因悼以詩

春風猶憶鬬雞天搖尾依依解乞憐每藉傳書邀故友何期餂鼎逐飛仙疏籬不吠林間月敝蓋長埋隴上煙非是主人偏愛物清宵相守十三年

春怨

春歸人未歸孤負春光好但願合歡花化作忘憂草

對鏡詞

妝臺開寶匣。明月生光輝。猶。是。嫁。時。鏡。鏡。中。人。已。非。

洪北江日二首神韻近古

采蓮歌

南湖花正開。小艇互相催。人影穿花去。歌聲度水來。

山居

杖策倚柴扉。日暮天宇廓。清。風。隔。隝。吹。松。子。滿。山。

落

朱心垣曰右丞一派

溪行

春風兩岸山夜雨一溪水舟行楊柳中犬吠桃花裏

李少白曰詩中有畫

牛迹石

漠漠山上雲磊磊澗邊石伊誰夜飯牛踏破莓苔碧

同作　　　　陳其位

柱史出關去青牛何日回無人識紫氣留迹在蒼苔

齊山雜詠

玉簫峽又名一線天

弄玉乘鸞去紫簫不復吹天光漏一綫人向管中窺

有待巖

綠字封青薜千年掃不開至今猶有待畢竟待誰

來。

鶴嶼曰
絕倒

方樠石

夢覺眞人去蒼茫不計年山中留一樠夜夜白雲
眠。

醒翁石

爲訪醒翁亭因過醒翁石翁醒不復醉應笑携壺
客。

鶴嶼曰我
思次公

覆釜石

仙人煮黃粱遺釜覆巖鋳山上白雲多盡是炊煙化。

甯樸菴曰筆有化機

竇雲巖

兩石相開張一巖獨深秀浮雲心已閒出入何由竇。

芝石

鬱鬱三秀芝化作千年石四皓復歸來硜然不可

摘

繡衣石

山中寒氣深有石常被繡年年錦苔生衣新不衣舊

題大兄越之三我圖

對影成三我非關月下杯此身如太極生出兩儀來

柳

裊裊長亭柳枝枝帶雨痕縱無人贈別一見也消

魂

春日即事

籬角煙籠一徑斜東風吹動柳生芽兒童買酒歸來晚說在前村看杏花

秋日園居

西風颯颯乍寒天一片秋聲斷復連階上莓苔池上樹夜鳴蟋蟀晝鳴蟬

琴巖在三溪口一名聽琴洞

雲來雲去總無心靜坐悠然聽鼓琴仙子空彈流

水調人間難得是知音

洪北江曰相賞有松石間意

雲巖洞在琴巖下五里許

巖深常有白雲遮仙女曾遺鬢畔花玉貌不逢香舄杳分明蓮步印泥沙洞極幽窄匍匐方可入其內常有弓彎印痕如新先是里人遊此并拾得像生花一枝亦奇事也

魚龍洞在石埭縣治西二十五里

魚龍寂寞洞深幽石竇天開綠水流一自漁翁歸棹後桃源無處覓扁舟昔人泛舟而入境甚奇險後因覆溺之患遂無問津

者

鶴嶼曰使人之意也消

蓮花庵在魚龍洞下五里

寺隱深林報午鐘。踏殘碧磴一重重。老僧巧借洞

中。水。雲。碓。翻。從。山。上。春。

小礫山莊

茅茨聽說結山阿。風煖園林鳥語和。種。得。桃。花。三。

百。樹。年。年。春。邑。勝。人。多。

青溪即事

板橋西畔石橋東十二闌干曲曲紅便是無情魂

亦斷夕陽人影隔簾櫳

丁字簾前

丁字簾前亞字闌青溪日落不禁寒輕舟載得垂

髻女一曲琵琶手自彈

夢回

夢回日影上窗紗睡眼朦朧倚枕斜忽聽隔簾鸚

鵡語有人牆外折桃花

祝心齋日幽豔

晨窗

晨窗懶繡合歡鞋高捲珠簾下玉階折得一枝紅芍藥不知遺卻鳳頭釵

題背面美人圖

蟬鬢螺鬟妝樣新可能玉貌比真真春風未省芙蓉面也向圖中喚美人

娉婷背立環腮前懶對菱花整翠鈿莫道世間無悅已不曾回首我猶憐

吳魯生日傳神在阿堵中

並蒂蘭和從弟熱之韻

幽蘭百本手親栽日午淸香撲鼻來風煖花多春意足兩枝幷作一枝開

杏花

輕紅淡白弄晴暉春滿園林畫掩扉輸與翩翩雙鳳子晚來猶入粉牆飛

咏菊

托植柴桑處士家竹籬東畔幾枝斜知君自有凌霜節不到秋深不着花

甯樸菴曰比晚節

香意更進一層

燕

兩翅分飛似剪開呢喃相語不相猜年年深院桃

花放簾捲春風一對來

花。放。蕊。諸。春。風。一。對。來。

兩翅分飛似箇開。問記龍相語不相識。佳期深深語

燕

寄意支離一風

書林甘上齋

陳氏聯珠集卷九

全椒王肇奎鶴嶼采錄

陳坡字景蘇，青陽人，廩貢生，候選教諭，著有諫亭詩草

述懷

飲酒須飲醇，讀書須讀新。新書下醇酒，乃得氣味真。悠悠一室間，可以見古人。舉世慕盧生，夢中榮其身。大名豈爵祿，文章歸隱淪。蕭然五柳宅，吟詩不知貧。

鶴嶼曰：學陶。

飛來峰

獨上飛來峰，踏遍松根路。凌虛怪石翔，結茆兩僧住。踈鐘斷續敲，聲出翠微處。此時山雨過，豁焉峰頂露。頃刻白雲遮，疑是峰飛去。

遊白鶴山寺

此地非潛山，何年來白鶴。亦有誌公者，卓錫住行脚。寺古鶴已飛，山空錫仍卓。杳然白雲深，松濤走檐角。

宿土地塘

昨日滯蓉城瀟瀟雨不止晚霽強登程泥濘十五里樹碧一林煙燈紅幾家市投宿未成眠聞雨又驚起空階滴漸殘開門一尺水

甯樸菴曰好在不雕琢

宿白雲庵

夕照下西崦千峰皆暮景忽聞鐘梵聲知有招提境煙橫竹樹深犬吠禪關靜叩關此投宿月照空階冷庭中有老僧蒲團坐松影

金鎖庵夜坐

禪房朗如晝月影兼人瘦空階松子聲深院梅花臭破曉一聲鐘深省人心透

梅緣書屋

平生結梅緣築屋梅中住擁被雪蒙頭開簾花壓樹何以清瘦枝寒威偏不懼豈有鐵石心抑亦花神護巡簷久低徊道欲向花悟朗吟秋水篇恍與美人遇釃酒祝梅魂莫逐東風去

李少白曰中有人在

送葉汾浦明經觀海遊九華

奇山遇奇人始肯露奇趣奇人遇奇山乃能得奇句鬱鬱九華靈招君山中去峰多弗問名見形自心喻

紅橋懷王阮亭

攬勝度紅橋停橈日亭午園林次第遊樓臺難悉數橋頭一角春賴有詩人補花落復花開歲歲風兼雨入社悄無人誰與成賓主欲去久低徊湖煙起一縷

泊京口

金焦東門戶激浪如雷霆江影接天碧山光穿水

青箬登妙高臺遠懷瘞鶴銘汲深愁綆短何處尋

中泠惟將玉局句吟與大魚聽

席上偶賦

芳園集褭屐淸宴陳嘉肴眷言命樂部藉以娛素

交明星在網戶纖月生花梢羽觴漸欲醉檀板猶

未敲俄而燭見跋始進雙乖髻鏗鏘發金石取次

吹笙匏遲歌繞林木緩舞留堂坳主人徵不諑佽

然形若聱歡樂會有時胡爲瑟柱膠吾作醉歌吟

請爲君解嘲

謁孟廟

地小如鄒嶧乃能生大賢道統繼千聖大文垂七篇功豈下神禹聖惟亞文宣神奇本天授詎必因三遷巖巖泰山高氣象萬古瞻冕旒何足榮廣居自尊嚴古柏鳴陰風精靈想生前念自戰國來二千有百年韓朱不可作聖道其誰傳

都門別友

長安秋氣來捲地西風起吹動遊子心夜夜思故

里繫馬酒家門一醉別燕市斜日挂城隅涼光照
行李客久喜將歸含悲爲知己別後憶金臺夢中
何處是

重遊西峰庵

溪聲尙如故山色頗勝舊一徑入林深重重綠陰
覆老衲知客來早遣僧雛候覿面各驚疑細認爭
攜袖如何方外交十年始一覯此云參禪枯彼云
吟詩瘦晚來梵唄喧如聞天樂奏不寐坐繩床徹
夜禪燈透

七夕詞

微雲欲收月未落銀河水淺塡烏鵲莫爲天孫傷別離年年還有渡河期東鄰有婦擣秋練十載相思不得見攜鍼含淚上高樓遙望盧龍萬里秋

採蓮曲

煙水滿陂塘香風吹我裳瞥見荷花動飛出雙鴛鴦鴛鴦飛來復飛去採蓮舟在花多處

金陵歌

王氣銷殘建業秋長街荊棘銅駝愁綺麗衣冠留

古冢崔巍宮殿成荒邱。玉樹歌終剩雉堞。石城虎踞空突兀。年年燕啄東園花。夜夜烏啼華表月。君不見謝家子弟烏衣郎。至今深巷弔斜陽。又不見風流桃葉王郎渡。亂紅破艇搖江霧。且沽美酒坐江樓。與君一飲千金裘。興來飛上鍾山頂。醉觀滄海遠抱扶桑流。

鶴嶼日長

慶遺音

東溪夜望

積靄暮霏霏。亂山橫翠微。空亭日已落。古寺僧未

歸漁歌隱隱隔溪去淡月如煙在高樹

過天門山

新秋棹自長江放忽見中流列奇嶂青天缺處一門開浪夾扁舟峰夾浪眼目眩亂心魂驚長風况復相交并水勢倒迴晴雪捲危磯橫列雷霆鳴束縛江流闢復翕吳頭楚尾此呼吸海潮澎湃爭往來魚龍奔騰競出入從來遇險行偏難今日孤帆頃刻間我欲騎鯨追太白天門咫尺即采石

鶴嶼日青天

一聯奇峭

過釣臺有感

前高祖後光武漢家酬恩如芥土前淮陰後嚴陵兩人出處千秋心由來獵狗終烹死何不歸釣長淮深客星卽拜東都爵故人爲臣恩已薄

鶴嶼日以史公合傳體入詩筆才恣肆

題族叔魯濱課子圖

夻齋抱膝伊何人皎如玉樹輝新春獨坐攤書默無語使我一見生精神披圖試問西隣叟鶴立雞羣而知否圖中之人非等閒奇書萬卷胸中有五

嶽三山任恣遊攜琴挾劍長安走上林獻賦空歸來茆屋棲雲惟半畝平生奇氣無人知風雨空山閒課兒青衫埋没書堆裏世俗誰傳其姓氏圖成新自署頭銜半畝之間一居士

書李忠節公傳後

丈夫不患名不成只患死比鴻毛輕李公少小負大志讀書恥學魯諸生夜半聞雞每起舞抗懷思殺南山虎酒酣歌罷呼蒼天長鋏悲鳴筑欲語（李公著有鋏鳴筑語諸草）是時狂寇擾三秦血流曠野屍平闉鄭

伯急求燭之武朝歌喜得虞升卿澄城一邑大如斗無馬無兵難戰守城門夜警烏不啼譙樓陣陣西風吼怒看諸吏奔蒼黃此身誓與城俱亡丹心可焚不可脅模糊碧血凝灰香賊以竹箕灌油脅降不從遂焚死當年拌死眞淒絕風雲慘黑天哀咽睢陽厲鬼同忠貞樊城將軍媲英烈老婦羸孫扶櫬歸精魂猶繞長寧飛千年不朽焚餘骨荒冢狐狸哭秋月

章華巖曰作李公碑可作弔李公文亦可

鴝鵒眼硯歌

有客端州來贈我一奇石縝密抱堅貞溫潤含色澤片片斜飛火捺紋星星圓帶波光碧世人少見訟紛紛老阬新阬眞難分兒童取作文櫳供但見几上浮紫雲急命工人好磨劘剖開果是端溪產照人百尺蟾蜍光顧我一雙鴝鵒眼製爲巨硯佳且奇藏以寶匣無人知有時試作擘窠字若與墨性兩相宜馬肝龍尾何能比夜月熒熒射眸子慣見才人多坎軻常流淸淚如鉛水縱教煤麝時相汚獨具隻眼寧糊塗我本無才弄筆墨怪爾靑眼

無時無

洪北江曰慨當以慷

秋燕吟

一夜西風吹海水忽教燕子歸心起年年秋社歸有期不與故鄉長別離憶今春深柳飛絮汝方來時我方去今日汝歸我未歸兩兩相逢江上路岸柳蕭疎秋水長客中見物彌思鄉蒲帆十幅疾如矢燕子翻笑行人壯

題鳳梧軒畫譜後

滿腹牢騷向誰吐搔首問天天不語世父有搔首問天圖世
父窮奇不遇時閉戶看書目如炬十歲學書書已
成二十學劍劍亦精才多更習虎頭畫志大寧爭
蝸角名與來煙雲常滿紙咫尺畫出數千里宛然
精力盡一生誰識丹青是餘技十日一水五日石
解衣常抱雲林癖求者紛紛日踵門豪家往往輦
金帛世父慷慨揮手辭吾畫豈以貨財易自買絹
素寫贈人散盡千金寧復惜風流文采今何存遺
譜珍藏惟此冊讀罷潸然涕淚零燈下分明見手

澤。

孫華陽曰
情眞語摯

朱見庵夫子出所藏金錯刀見示并屬作歌

寶光一縷沖九霄。望氣但見青雲高。滿堂驚詫爭先覩。玉匣飛出金錯刀。周郭媥爛有古致。肉好畢具制殊異。土花繡起綠已沉。分明猶見黃金字。文曰一刀平五千。細畫遒勁形完全。御怪鑄時價太少。實値萬貫緡文錢。摩挲不識何年造。問師奚從獲茲寶。師云此物來有緣。但聽吾言莫驚倒。憶昔

避暑蓬萊宮金闕扃鑰無人通忽聞清班報常侍
云有上清童子至通名如欲歸仙靈五銖服美光
晶熒整冠遽向案頭立體圓眼方長眉青自言此
身生漢世得道身長不凝滯丹爐百煉始歸眞術
能使鬼還通神時人不知遁形去千七百載蒙沙
塵小童祇合仙家用伏乞瑤臺視珍重倘得時時
拂拭勤應教萬選還萬中

朱見庵日無中生有愈出愈奇

題朱見庵夫子退思粗訂稿後

文章妙諦在法藏自有眞如見眞相世人仰梁爭
著書陳言不去終爲妄安得大然法炬光遍照詞
人出闇障吾師夙結西方因歷刼亦或爲儒臣掞
垣窺盡石室秘西曹孏學雲棲人偶爾拈毫寫天
趣花開佛笑祇園春舍人業證聲聞果供奉終是
如來身吾聞牟尼意淸淨無言之言見本性胡爲
梵天亦有音時向空中聞讚詠或如迦陵鳴㲄中
已壓衆禽駭羣聽又如獅子大聲吼千山萬壑爭
相應豈其說偈衣鉢傳豈其談經花雨天豈其聲

音與言語六欲尙有一未蠲文中三昧誰能求謝
公何公非其流我是虎邱臺畔石聞說涅槃猶點
頭

題從兄越之三我圖

世人面目孰如此學我者俗似我死彼何人斯列
兩旁與我爲三成鼎峙吾兄意氣薄雲霓俯視一
世無鬚眉頻年湖海獨來往一魂一魄常追隨人
生本是無摹倣偶爾空中結形象有形而後影乃
生影外之陰曰罔兩相顧不慮行踪孤是三是一

隨人呼影幻非虛我非實同此自有還之無處世
悠悠蕉覆鹿不知誰夢誰爲覺尻輪神馬快有餘
蟲臂鼠肝苦不足賦形仰比浮雲空以我生我天
無功千億放翁三太白參觀妙諦將毋同琴張子
反子桑戶終日坐對默無語圖中居然莫逆交無
相爲亦無相與我只一我猶嫌多君今三我將如
何以馬喻馬指喻指以人治人柯伐柯君不見牟
尼色相空中出不滅不增不生滅過去現在與未
來天然一佛分三佛又不見仙經三奇精氣神煢

邑育成郎廣成瑤函秘訣五千字至今一烝化三清

王蓮府曰徵實繪虛匠心獨造

題呂築巖墉印章譜

呂君素有圖書癖嗜好比南宫客開函璀璨發奇光龜紐駝頭相枕籍或識玩賞鐫姓名螭龍蚪蚪何縱橫搜羅摹印漸成帙煎糊塗丹爭甲乙卻似磨崖字數行行行蘚蝕雲煙蒼金石有時亦湮没此譜若何能久長淋漓血書自天下恐花赤烏

相翺翔不逢識者莫輕展傳之奕世流清芳

泰安道中

車轆轆馬蹙蹙上山何遲下山速車轟轟馬駸駸
下山還在山中行古道崎崟行不得車欲登陀馬
無力別有歧路出高原計程可以行半日僕夫攬
轡言未終𨘿轕輪聲轉山側馳驅倏忽臨深陂復
歷積阻登崟𡻂世路不平竟如此以險易險將何
之前山雨過雲垂腳泰岱東來勢磅礴亂石如蛇
走盤曲吁嗟魯道難于蜀

華溪

纔覺千峰霽空亭早語鶯曉煙低樹色夜雨壯溪聲雙屐郵邊響一蓑橋上行埜人勤稼穡隔水帶雲耕

東巖夜坐

欲去老僧留清宵坐石舟龍歸泉自湧虎伏洞偏幽月影峰峰曉風聲樹樹秋頓教塵願斷真覺此生浮

東巖曉起

寺寺鐘聲出層層霧海低餘香僧榻畔殘月佛樓
西巖翠當衣滴山禽坐樹啼慧公偏早起送客過
前溪

鶴嶼曰
腴鍊

九日登白鶴山

碧天秋已老杖策事初閒恐負黃花節來登白鶴
山遊人攜酒上衲子帶雲還醉後忘歸路松梢月
一彎

孫華陽曰三四直
白語以自然得之

繡春臺

落日澹荒院亂煙藏古臺巖深人影没山靜鳥聲來芳草湖心滿奇花石上開魏公留舊跡剝蝕在蒼苔

五溪早發

澹月一郵雞垂鞭過五溪水光連路白霜氣壓橋低密樹半藏寺奇峰多向西亭空天未曙蓮影望中迷

洪北江
日雋潔

曉發河口至稠嶺

郵落雞聲早征夫已束裝山腰茆店少河口石橋長瘠土人鋤月枯松鳥啄霜行行過嶺半猶見畢家莊

登報恩寺浮圖

四望俱入望逸興滿天涯海氣橫千里江聲徹萬家山川秋草徧宮殿夕陽斜佇久風鈴語城邊散暮雅

晚泊

舟泊大江東天寒暮色空笳聲瓜步月潮影石帆風古岸惟疎荻前邨有落楓來朝又何處煙樹遠濛濛

章謹堂曰似漁洋老人得意句

夜泊懷葉汾浦

日暮江天濶懷人正泊舟可憐千里月重憶七閩秋雁影沙邊路笳聲荻外樓夜深應對酒醉夢九華遊

鶴嶼曰神來

過曹慶譽秀才含章山居

飛瀑響雲根巖深晝亦昏鳥啼千尺樹人卧一家郁叢竹礙行徑雜花藏破門空階稀屐跡苔蘚碧無痕

鶴嶼曰起聯十字盛唐佳境

寄懷從姪石三磊

春江憐汝去違抱省親心帆影過梅冶書聲憶竹林酒因看月罷詩只對花吟悵望他鄉客秋風落葉深

懷杜丁園

兩度勞尋訪雲深古徑封無人空自返隔歲始相逢語久花生樹歸遲寺打鐘別來思往事執手意千重

鶴嶼日交情詩思皆可傳

送家南屛少府鍔之任粵東

灘聲與山色俱不似中州風雨蠻天夜樓臺蜃氣秋驚心獠語幻入耳蜑歌柔此處須文教君毋悵遠遊

夢葉汾浦

七載與君別夢中常見之蠻煙千里路山月五更時重訂梅花約兼吟荔子詩聯違無別恨雁少得書遲

鏡

皎皎明如水開奩素影臨蟾藏江月在龍去海雲深白髮英雄淚紅顏少婦心臺前勤拂拭常恐墻塵侵

朱見庵曰三四寫神五六寫情面面俱到

宿茅篷

蒼翠亂山中懸崖曲曲通門開新竹徑僧老舊茅篷半嶺寒飛霧千巖夜吼風天都欣在望碧影峙遙空

遊黃山

九子齊雲外黃山最得名蒼松無老死怪石有光明萬壑連丹碧千峰異雨晴此間多好藥我欲學長生

張竹軒曰雄壯似杜

其二

插漢幾千重。參差六六峰。雲分前後海。路出迭迎。

松山石疑人立。僧糧倩水春。洞中天一線。遊客屢

相逢。

洪北江曰三四天造地設

登文殊院遇德禪上人

獨自住崔巍。筠籠藥草肥。半山逢客上。一徑帶雲

歸。怪石三間屋。秋風百衲衣。香廚茶正熟。巖畔碧

煙霏。

領鶴樓有懷

一徑緣溪曲呼童掃幾回好花開更落明月去還來蝬夢三春短鵑聲五夜哀高樓頻徙倚對酒復停杯

一花齋

開窗千樹少入戸一花多香氣撲眉宇春風團澗阿門虛無僕應牆矮見人過容膝自安樂銜杯時嘯歌

施素之曰老氣横秋

宿劉婆磯弔雲衢先生

作客來江上憐君葬水濱寒磯一夜雨宿草十年人誰讀先生傳羣稱此地神精靈千古在姓氏豈沉淪

蘆花

白影晝蕭瑟無風花自殘鷺拳秋水濶雁宿夜天寒兩岸月千里孤舟霜一灘漁翁沽酒至江上路漫漫

鶴嶼曰鏤魂法

幽蘭阬書舍

叢叢蘭蕙滿幽阬處士閒居氣味清四面山如供畫譜一簾花解聽書聲林閒怪鳥學人語澗底流泉穿石鳴客到呼童敲活火松風帶雨響茶鐺

章謹堂曰好句未經人道

九華雲海

芙蓉一霎變蓬萊萬頃雲濤湧作堆滚滚鯨波瀰澗壑重重蜃氣幻樓臺下方浪捲天風靜上界峰呈曉日開幾度歸來談海市無人知是九華囘

章華巖曰詩境亦雲垂海立

宿化城寺

遊徧奇峰屐欲穿竭來投宿學參禪月明古寺僧初定露滴空林鶴未眠夜靜鐘聲飄上界秋高鐙影現諸天三更虎嘯深巖外一派松風捲竹煙

葉汾浦曰借鶴形僧更覺其定

謁六世祖方田公墓宿湯目新山莊

鬱鬱松楸石徑遮紛紛苔蘚古碑斜空山細雨過寒食高冢東風散落花鶴去虛存華表柱燕來仍

識故人家郵莊剪韭爭留客把琖殷勤問九華

鶴嶼曰情景兼到

石埭道中

三埭橫樗埜渡頭至今猶說古歙州馬蹄蹋碎嶺雲暮人影分開溪水秋疎樹正看飛鳥下空山兼聽斷猿愁誰憐七里崎嶇路行盡斜陽尚未休

潘蘭如曰晚唐中傑句

寄懷族伯寻聞先生

先生曾憶竹林無小阮遊蹤十載孤九子雲山應

入夢五湖煙月不須圖城多桃李縣初治徑有菊

松圍未蕪最羡季鷹千里外秋風歸去爲蓴鱸

清溪泛月

煙樹參差入夜迷蘭橈頻泛岸東西月斜江水搖

雙塔風定漁鐙閃一溪玉笛傳聲知市近銀河倒

影覺天低歸來半醉譙樓曙城上寒烏恰恰嗁

甯樸庵曰三四狀景工縟造語亦極響俊

盧江早行

雞聲喔喔隔牆嗁古驛顏行路易迷樹色漸籠郵

落曉星光微浸水田低林梢殘月散雅影渡口輕煙隨馬蹄鄉夢重尋紅日上靑帘遙挂板橋西

小礫山莊

裊裊垂楊繞徑栽數椽茅屋傍溪隈山如蓬島波常浸水似桃源岸屢廻十畝秔先三伏刈滿園花逐四時開牆頭嵐翠還堪借片片都從下礫來小礫山隔岸爲下礫山

借山園

松濤聲裏結茅茨薜荔牆低閉竹籬五畝闌成猶

覺窄四山借得倍稱奇園過飯後門初啟客到花間主不知魚鳥親人因坐久林梢新月影遲遲

鶴嶼曰主人高雅可念

登九華山

千巖秀削勢崢嶸佛座蓮華翠影橫地自野王初記勝山非太白不更名樓臺縹緲中天迥風雨低迷上界晴放眼峰頭雲海濶此身幾訝到蓬瀛

湛清園

客至聯詩更會文園林差喜謝塵氛寒塘夜印三

溪月高閣晴吞九子雲好鳥同聲窗外應奇花各
色鏡中分鈎簾斜倚闌干立牧笛樵歌次第聞

哭家天台夫子

愁絕元亭載酒人追思往事淚沾巾四年坐雨青
鐙夜兩代披風絳帳春（家大人及二弟皆嘗及門受業）作賦陸機
空嘆逝招魂宋玉倍傷神含悲永訣無他語淺土
雙棺有二親

潘蘭如
日簡括

贈朱心垣秀才　艮焯

錦囊佳句付奚僮到處狂吟眼界空釣盡巨鼇滄海上搜來鸚鵡大江東詩魂六代鶯花地旅夢千家楊栁風奇氣莫隨山水老放懷須與謫仙同

贈九華效文上人

風雨禪堂數日留支公托鉢正雲遊遙聞半嶺鶴隨錫忽見一梯僧上樓語妙春花千佛笑詩敲夜月九華秋袈裟染盡林巒色枕石閒眠翠欲流

王蓮府曰清峭

贈漁者

竭來常對碧漫漫到處垂綸澤國寬細雨春歸花滿艇空潭夜釣月隨竿浮家梛港篷煙淡沽酒江郵笠雪寒共羨漁莊眞似畫莫將簪笏易嚴灘

紙鳶

漫云跕跕不高翔奮翮須臾接混茫一線直牽雲路穩八風旋轉海天長形流曠野鷹鸇避影落疎林燕雀忙借得扶搖摶九萬羽儀到處有人望

葉汾浦日倜儻不羣

悼鸚䳇二首

昨宵惡夢竟成眞結舌從今不罵人冢上落花三月恨江邊芳草一洲春誦經自昔難禳禍作賦何期反累身重倚雕闌倍惆悵始知修短是前因

洪北江曰用事不覺正如水中著鹽

料峭春寒夜不驚金籠玉鎖寂無聲愁凝隴樹雲千里魂斷湘簾月五更自是身心俱解脫那堪人世妒聰明翩翩藻采消磨盡應悔能言誤此生

洪北江曰名場通慨

白菊

粉蝶紛紛葉底黏香濃色淡復何嫌先生歸去霜

三徑才女吟來月一簾送酒卻連衣影動插頭還

訝鬢絲添鉛華洗盡芳心在不效金黃性本廉

孫華陽曰

雅切不移

歸來

興盡歸來又嘯歌圍林春老尚清和池塘瀉影禽

魚近風雨聯牀伯仲過新種花憐紅豔小舊栽樹

覺綠陰多牆頭旦晚添佳趣幾叠煙嵐擁翠螺

除夕

三徑餘寒欲透春年華漸向鏡中新梅開深院欺
風雪儺入荒邨競鬼神賒酒祭詩誰似我借錢壓
歲斷無人茅檐擬把灰堆打爆竹聲聲徹四隣

憶小礫山莊

開樽唱和百花間猶記扁舟建業還雁影橫連黃
葉路曩隨從兄愷庭自金陵至此櫓聲遲出白雲灣三家邨小
新添屋五畝園寬更借山四載竹林成久別桃源
始信是仙寰

鶴嶼曰情中景

留別家巽峰秀才 璠

竹杖芒鞋結勝緣低徊重憶甲寅年孤潭聽雨三秋夢七里垂楊二月天小别漫懸留客榻相思愁上渡江船來朝遠岸空回首不見香山見碧煙（孤潭七里皆石埭縣地名）

洋山書院謁朱見庵夫子不遇

乍訝緇帷寂寞垂祛衣林外坐多時花藏鹿洞春歸早山隔鵝湖月到遲一片錦苔供學字數聲啼鳥伴吟詩不知魏照求師切何日青藍近素絲

鶴嶼日警切中別餞風韻

次韻　朱文翰

面壁疏簾竟日垂研經珍重燕閒時嚶鳴鳥愛遷喬早淡冶雲疑度嶺遲且展琴書聯舊雨更收風月入新詩學期實踐兼華國細湅天孫五色絲

洋山書院喜朱見庵夫子至

奏雅歌詩望豈空鱣堂日日問飛鴻門經久立疑無雪座到春回自有風敬祝早焚香一瓣遠來初

聽鼓三通幸隨子幹康成後應許傳經絳帳中

次韻　朱文翰

幽人懷抱本空空瞥眼離羣感斷鴻去就非關禽擇木行藏原似絮攖風終思坐擁書千卷未必榮紆綬半通小聚相期勤淬礪他山仍在此山中

贈呂因叔秀才培

遲徊不是愛山幽爲見高人更小留恐再別來洋水濶憶初逢處秣陵秋庚申晤因叔于棘闈連宵話舊月移

橁趁晚納涼風過樓咫尺好峰三十六美君樵隱

葱清遊 因叔自號黃山三十六峯樵隱

與從兄梅田舟中言别

鄉愁恁似别離愁兄正還家弟遠遊三徑菊松重九日一江風雨兩孤舟天涯各聽雞聲曉澤國難分雁影秋爲慰雙親休繫念征途有伴赴皇州

章華巖曰寒雨連江亦悽亦婉

淮陰旅次遇蘭葆初秀才觀生

獻賦金門志未酬。淮陰十日雨停舟。釣臺空自悲韓信旅店何期遇馬周新月照人穿水郭秋風吹雁過江樓君方作客蓮花幕勝我無才孟浪遊時予入都不果

酬別族叔魯濱卽用見贈原韻

沿河新柳板橋橫鞭馬長辭入帝京月色與人侵曉別客愁如草逐春生園林忍使荒詩社燕趙何堪問去程蓮轉萍浮殊自愧從今圖畫覓寰瀛

入都別從弟熟之

一林飛鳥乍離羣攜手河梁不忍分夜雨對牀同
軾轍秋風入洛異機雲寧愁歸路空懷刺轉恐天
涯學賣文記取光陰須努力山窗客館各辛勤

洪北江日通體清
遒三四尤極工切

和王肇舟太史化文過眞州原韻

十日偕行五易舟春風催我到眞州江分吳楚流
將盡山指金焦悔未遊艤客帆檣林樹密居人樓
閣浪花浮詩成笑傲同供奉問見滄洲第幾洲

張竹軒曰工秀並絶

都中寄族叔魯濱

未從燕趙一經過誰識長安地若何最易蹉跎是
行樂不多感慨豈悲歌三春歸鴈書來塞八月涼
風客渡河遙想竹林清興發數聲長嘯白雲窩

章華巖曰意多鬱結氣自激昂風調似劉越石

獨坐

客中何處慰幽探鄉思深于百尺潭詩草有題皆
薊北春風無夢不江南寒猶未盡裘先典愁竟難

消酒豈酣。一紙家書空悵望。綠楊牆外影毿毿。

施素之曰悲歌感慨無限羈愁

思親

無端忽著遠遊鞭。水驛山程路幾千。壯志不緣瞻北闕。春暉何忍隔南天。人來人去家書斷。花落花開客夢懸。一片金臺好明月。高堂同見七回圓。

鮑有軒曰結語婉摯

都中有感

鐘漏迢迢出禁城。蕭疎旅館一燈明。空厨入夜

茶烟歇賓匣無風劒影橫作客更教多疾病輸人
何止是功名牢騷到曉難成寐倚枕孤吟百感生

過揚州訪姚丈六吉不遇

入門無鶴重低徊空向蕪城過幾回一夢十年高
士去孤帆三月故人來水猶前度平橋綠花自多
情繞舍開不是劉郎留客住看山那得酒千杯

孫華陽日
天然對仗

劉向華上舍招遊平山堂

一住揚州廿四年風流遠接杜樊川名山與我分

清福勝地從君了夙緣畫舫載花深愛客紅橋放鶴似登仙漫言金帶圍難遇猶值移栽芍藥天

泊瓜步

卸盡蒲帆十幅輕西風兩岸暮潮生樓臺紺碧金山寺烟樹昏黃鐵甕城九月鴈來仍作字半江鼉吼不聞更酒家門掩人歸盡點點漁燈隔水明

洪北江曰大歷十子中最近隨州

贈張蠡秋廣文曾虔

從來大筆說燕公樹幟騷壇意氣雄舊錄久推金

鑑重新詞較比玉田工歸歟尊荼秋風後老矣桃花細雨中幾度溯洄何處是石橋西去板橋東

次韻　張曾虔

荏苒青春不負公九華葱鬱氣沉雄頽唐笑我鬢眉古典雅輸君語句工壯歲名畱燕市底清秋人値石城中早知揮麈能驚座咫尺雲光麗日東

送別張蠡秋之淮陰

相尋頻扣老僧扉又見孤帆挂落暉人去自衡淮

水上鷗來仍帶塞雲飛秋江名士渡還渡春草王孫歸不歸我亦故鄉空入夢天涯何處覓寒衣

鶴嶼曰俊逸

留別次前韻　張曾虔

早年詞賦動羣公天付才人健筆雄染翰應誇麾手得冷官肯學折腰工九華流翠歸吟卷六代遺香覓譜中自註予以青溪笑傳奇奉贈偏是我乘秋舫去祇留明月照江東

輓朱小嶽明府鎮

栽花到處樹循聲誰料旌旗夢裏迎千里叩喪來

泰岱四旬遺愛在彭城劃雞未了生前志化鶴寧

論死後名蕭瑟輀車歸故里空齋塵榻倍傷情

甯樸庵曰括盡

平生言之慨然

泊鳩茲

層塔高懸接上台江城一望勢崔嵬秋風泊岸千

帆落夜火臨流萬戶開月瀉影從窗外動潮寒聲

到枕邊來嗟余十載頻過此秋賦金陵共幾回

孫華陽曰與夜深燈火

見揚州句各分遠近

洪北江夫子枉過湛清圃不值歸和壁間原韻

樓臺那得好雲遮屐迹蒼苔石徑斜詩補南陔如束皙人來西渚是祈嘉卻欣親老能迎客轉悔梅花開不在家門巷至今思長者春風何日更停車

鶴嶼日掉臂游行不爲韻縛

宿湛清圃有懷梅緣大兄　洪亮吉

不用屏風六曲遮屋前之字嶺橫斜一門詩集追元祐自注時讀君家聯珠集百里谿光似永嘉墨雨醉

看飛四座水雲涼欲罨千家平生幾兩遊山屐

到處偏迎問宇車

北旋呈洪北江夫子

五栁門前菊正花秋風遠客自還家不知何事開

三徑聞有奇人入九華北去未逢韓太尉南來猶

見賈長沙高軒過日憑誰賦籠得新詩映碧紗

由硃砂庵至文殊院

遠上黄山第一峰蒼茫碧磴踏重重雲横海氣迷

千嶺雨挾濤聲出萬松天半路迴纔見寺巖前瀑

落不聞鐘仙橋已過仍危坐欲爲蓮花策短笻

洪北江曰好處在不黏不脫天半一聯尤勝

雨集涔園夜話

半載他鄉憶竹林今宵同話別離心雨中一榻疎燈冷門外三更落葉深對酒共君悲失路抱琴何處覓知音愁填胸臆傾難盡遮莫長吟復短吟

洪北江曰清境逈然

聽泉亭

滿林黃葉自紛紛古寺疎鐘五里聞山借危亭留

夕照泉垂怪石瀉寒雲三家邨到峰腰見兩路人

從樹杪分隔嶺松楸祠墓在幾回稽首把香焚

施烱樓曰峻

峭似柳州

課雪樓

一片寒雲屋角封小樓風味似宜冬正當月上檻

前樹遙見雪明天外峰對酒圍爐壺自煖題詩呵

凍墨難濃聞香纔識梅花放為問鄰牆隔幾重

鶴嶼曰清

光逼人

送族叔魯濱之霍山

廣莫風高近臘時千山凍影欲何之歸來日少翻
如客贈別情多半是詩路繞六安衝雪冷夢回九
子渡江遲鄉園第一關心處牆角梅花四五枝
潘蘭如曰
情致自別
留別舒丈渤庵
憶昔離亭笛數聲樅陽別恨黯然生東風馬上催
寒食殘月花陰夢早行一路新鶯嬌似客半江春
水淺于情十年香口重攜手又聽驪歌幾度驚
施烟樓曰一往情深
柳郎中詞無此綿麗

秦淮泛月呈徐一蟾嚴而郁兩秀才

花滿闌干酒滿卮。柳陰人過水迷離。煙銷珠箔月初上。潮打畫船燈欲移。江冷雁驚孤客早。溪迴歌到別樓遲。秦淮自古多名士。此夜風流恐未知。

醒樓

度得危橋傍短牆。層樓如畫負高岡。竹根覓路雙梯滑。簷角攀花兩手香。愛鳥不嫌驚好夢。看山恰喜對斜陽。此間坐卧心常醒。那識身還在醉鄉。

題洪北江夫子萬里荷戈集

君門無事九重開閒煞西曹御史臺補袞有才

天子聖荷戈垂死 赦書來魂消雪窖孤臣

老馬出潼關百日囘數被 主恩還獨厚此生

可復報涓埃

虞美人

莫問前身與後身虞兮一曲淚沾巾香心不泯留

芳草豔質重生憶美人垓下魂飛千載恨江東血

灑滿園春居然衣繡歸鄉里遠勝英雄志未伸

洪北江日破寂成

喧爲美人吐氣

晩過白鶴山

古徑夕陽微深林鳥亂飛錫鳴山自靜雲外一僧歸

江行

秋水映霜楓孤帆紅葉中晚潮雙岸濶落日大江東

秦淮

水榭夜深開歌聲隱隱催月明潮影動商女渡江來

甯楳庵曰
有含蓄

金陵早發

落月故鄉夢孤舟行路情秣陵城未遠高樹曉雅聲

朱心垣曰
似韋左司

漁歌

潮去灘聲高潮來灘聲靜明月照蘆花空江一人影

甯楳庵曰
古音古節

登樓

客帆江上遠春色雨中收不見家書至楊花飛上樓。

問渠水榭

腸似欄杆曲心同流水清問渠還自問比較更分明。

頌鶴樓

暝色生林薄無言倚高閣月明鶴未歸風起松花落。

響山亭

孤亭對月高。衆山皆靜妙。宿鳥忽驚飛。人在花間嘯。

聽綠軒

深林杳無人。誰度陽春曲。靜聽太音希。一窗山水綠。

醒樓

淸名圜已傳。醒義樓獨取。悲哉屈大夫。何如一漁父。

湖上

十里芳塘雨過時白蓮香裏渡舟遲一雙屬玉渾如雪飛入花中人不知

齊山雜詠

雲梯

天風人語遠相聞咫尺迷茫路不分拾級始知仙境別一重梯上一重雲

朱見庵曰
卽此悟道

石門在小九華峯北十步許

點點蒼苔石色斑洞門高峙翠微閒壺天慣借閒
雲鎖仙未歸時已閉關

望江亭

誰向山巔構小亭波光搖蕩上窗櫺洞天蒼翠江
天碧贏得遊人兩眼青

圓頂洞在山北獅子洞西宋端平中王哲
所名非山南蒼玉峽之圓頂洞也

料是高僧定慧生十年面壁道初成至今洞內留
眞相滿月圓光透頂明

唐公巖

齊山北有唐公巖在漫巖北三十步山
南之蕉筆巖亦名唐公巖以內有唐公
軒民四大字故也二巖並因張環得名
馬西齋太守謂周必大遊山錄爲誤實
自誤耳爰題一絕
層巖勝境足幽探彼此磨崖可細參兩處唐公題
並在地分山北與山南
鶴嶼曰可資
山志考據
杜荀鶴書堂

書堂舊築碧山中雲鎖香林石徑通想見撚鬚深
夜坐一簾明月著唐風

借山園偶成

種樹常從雨後移晴天抱甕亦忘疲主人愛物多
深意蓮葉魚苗各一池

李少白曰香山
池上另闢新境

鳩茲夜發

鳩茲港口夜鳴榔殘月孤帆下建康兩岸荻蘆聲
似雨秣陵城樹鬱蒼蒼

秦淮旅夜

空城擊柝夜烏啼秋水闌干月向西桃葉渡頭歌未散大江潮落畫船低

燕子磯

千里風濤指顧閒吳頭楚尾勢迴環孤亭攬盡東南勝三面長江一面山

朱見庵日七字括盡名勝

烏衣巷

珠簾高捲午風斜紅杏牆頭有落花畢竟多情是

雙燕年年飛入那人家

送施素之秀才　組旋里

惆悵河亭酒一卮匆匆相贈別離詩從今君卧梅

溪月應憶華溪月上時

送葉汾浦還閩

秋風何事整歸鞍亹別新詩不忍看祇道他鄉難

久住七閩天暖九華寒

洪北江曰如人

飲水冷暖自知

別郝横浦雲

隔林瞻望淚闌干明日惟從夢裏看曉發郵亭須

飲酒馬頭霜月不勝寒

贈王介農秀才鼇成新昏

姮娥遠下廣寒宮環珮聲搖月影中從此青縑添

步障卿卿原是舊家風

塞上

萬里秋風塞馬鳴黃沙白草帶弓行單于已在陰

山下日落祁連獵火明

朱心垣曰得唐八

最上一乘之法

哭郝橫浦雲

那堪兼聽杜鵑啼遙向墳頭奠酒雞歸骨未知何日事招魂先送大江西

朱見庵曰不負死友乃見交情

陳氏聯珠集卷十

全椒王肇奎鶴嶼采錄

陳　埶　字熟之青陽人縣學生著有凹堂詩草

古意

北人江南遊南人江北寓一待北風歸一待南風渡順逆各有時恐使歸期誤妾願風波平不阻來去路

鶴嶼曰一氣鑄成收意更得和平之旨

緑珠

粱家有麗姝身輕步香屑聘禮二斛珠聞者皆咤舌誰知美人心臨危肯死別不貪金谷居願共珊瑚折慷慨謝季倫墮樓何斷决翔風與宋禕焉能比芳烈

拜月詞

美人出晶簾下階拜明月脉脉一片心特與姮娥說情癡語益長夜久爐煙滅徘徊蘚階前珠露濕羅韈

樵父吟

曉日出柴扉披雲陟翠麓所識樹名多還聞鳥語熟一徑入幽林斧斤伐喬木雲深不見人丁丁響空谷

田父吟

田父呼兒前爾毋恃逢年力田如治國求安先去賊稂莠不早鋤滋蔓轉難圖養苗如撫兒飲食貴以時求效毋欲速日至穀自熟兒聞喜欲顛且以心爲田

潘蘭如曰寫田家風景不襲陶詩面目故佳

秋夜吟

秋月何皎皎秋露何溥溥秋蟲何唧唧秋夜何漫漫空幃坐寂寞無語淚闌干遙念千里道涼風客衣單旨酒不獨酌好花不獨看行跡沒莕徑流塵生畫欄夢中多歧路欲慰相思難茹荼知味苦食梅知心酸寸心如止水水不生波瀾

花下酌

千里鳥不飛寒山擁空翠雲凍日無光天低雪欲墜白梅飄微香因風暗撲鼻攜壺對花傾人與花

俱醉醉後寒威消和衣抱花睡

甯樸庵日雲凍何奇絕寫將雪景酷肖

冬杪即事

林泉有佳趣物我皆相忘閒犢臥花影午雞鳴飯香老農共曝背捫蝨依東牆稚子弄冰鏡擲地聲鏗鏘聞見異朝市坐臥同羲皇安得老畫手爲我圖山莊

午睡

樹高日影薄綠蔭生微涼午醉魂欲倦一榻遊睡

鄉神閒喜無夢偶夢皆羲皇時覺北窗下荷風透簾香

一花齋

居室如讀書摘精貴以少何須取物多愛玩滋煩擾今日過涔園因名翻悟道半畝自閒閒一花更矯矯拄笏石作山觀魚盆當沼芥納須彌寬蓮藏世界小深林借一枝何異鷦鷯鳥容膝郎爲安廣厦奚足寶同我字凹堂寓意超塵表

梅田橋

木凋山氣寒風冷蟲聲歇溪面飛素煙峰頂上華
月夜步梅田橋與狂清嘯發得句復高歌神情自
超忽歸來夜已闌冷露濕蓬髮

張竹軒曰十字清麗溪面句尤佳

三溪步月

飄然逸興飛隨雲出空谷杖策步晴沙沿流到溪
曲微風水不波倒映暮山綠仰視鳥歸巢羣影散
林麓東山皓魄升清光手可掬水月空人心歸詠
天機足

潘蘭如曰天機清妙得王孟之神

枕月峰在九華山

日暮步空庭月光未入戶出戶望東方一峰闕不補中凹如枕横圓月半吞吐須臾露嬋娟清光照眉宇幸值此良宵胡不觴飛羽既醉欹繩床素影轉廊廡

遊伏虎洞登棋盤石在九華山東峯

古洞倚崖懸老僧延我入陰風吹颼飀雲起客衣濕洞頂天光開峰形如拱揖一石當空撑兩松夾

石立對峙分東西天然作梯級夜靜聞棊聲月出仙人集

曉過五溪

僞曉出門早林巒過幾重橋邊殘雪積溪面輕煙封老馬踏凍月荒雞啼寒鐘靈山漸開曙空翠沾衣濃

金釵井 在石埭西蛾山唐桂盛女盡節處

巍巍西蛾山凛凛寒泉溢娥娥桂氏女金釵副名實黃巢寇亂時倉皇賊入室女本白璧姿豈肯輕

從賊給賊甫出門視死甘如蜜古井水不波千秋
尙瑟瑟

天都峰

天都何崔巍拔地特孤聳一尊如辰居衆峰若星
拱我欲陟其巔半途心惶恐

小礫山莊

余家托林泉素不愛城市今日來山莊依稀在故
里牆頭一帶山門外幾灣水水抱與山環人居空
翠裏雞犬聲旣佳比隣意亦美茅屋足容身豈必

美宅第況有五畝園松竹雜桃李無事日抱甕聊作灌園子

鶴嶼曰彷彿桃源仙境

雨過關河

久知行路難偏作他鄉客況值歲除時歸心益急迫凍雲癡不飛壓水一湖自朔風吹雨來頓覺千山夕泥濘滑馬蹄十步九蹶踖黃昏不見人燈火前村隔

渡江

長江何茫茫一水限南北舟子善占風勸我行不得理棹强渡江客子歸思亟行行五里餘人衆苦逼仄俄焉顛鷁風吹起雲如墨閃閃電光紅白日無顔色蛟龍競上天一江雷雨黑浪高勢益危存亡在頃刻岸近風漸平維舟長歎息風波何處無人心不可測

暮秋贈別

古人能達觀天地一逆旅胡君將遠行令我觸離緒相思不盡言攜手反無語秋林黯夕暉暮靄起

江渚遙天孤鴈飛倚樓獨延佇

周錦如曰寫
別情入神

夢入友人宅

昨夜遠尋君不畏山川隔飛度萬重雲松蘿一徑
闢排闥寂無人黃花滿幽宅低徊欲待君題詩拂
素壁烏啼夢乍驚窗櫺殘月白

洪北江曰其來
無端靈氣儵忽

小礫山莊觀荷

林園廣五畝強半開池塘六月荷花放亭亭水一

方紅者如朝霞白者如秋霜紅白色相間錦繡自成行一花依一葉葉比花較長日出花則舒大葉皆高張日入花則卷葉在花之傍晝夜互變易可以參陰陽默默向花悟靜坐傾壺觴

響山亭

危亭跨西嶼迤邐陟蘿磴四面皆奇峰攬盡雲泉勝春色當簷浮萬花開滿徑東風散餘煙楊柳綠無定卓哉卧遊人罷琴發幽興凭欄嘯一聲泉山雲外應

少年行

少年公子獨魁異干將莫邪國家器往往對酒傾
胸懷侃侃陳詞識大義平生不屑兒女情弔古悲
今亦洒淚看鏡時矜七尺軀擊壺未忘千里志彎
弧扛鼎氣如虹楚漢爭雄可拔幟忽聞戎馬度關
山怒髮衝冠遂奮臂慷慨提戈徑出門丈夫當死
沙場地詰朝一飲月支頭紫塞盧龍斷敵騎功成
非爲圖凌煙直以澄清爲己事

對花吟

東風不解空閨愁暗送飛花香滿樓起捲珠簾凭檻立無言有淚羅衣濕看花昔日開華筵共度春光三月天人不歸來春又去海棠成陰柳飛絮

朱心垣曰婉孌之態嬝娜之音

對鏡吟

美人曉起新粧靚嬌態婷婷還娉娉絕世瓌姿誰與儔開奩重抱菱花鏡鏡外人憐鏡裏人羞花閉月有雙身香閨往往嘆寡偶璧人既遇尤相親相親相近頻相顧蛾眉宛轉生嬌妒翻言妾比鏡中

強是一是二復誰悟

鶴嶼曰幻景癡情善狀兒女子態

織婦吟

空閨軋軋鳴寒梭愁緒較比機絲多憶自春蠶食桑柘再眠三眠坐成夜繅車響罷織流黃賤妾何曾自製裳裁與小姑作錦襖大人不嫌妾不惱

王蓮府曰溫厚之旨

老馬吟

誰家院落臨官渡老馬繫在枯楊樹仰首長嘶向

朔風平生未與王良遇權奇本是不羈才千里雲衢能騁鶩蹀躞霜蹄疾若飛淋漓血汗流如注出類祈空冀北羣肯讓驊騮當道路惜無壯士與馳驅銜突邊庭掃煙霧神駿奇姿不見憐駑駘劣質翻相妒年年歲歲困鹽車喪志垂頭莫與訴世無伯樂九方歅肉眼庸庸復誰顧老朽空餘戀棧情饑疲難展追風步縱死能邀市骨金亦應伏櫪悲遲暮

章謹堂曰沈痛之音志士同慨

採桑曲

憶妾年少勻春妝採桑陌上提懿筐君騎寶馬來
道傍風度不比遊冶郎妾知君德如珪璋元纁禮
重成鸞凰春風花下傾壺觴雙雙蝴蝶酣眠香一
朝遠別事戎行淚珠續續愁斷腸門外車馬催行
裝勸餐委婉辭高堂自言功業在邊疆骨相指日
封侯王胡爲淹留在他鄉深閨歲歲空相望登樓
回首見垂楊紅顏如夢虛春光堂上白髮雙姑嫜
西山日迫非康強可憐卒歲無衣裳命妾養蠶求

桒桑椹已熟堪爲糧黃鳥黃鳥毋我傷

楊花落

羌笛吹歌聞折栁雙淚垂楊栁枝郵亭欲折傷別

離昔日別君栁條弱今日思君楊花落楊花落楊花落空

漂泊浮水無根化作萍隨風欲上勞勞亭

閨怨

春風來時桃李開春風去時桃李落桃李不敢怨

春風妾心只自悲命薄同憶賤妾初嫁時女蘿松

柏誓不離虆砧遠戍龍沙北歸遲妾已無顏色不

願郎心如水清只願郎心如月明水清時有風波起月明常照空閨裏

秋閨曲

少時愛鏡不愛月月影不常圓鏡面無時闕妾今愛月不愛鏡鏡裏改容顏月下常輝映

潘蘭如曰淺語回環頓成絕調

短歌行

酒在杯劍在掌少年夜半作奇想人生立志當自強豈甘落落委草莽何時提劍斬樓蘭淩煙閣上

重圖像酒酣歌罷山月寒林露瀟瀟滴淸響

龍洞取水歌

少年未學縮龍技不忍坐視青苗死奮起淬水磨金刀欲入龍洞割龍耳家人聞之驚且喜芒芒奔走告鄰里鄰里來勸毋批鱗君去但取洞中水身被短衣手執瓶山徑步滑苔痕青然燈入洞陰風冷黑水一潭鱗甲腥盤屈抱珠睡不醒鼻聲呼吸如雷霆持瓶頷下乞靈水水初滿瓶足不停山下歡迎人載路楊柳爲冠芒作屨揮枹擊鼓如軍行

截竹搴旗若雲布老農一步一回顧山南倏忽起
煙霧倒捲黃河飛上天半空掉尾甘霖注

周錦如日豪邁之氣直追少陵

無米歌

中田苗槁人呼號米價陡起如山高富家閉倉不
肯糶貧者餓死輕鴻毛我家待食只數口五日炊
粥米一斗山厨忽斷今夕炊欲買無錢空搔首家
人不忍兒啼饑園中摘蔬煮豆糜豆糜半飽我與
起空庭扣缶高吟詩安得蒼天日雨萬石穀扶起

餓夫皆鼓腹安得仙人授我辟穀方終日狂歌坐茅屋

課雪樓

天風吹起蓬萊月照見千峰萬峰雪高樓八扇窗扉開寒氣逼人清入骨三更呵凍裁華箋四座無言探詩窟酒酣拍手忽高歌一聲驚落穿雲鶻

周柳橋日落筆如驚風驟雨神似太白

從洪北江夫子重遊九華

先生遊山如讀書一書未讀愁空虛一山未到愁

虛拘先生愛山如好道道爲逢原亟深造山以重遊恣幽討芒鞋已被遊山穿杖頭還挂遊山錢與酣落筆飛雲煙今入九華訪故友仙人雲外齊招手直上峰頭酌大斗余擕藤杖相追從山寺老僧指舊蹤卅年碑碣莓苔封是時將近中秋節九十九峰共明月俯視衆山如蟻垤忽然風吹雲海鋪天臺晴色連天都果有蓬萊宮闕非虛無先生思及新疆地雪山凍僵已數次何幸今夕猶得把酒東巖寺四更復借佛燈光贈余兄弟瓊瑤章元方

季方愧難當（先生贈予有我同年仲兼裘仲交到元方與季方之句）鳥啼山翠墮晴旭虎洞龍泉遊盡續相與訂期同上黃山之峰三十六

潘蘭如曰筆勢如高山出泉音韻如銅丸走阪

夢遊九華

余家近俯三溪口九子晴嵐落戶牖今來寓居治父東遠別雲泉已許久吟魂昨夜歸江南夢踏芙蓉九十九不須蠟屐與扶筇直上層霄摘星斗山靈愛客邁前行遙指奇峰名某某精神縹緲契煙

霞眼界寬宏失培塿山光特爲我添濃笑折蓮花

青在手將持杯酒問青天落月峰頭幾搔首

鶴嶼曰脫胎夢遊天姥吟

而縹緲離合自成章法

清明隨從兄繡輿郊行

春邑引人出門走城南城北皆花栁遊人雜遝鬧

晴郊綠竹在前歌在後三五遊冶郎躍馬競尋芳

更有踏青女紅袖飄飄舉豪華炫目頗移情隨兄

復向西郊行踏過溪亭數十步新塚纍纍閒古墓

山邊忽有村婦來再拜仆地哭聲哀汝哭汝何人

令我淚如雨叚久乃致詞一哭一聲數上塚婦之
姑中塚婦之夫兩旁小塚婦之子去年疾疫相繼
死詞極凄楚難爲聽偕兄急去弗少停歸過前村
且沽酒予酌小杯兄大斗人心哀樂本無常入歡
場喜若狂過北邙愁斷腸何如一飲歸醉鄉并無
歡樂何悲傷

甯樸菴日繁弦促節變宫變徵之音

西梁山望江

西梁山頂煙雲浮西梁山下江水流振衣獨立千

仞上一聲長嘯驚蛟虬長江萬里勢奔放東連博望何雄壯浩蕩天門兩扇開約束中流作屏障山水到此眞奇觀波翻落照江影寒亂帆欲泊不得泊過客都向篷窗看我倚層雲懷古昔咫尺江樓見采石錦袍騎鯨時往還誓將新詩問太白

過淮陰釣臺

漂母祠邊臺尚存臨風遠弔韓王孫把釣求魚豈常餓爲人逐鹿終寡恩赤帝如龍將如虎鐵馬金戈百戰苦一朝綿蕞天子尊葅醢功臣棄如土微

時故人不可忘況乃生死同戎行拔幟囊沙滅勁敵河山帶礪成眞王功高威重忌心起野獸旣盡獵狗死鍾室果爲兒女謀何事歸來憐且喜我本江東一釣徒扁舟散髮亡江湖胸懷千古不平事抗髒之氣無時無由來安樂忘患難薄與功臣寧獨漢何如披裘富春灘煙水茫茫無岸畔

鮑一峯曰結語指明出路韓王亦應首肯

方正學先生墓

雨花臺畔朔風吼古塚纍纍如聚首中埋碧血四

百年讀書種子歸重泉當時靖難師初入一龍升
天羣蛇泣麻衣上殿哭聲高千秋一字篡難逃成
王安在義凜烈縱有周公亦結舌頻催草詔弗肯
書一片忠心鐵不如吁嗟乎瓜蔓何離離白骨盈
山匯一門殉節且不朽十族同埋更未有至今八
百七十有三人天陰月黑夜夜飛青燐

謁高祖明兩公墓留宿山莊

三月落花寒食天家家祭掃飛紙錢余亦遠來上
祖壠登山展謁心凄然吁嗟乎生死別幽明隔字

蝕碑殘苔青草碧歷數十年兮非朝夕鵑啼紅樹

幾千枝鼠竄蒼松一百尺樽酒載奠盂飯陳神靈

庶幾來饗格雨黯前林天欲暮歸向山莊覔舊路

低徊欲去復回頭不見佳城見煙霧

哭家敬齋

敬齋者予畏友也性梗直有古風八載知

交一朝謝世痛悼何如爰成長短句亦悲

歌當泣之意云爾

臨穴棺不開酹酒魂不來生死與君別日夜令我

哀郡城分手未三月誰意暫離成永訣空向秋風
作輓詩一字纔書雙淚垂壽與夭皆前定我有言
君且聽莫慮高堂哀有婦侍養姑寧饑莫念遺孤
幼有母撫育兒弗瘦勸君瞑目歸九泉風燈石火
誰延年吁嗟乎前年絃斷猶能續今日琴亡不成
曲惆悵生前八載交墓門宿草年年綠

席上即事

華堂宴客傾金巵月影漸落花影移歌者後至主
人慍欲動朱唇低翠眉聽我吟詩堪絕倒莫使歡

場變煩惱添酒非關度曲遲拍絃翻笑開筵早君不見琵琶洲邊江水寒千呼萬喚始一彈又不見旗亭畫壁爭引手遠上黃河獨殿後請君試聽子夜歌重排清讌歡情多畫鼓紅牙敲未了霜天曉角將如何

章華巖曰緣情綺靡風韻特佳

題李忠節公傳後

烈火當前邑不沮賊衆相看舌盡吐義憤寧辭熒惑災丹心那畏赤熛怒爾時力盡勢莫守吏民咸

勸公出走厲聲一叱衆共驚作氣如山膽如斗自
言身爲守土臣士亡豈可身獨存默默寸衷早自
決誓將一死酬君恩紫煙綠霧何焜煌竹箕都含
蘭蕙香烈骸有靈見尹穀殘灰無處覓姚光老妻
被刃死信宿忽聽孫來重開目燼骨方從故里歸
忠魂猶傍澄城哭可憐邑令爭先逃未幾身卽伏
歐刀依然一死復誰惜奚啻泰山與鴻毛
洪北江曰
詩才史筆
題洪北江夫子萬里荷戈集

黃沙四起西風吼萬仞雪山落馬首批鱗不殺投
新疆狂直緣知　聖恩厚書生此去學荷戈
天語傳來誡耽酒手疏猶縈　聖主心頭顱
豈落將軍手崢嶸壯志銷不得搖筆精神益抖擻
黑溝靑海入吟鞍氊帳旃牆歸壘藪嶺海欣逢吏
部韓沅湘快得儀曹栖百日方周郎賜環别
奇選秀愁未久暫從西域歸江南小挫亦知紆大
受君不見丈夫勳業高星斗豈獨文章垂不朽

潘蘭如日沈雄壯麗不負此題

題從兄越之三我圖

一正一側一背坐或中或右或居左豈是張衡蔡邕及虎賁形似神似誰能分又疑李白舉杯邀明月對影三人相髣髴吾兄英年客江湖衆人碌碌非吾徒歸來圖上覓三益我偕我我芳不孤一郎三兮三郎一妙諦都從箇中得映水原爲彼岸花攻玉不借他山石千億放翁百東坡眼耳口鼻身意何妨多

斷碑

青珉半截横巖阿字經剝蝕風雨多昔人立碑期不没今日碑斷將如何平生一筇幾緉屐到處摩挲搜古跡欹斜贔屭臥荆青斑駁龍螭盤蘚碧古物殘鈌逾可珍一見此碑傷心神高岸深谷原有數片石隻字終須護君不見薦福紙墨方搨摹雷轟電掣歸虛無又不見黨籍夜仆黃門手子孫重刋盆不朽吁嗟乎碎於人毁於天秦籀漢篆空雲煙我今拂拭斜陽邊當思古人何以傳勳業果能垂竹帛姓名豈必鐫金石石碣雖斷名不滅

園居

新綠窗前滿。春深草不除。邀人栽水竹。留客摘園蔬。風暖花闐鳥。波晴藻躍魚。林泉皆道趣。豈盡在琴書。

湛清園

占盡華溪勝。居然小十洲。三橋通一水。千嶂擁雙樓。花密香難度。亭空響欲流。遠懷宗處士。高臥當清遊。

領鶴樓

斜陽樓上望春樹暮煙環簷壓雙池水總吞四面山鈔書消日永領鶴伴雲閒願得清幽地誅茅構一間

舟歸小礫山莊

九折盡清澄風嚴凍盆凝舟撐雙岸雪客打一溪冰水複隄多曲汀回栁幾層歸橈搖落日尤覺暮寒增

山莊偶成

竹外日將曛閒愁付暮雲索綯冬補屋釀酒夜蒸

饋松影當簷落花香隔水聞避喧聊住此眞足謝

塵氛

借山園

林園當僻地春靜鳥聲閒徑仄新添竹牆低遠借

山曉烟橫栖畔晴翠落波間一任人來去花開戸

不關

曉起

曉窗紅日上夢覺啟荆扉有鳥穿波出銜魚入竹

飛千林雲葉亂一徑菊花肥惆悵征途遠秋深客

未歸

潘蘭如曰通首清新有鳥一聯自然奇妙

睡起

日午人初起風吹戶乍開春心芳草長客夢亂雲堆臨水一花放過牆雙蝶來最憐生意好新綠上莓苔

山中避暑

處處堪銷夏雲泉足小留我心能似水天氣自如秋日覆巖松薄風回石徑幽更吟蘇須句溽暑已

全收

洪北江曰熱中人不知此義

夜霽

雨餘花氣重雲淨月光流萬里白於晝三更涼若秋問誰當此夜無酒可消愁一斗曾藏否持瓶向婦謀

宿湖上莊

薄暮宿烟皐松飛屋角濤湖光連月濶山勢擁雲高栁外懸魚網盤中具蟹螯主人吟興起拈韻共

揮毫

三溪晚歸

颯颯晚風天人歸夕照邊溪光灘背上峰影馬蹄前近水沙爲路依山石作田故園秋色早菊蕊綻寒煙

宿白鶴山寺

萬壑紫煙飛斜陽戀翠微鐘隨流水動雲與鶴俱歸偕客穿松徑尋僧向竹扉推敲因佇立山月冷侵衣

宿林家庵

古刹木森森鐘聲逺出林一庭新翠落半隝夕陽沉鳥入香厨語詩連梵唄吟老僧偏愛客茗話到更深

東巖避暑

淸涼推福地銷夏足勾畱松滴千峰雨巖含六月秋石泉僧洗鉢雲磴客登樓咫尺天臺路何時著屐遊

張竹軒日傑句

飛來石

飛鳥化爲石九華添一峰夕陽明遠嶂空翠落寒鐘巖室大如斗山僧枯似松坐看雲影起何處覓芙蓉

李少白日信手落筆自然趨妙

遊石壁山

千仞碧崢嶸迴遭怪石橫入山驚壁立倚洞看雲生泉澗分清濁農夫課雨晴老僧方出定鐘磬雜經聲

吳巽文曰非身經者不能道

過古寺

客未投蕭寺僧先下碧山一林黃葉亂半榻白雲閒佛頂蛛懸網階頭石點斑蒲團趺坐久飛錫幾時還

由硃砂庵上文殊院

俯首幾千重參差列萬峰白雲鋪世界黃海盪心胸飛瀑全疑雨奇觀半在松文殊留古院未到已聞鐘

文殊院

雙屐輕如鳥飛行不覺難山畱松石古雲接海天寬佛面嵐光落僧厨雨氣圍夜深風乍起泉響逼人寒

登黃山蓮花峰

一氣踏層梯回看萬象低足跟須立定峰頂好攀躋鵰鶚摩天近星辰與客齊興來長嘯起空谷應東西

早發粟山

歲暮客兼程停車已二更山莊纔入夢僕馬又催行斜月淡簷影曉風寒柝聲誰家偏早起燈火隔林明

鮑有軒曰曉景如繪

鵲岸渡江

夾岸碧盈盈孤帆一葉輕風狂驚水立船動覺山行倚棹羣爲客同倉各問名蒼茫江上路落日暮烟平

鶴嶼曰妙語只在眼前

曉過繁昌舊縣址

鴈唳江天曉風高八月秋櫓聲驚短夢帆影臥寒流楊柳綠沿岸桂花香到舟繁昌遺址在寥落動人愁

洪北江日寫虛景入妙

夜泊

江濶杳無邊蒼茫遠接天風高豚拜浪人靜月窺船戍鼓隨更轉漁燈隔水懸篷窗涼入骨擁被把詩聯

登太白樓

采石懸詩壘高吟獨上樓恨生狂客後空對大江流犀渚煙光亂螺山翠影浮不知明月夜可復跨鯨遊

謁虞雍公祠

采石一軍雄儒生建大功劉錡同義憤裴度比公忠古木寒雲碧靈旗落照紅荒祠留此地千載仰英風

靈谷寺

林深不見寺夕照漏簷端古塔穿松直疏鐘出谷寒看僧翻貝葉留客坐蒲團共話前朝事禪關欲別難

秦淮夜飲

勸酒捧金觥低徊各有情玉人皆度曲詩客半知名燈月重花影笙簫雜水聲獨憐今夜短幾處亂雞鳴

潘蘭如曰秦淮豔情盡此十字

秦淮泛月和從兄繡輿韻

雨霽柳含煙黃昏客泛船一樽溪上月雙槳鏡中天花氣穿簾出燈光與水連更深遊未倦清興有誰憐

周柳橋曰花氣五字香豔動人

漂母塚

遠勝萬家塚纍纍泗水陰王孫懷一飯漂母足千金垂釣時方窘憐才義獨深休言亭長婦鍾室是何心

白骨墓

第一銷魂處無愁也淚潸髑髏堆古道魑魅走秋山衰草寒雲外殘碑落照間人生看到此萬事盡堪刪

將抵里門

晴翠落歸鞍千峰馬上看日斜人影直風響葉聲乾舊徑雲堆仄平疇稻刈寬征塵雙袖拂只欲博親歡

述懷

久與世睽違黃昏卽掩扉守貧心似水禦冷酒爲

衣燈暗憐人瘦窗疏愛月肥癡迷從少慣獨坐悟前非

山莊別大人

山莊成眷戀客子意逡廵風雪將除歲園林頁報春違懷寧母念又作別爺人去住徘徊久臨岐淚濕巾

送人之吳

君向蘇臺去吳門我舊遊層樓都壓水別港盡通舟花氣春塘重歌聲夜市浮歸與須早賦短棹莫

夷猶

秦淮和徐一蟾桂馨嚴而郇龍甲兩秀才韻

層欄當勝地清夜話良朋鴈影江天澗珠光水月

澄風飄雙岸笛舟放一河燈欲把陽春和探驪愧

未能

王鶴嶼夫子有將歸之作因次其韻

歸思如春草東風一夜生囊空緣俸薄身重覺官

輕豈念田園樂將移我輩情盤中餘苜蓿莫急易

蓴羹

春日偶成

幾株楊栁綠成圍山館蕭條半掩扉雨足十分雲未散花深一寸蝶爭飛荒郵昨日過寒食遊客何時換袷衣閒倚柴門天欲暮披蓑烟外老農歸

潘蘭如日雨足二句寫春景透徹

九日

開門烟水滿平湖鴈唳遙天落影孤花放杳無人送酒田荒偏有吏催租不堪倚檻悲秋老欲補登高待病蘇對鏡自憐清且瘦也隨兒女插茱萸

山居

簾捲奇峰入座隅山居一幅臥遊圖閑門不管花
開落待客先籌酒有無杜甫雞蟲何日了莊周牛
馬任人呼風吹柳絮侵書幌幾度光陰若隙駒

夜咏

滿架蠹魚恣意搜蝸廬十笏小于舟冷香裊徑花
籠夜寒影窺窗月度秋詩自夢成詞亦幻書從幼
讀誦如流更深人定彌幽靜徹曉溪聲一枕收

山中偶成

柴門無客晝常扃贏得清閒養性靈安分慣臨歸
命帖延年不假攝生經春深林下花皆碧雨過窗
前草自青汩汩穿牆流水活汲來敲火煮茶瓶

圜居

數椽茅屋托煙蘿不掩柴門任客過水漲平池分
月潤春纏幽徑得花多小槽醡酒澆詩癖短榻攤
書惹睡魔暇日故人追舊約尋僧還上遠山坡

小礫山莊

山莊半在水中央魚鳥親人樂意長岸可持竿多

種竹園因養藺閒栽桑鄰翁餽酒封錮美爨婢蒸

饋出甑香小住經旬成眷戀幾忘別業是他鄉

重到小礫山莊

鄰叟相逢喜欲狂六年重到此山莊新添水竹當

門綠舊種江梅繞屋香春逼歲除寒未減日過南

至影初長合家同住煙霞裏笑語居然是故鄉

鶴嶼日起

筆得神

山莊夜咏

山莊晴暖透簾櫳氣候常年迥不同松子落來因

夜雨梅花放盡未春風慈親嘗酒開樽綠幼女圍
爐撥火紅閒與老農相坐話共占明歲稻粱豐

中秋無月金陵作

冰輪盡被暮雲藏秋氣蕭森水榭涼殘雨坐燈孤
影瘦空江度雁一聲長舊醅色泛蒲萄綠新栗苞
分桂子香想是姮娥憐旅客不教對月憶家鄉

石埭夜歸

隱隱秋林入望遙近家翻覺路迢迢平流煙鎖溪
三道深夜人歸月一橋霜重馬蹄經石滑天寒波

影帶山搖香臺未曙僧先起百八鐘聲兩岸飄

同家三峰秀才登瀛宿白鶴寺

深山無處不秋聲雲淨天高夜氣淸蓮社有僧同榻坐銀河代月到窗明挑燈算勝排棋局布席攻愁起酒兵輿盡羡君餘勇賈還堪摩厲入書城

潘蘭如曰
奇句創獲

九華晚眺

天寒巖壑倍崚嶒暮色蒼蒼月未升梵唄風飄禪室磬珠光僧上佛樓燈崖冰沍凍泉聲斷山雪初

晴夜氣清榾柮圍爐堪禦冷香厨况有酒如澠

香林峰

遶上香林路百盤摩空怪石勢巑岏山飛翠雨含暉潤松捲蒼濤落響寒佛刹鐘敲殘照外書堂鴉散暮雲端臨風重憶唐風集五字詩篇盡可觀

宿九華山寺

寂寂禪關寒氣增玉峰當戶影層層犬依爐火常親客雀入香厨不避僧斜日雪消簷滴雨殘杯風冷酒成冰巖巒擬待烟雲散蠟屐扶筇次第登

自齊山至郡城

東風吹雨又吹晴纔覺輕陰策杖行隴有黃花新閒麥隄多綠柳亂藏鶯臨流旗影曾沽酒出郭簫聲已賣餳欲度溪橋還佇望一湖春草接城生

翠微隄

樹裏嬌鶯恰恰啼東風吹我度長堤半湖春水搖山影一路香泥印馬蹄釣艇綸垂新柳外酒樓簾捲小橋西伊誰擫笛穿雲落三疊梅花日已低

洪北江曰牧之風流嗣音未遠

清溪泛月

每過清溪弔二生今宵倚棹倍關情半江秋水月初上兩岸荻花煙正橫山接百牙疏柳影波流雙塔暮鐘聲吹殘戍角霜天冷猶見漁燈幾點明

杏花村

郁南郁北雨絲絲冒雨尋春杜牧之茅屋新煙寒食後酒壚高幟晚風時杏花已白遊人少芳草初青放犢遲遙見湖隄蓑笠影倩誰圖出畫中詩

杜牧之祠

踏過湖山弔牧之黄公井畔紫微祠聲飄野店誰

橫笛魂斷清明自賦詩細雨鶯啼垂栁岸東風草

長落花時年年不少尋春客遙認靈旗作酒旗

鶴嶼曰弔其人即摹其調

秀山瑶明廟

選閣風清著述多青宫遺廟碧山阿精靈不𡨴畱

香鯽心跡難明怨蠟䳄野有蘋蘩仁澤遠堂無綵

竹德音和千年拱木森森秀為葬衣冠在薜蘿

牧鴨湖弔杜荀鶴

齡齡踪迹托湖濱渺渺煙波夾岸春獻賦未逢初
盛日撚鬚多作苦吟身一枝仙桂青雲晚三卷唐
風白髮新重向斜陽懷往事誰知牧鴨是詩人

張竹軒曰可
抵小傳一則

菊江懷古

斜陽影裏片帆收憑弔先生特艤舟栖邑低迷三
徑暮菊花開老一亭秋晚風荒院無人醉夜月空
江有水流五斗原非嫌米少微官祇爲折腰休

王蓮府曰不着
一字自得風流

遊黃山

六六奇峰接太清軒轅曾此學長生雙丸日月懷中落萬丈虹霓足下橫空谷翠飛都雨色寒松風定亦濤聲雲鋪後海連前海宛在蓬萊頂上行

洪北江夫子招遊黃山不值

鶴返蓬萊客不知秋深赴約惜來遲三遊屐印苔千片七浴香雷水一池古洞烟雲誰指路空山風雨獨吟詩茅篷暫借繩牀宿猶憶東巖拱杖時

宿茅篷

霏微暮色上禪扃多少奇峰入杳冥日射蒼崖雲氣紫苔添丹井水紋青半山竹影當窗落一枕松濤徹夜聽佛火漸殘天欲曙僧雛勤誦法華經

文殊院

玉屏絕頂敞禪扉怪石懸崖碧四圍兄弟共來雲外坐峰巒都向海中飛飽看山色眞清福遙聽泉聲亦靜機羨煞高僧逢舊侶蒲團相對說皈依

然犀渚弔溫太眞

洒泣登舟誓盡忠將軍討賊建奇功詞陳騎虎兵

心固術試然犀水府空翠舫暫依洲渚宿赤衣還
與夔魂通至今落日孤亭立猶見鯨波一派紅

鶴嶼曰頷聯包括
不僅對仗之工

孝陵

龍去湖空鼎尚存蕭蕭松栢暮雲屯干戈開國規
模壯弓劍成陵氣象尊虎踞一關森拱衛雞鳴十
廟走精魂　熙朝議禮君臣重百尺豐碑屹寢
門

章華巖曰
力能舉題

晚登鍾山頂

石頭城外晚風寒乘輿登臨得大觀雙柱月華留鶴語一天雲氣護龍蟠潮連吳楚江聲壯山接金焦地影寬萬里蒼茫全在目秣陵誰道是偏安

秦淮晚眺

江山舊是帝城基倚檻頻增旅客思邀笛步邊疎柳影雨花臺畔夕陽時沿流有隙都栽菜夾岸無家不絡繇六代繁華今洗盡秦淮秋水自漣漪

孫華陽曰掃除綺語寄託自深

秦淮泛月

小艇閒乘月色搖秦淮潮落水痕消石城王氣無千古桃葉風光有六朝水榭傳花公子醉珠簾度曲美人嬌清遊我是狂吟客一闋高歌勝玉簫

莫愁湖

蕭梁往事半模糊南國芳踪尚說盧桃葉春光名士渡蓮花秋水美人湖遺風樂府飄歌扇落日妝樓見畫圖名喚莫愁愁不斷石城夜夜夜啼烏

盧江道中

林巒煙冷邑蒼蒼策蹇徐行野岸長村店幾家茅
結屋山莊都半土圍牆渡人小艇横秋水記路殘
碑卧夕陽惟有湖邊千樹柳修條爭弄晚風狂

隨二兄秭餘南歸

雲山南望路悠悠同住林園久滯留春到梅梢仍
帶雪歲除江上始歸舟風聲野樹寒彌響雁影空
潭凍不流連日偕行鄉漸近囘瞻治父亦生愁

送二兄秭餘之廬江小礫山莊

餞別吾兄酒一甌暫時分手莫含愁片帆北去將

登穀九月南歸早放舟草邑池塘尋舊夢鴈聲浦漵動新秋慈親日倚柴門望小礫山莊勿久留

懷從兄愷庭繡輿景蘇

江分南北鄖天涯重憶壎篪次第吹夜雨談深無別榻春塘夢破有新詩雪鴻留爪憐今日蠟鳳爭珠記昔時佇待梅田生意足同看嫩蘂綻疎枝

懷內

江南江北遠分離况值嘉平客尚羈記得深閨臨別夜幾番細語問歸期緇衣遊子煩重念白髮姑

嫜賴護持兩地相思何日慰挑燈同是不眠時

秋答友人

彩筆纔拈集百端得書容易答書難身非抱病形偏瘦詩爲悲秋句亦酸孤館夢同燈漸灺空山鶴唳月初殘十年舊事重追憶一一從頭把指彈

鶴嶼曰句有商音

送滇洲上人迦北歸九華

別路無多別意縣匆匆歸去梵王家茅齋分榻經三宿錫杖隨雲入九華深夜敲門山月冷清晨禮

佛篆煙斜他時淨土開蓮社慧遠休辭謝永嘉

葉汾浦曰清空一氣

病後

身爲悲秋病轉加捲簾試鏡影如鴉寒天孤館落楓葉細雨一籬開菊花客至典衣琴已賣醫來斷酒藥仍賒敲詩偶得驚人句便汲清泉自煮茶

荆軻

荆卿慷慨信無倫意氣曾傾燕市人縱酒何殊雞狗客悲歌徑入虎狼秦一腔血灑咸陽柱十萬軍

臨易水濱七首揕胸終未得地圖轉盼已成真

賞菊

閒倚柴門興正賒傳來書札自鄰家故人邀我攜萸酒今日題詩賞菊花尙隔一籬香撲鼻行穿三徑影籠沙流連不厭秋容淡夕照方歸插帽斜

米囊花

一朶花開米一囊誰裁蜀錦貯吳秔月中早卜重臺麗風外頻聞十斛香南國嫌貧春告糴東君悵別宿春糧年年佐我盤餐味佛粥新炊帶蜜嘗

水仙花

花開女史曉寒天，丰韻羣推第一仙。簾外素香清入夢，枝頭黃暈淺籠烟。縞衣步月湘江曲，羅襪凌波洛浦邊。脫盡塵埃無別戀，平生只與水爲緣。

悼鸚鵡

隴蜀迢迢雲路遥，崎嶇萬里到江東。波羅誦罷歸香冢，舍利圓時脫綵籠。絕世聰明原是夢，驚人文采總成空。從今玉檻茶誰喚，梁燕喃喃語曉風。

潘蘭如曰：襯筆淒惋入妙。

征婦怨

十載賀蘭山君恩未賜環封侯如可必敢怨鬢毛斑

周柳橋曰叢殘中自出機杼

秋閨

春雨客竟去秋風人未歸高樓望江水北鴈向南飛

鶴嶼曰二十字作一筆書胎息近古

冬閨

皚皚階前雪可以表素志待郎久不歸化作相思淚

春雨

春雨送春歸春歸雨未止漠漠四山雲沉重飛不起

夜過華溪

月上溪橋明冰凝溪水靜微風何處香隔岸梅花影

徐薌坪曰靜中領悟

早行

古道朔風吹。嚴霜和月凍。雞寒喑曉聲。馬滑驚殘夢。

齊山雜咏

翠微隄

出郭聞鶯啼。湖邊柳裊裊。一堤翠影微。十里春光曉。

齊山寺

古寺齊山麓。簷牙翠石圍。香厨通洞壑。雲雜爨烟飛。

大人跡

巨靈跨江來足跡留洞口嬌癡遊女情欲履大人拇。

洪北江曰古艷今情

響板洞

鼓臺流逸韻響板隔林聞爲奏鈞天樂敲殘一洞雲。

玉簫峽

谽谺一峽開石邑涵虛碧誰弄玉參差天風響朝夕

張竹軒曰步虛聲猶在人間世

白雲窩

淡淡一窩雲無心時出入去來人不知石上苔花濕

潘蘭如曰韓陵一片索解爲難

集仙宫

造化爇洪爐一鑄九鼎就如何集仙宫魑魅走白

畫。

朱心垣曰搔首問天我思謝朓

觀郡樓

高樓摩青霄。郡城在指顧。翠影連脩堤。參差湖上樹。

小九華

分得銀河秀。居然兩九華。一壺收不盡。留影在煙霞。

鶴嶼曰善寫小言

涵秋亭

落日躋山頂孤亭縱遠眸春江無鴈影烟水亦涵秋

覆釜石

仙子早餐霞空留一覆釜黃粱不復炊凹凸成千古

龍眠岡

振衣凌脩岡蟠龍勢綿亘終古抱珠眠風雷不肯醒

石柱崖

石柱勢擎天亭亭翠影直孤撐傍峻崖不倚見奇特

蓮花池

鑿池種荷花李守饒風致春來蓮葉稀倒映齊山翠

齊山湖

十里連清溪雙堤重約束春風盡日吹芳草一湖綠

梅緣書屋

寒夜書聲到幾更開窗林際月華明自從結得梅花屋臥對癯仙夢亦清

湛清園偶成

浴罷凭欄月未生銀河倒影一池平微風不起星光動隊隊遊魚水面行

華溪草堂偶成

奇峰倒影漾芳塘返映波光上畫梁啼斷子規花正落鶯囘午夢枕餘香

小礫山莊舟行至盛家橋

水澤堅凝午未開打冰小艇掉溪隈誰知路轉汀回處早有漁翁破涷來

甯樸菴曰怵他人之我先

別小礫山莊

小住山莊數月餘依依何忍遽回車鴈方北嚮人南去惆悵登程是歲除

洪北江曰對此茫茫百端交集

憶小礫山莊

花竹輕陰覆水隅蒸饋猶記出山厨別來風景應依舊門外新添柳幾株

過曹氏山莊

竹籬茅舍翠微間門納清溪屋枕山日午主人猶未起滿庭花影鳥聲閒

過友人宅

故人卜宅在溪隈乘興扁舟拂浪來昨夜東風將雨過門前一樹碧桃開

鶴嶼曰干卿甚事自爾纒綿

葛仙山

何日丹成謝世間至今猶號葛仙山曾騎白鹿穿巖過苔蘚分明石上斑

過樓山

日暖晴嵐翠欲飛雙峰對峙影崔巍漁翁也愛樓山好流水桃花坐釣磯

杏花邨

邨邊牧犢草如茵烟柳鶯啼二月春一幅青旗沽酒路半簾紅雨看花人

過土橋

帆收渡口夕陽斜淼淼江天水一涯行過土橋新月上柳邊燈影幾人家

同從兄愷庭繡輿景蘇宿慈姥磯

人同旅鴈宿江隈戍卒烏烏畫角哀夜半秋風吹不住寒潮隨雨上磯來

徐一蟾曰比彭城夜雨何如

別金陵

別去秦淮出石城五旬小住也關情扁舟百斛愁

千斛搖曳秋波不肯行

鶺鴒日只不勝愁三字幻出者般狡獪

隨從兄越之渡江

接翅聯飛鴈影雙秋風同坐木蘭艭推篷落日望山色九十九峰青過江

思親

久住山莊讀父書歸期纔卜歲將除東風又送漫天雪白髮慈親日倚閭

贈江西郝横浦秀才雲

水複山重驛路長離家千里客青陽舉頭猶見西
江月莫謂江東是異鄉

見梅

水邊籬落影橫斜幾認孤山處士家春信特遲緣
歲閏東風二月見梅花叢而郵日與庚子山常年臘月半一首並傳千古

江北見梅

珠蘂離離映水隈一番風信破寒來遙憐春色江
南早小院梅花門雪開

並蒂蘭

九畹猗姿手自栽春風遙送國香來一從燕姞徵佳夢歲歲芳叢並蒂開

蓮花

亭亭艷質出銀塘分得曇華一瓣香亂颭波心眞似錦應迷三十六鴛鴦

稻花

碎雪初開十里花柴門臨水野人家他時滿甑炊雲子別有清香到齒牙

施烱樓曰不粘不脫自得佳處

題族叔魯濱水墨蘭竹

蘭竹森森翠影浮墨花爭潑暗香流小齋坐對人千里時叔客漢江煙雨湘沅一幅秋

千里漢佛江叔客遲雨湘沅一扁秋

蘭竹森森翠影浮墨花爭發暗香流小齋坐對人

題族叔魯齋太史墨蘭竹

不脫宮拾生憲
施兩樓日不袜

陳　埥字埥之青陽人著有雲泉詩草

湖上即事

湖邊暮色佳秋水混天碧遠樹下斜陽東峰挂素魄持杯飲復停惜無同心客忽聞漁歌聲招來碧岸側岸側野沙平對坐傾瓊液與酣發清歌我和以長笛歌罷掉船去蘆花映水白

雨集涔園夜話

清夜集涔園窗外瀟瀟雨分題擊鉢吟論古聯床語少長蘭亭賢風雅竹林侶興酣忘夜深既霽月

在戶。

贈一葦上人

城中有古寺，幽雅如山林。寺中有老衲，終日自沉吟。挂錫雲遊罷，敲詩月夜深。我來方丈間，談論聞妙音。簷盧塔影直，古木相森森。

樂荆堂夜飲歌

中堂月出花含烟，四座歡呼聲沸天。三冬讌客苦日短，良宵置酒開華筵。聯席傳花競擊鼓，藏鈎射覆復相賭。酣醉不知夜氣深，花影上欄月當午。

鶴嶼日風
調自生

題鳳梧軒畫譜後

秋風忽起梧桐凋鳳鳥高飛丹山遥窗扉無恙幽軒敞舊客重來增悵惘憶昔落筆興淋漓水墨丹青無不奇幽蘭九畹竹千畞湘沅烟雨胸中有雙雙蝴蝶筆端飛落花芳草春將歸雲山水石皆入妙停筆時還發清嘯今日人去譜空存題詩未就先斷魂兄須珍藏爲法式先人手澤難再得

春晴野望

山色到門綠春光喜午晴田疇知雨足主伯課牛耕風定爨煙直日斜溪水明深林餘點滴濕翠落衣輕

鮑有軒曰秀潤如西山朝爽

元夕飲湛清園

樓高先得月今夕一回圓人倚朱欄立燈臨綠水懸早梅香孕雪新柳翠含煙簫鼓郁郁鬧餘音到綺筵

張竹軒曰起手四句一氣相承

領鶴樓

雲外鶴將旋登樓望遠天人煙春樹裏山色夕陽邊池靜魚跳急風和鳥語圓危梯無客上終日枕書眠

課雲樓

倚檻半名流風光望裏收雲煙開地軸雪月耀簾鉤凍影連千嶂吟聲滿一樓諸君皆妙手五鳳好同修

葛靜湖曰六語佳妙
又手撚鬚情狀畢出

過友人山莊

綠水抱青山人家山水間鶴緣幽客放花許近鄰攀藥圃乘春種漁竿帶月還尚平無別志贏得一身閒

五溪望九華

五溪風景好嵐翠落人家地迴分三徑亭空納九華碧天飛鳥盡紅樹夕陽斜我僕催歸急憑欄興尚賒

鶴嶼曰

空曠

夜登望江亭

風冷客衣單孤亭獨倚欄笛聲山月小鴈影水天寬野寺燈初上江城角漸殘清宵空悵望懷杜和詩難

甯樸庵曰恰是齊山夜景

石埭晚歸

崎嶇皆鳥道日落斷人行洞暗魚龍靜山寒虎豹横亂烟添暝邑老樹壯秋聲不見危橋影溪邊待月明

鶴嶼曰亂字壯字百鍊

思親

西粵隔蠻天難隨杖履前親年過半百驛路倍三千書斷稀歸鴈山多接瘴烟遙知憶兒女夜夜不成眠

題從兄越之三我圖

坐來如品字面目豈稍殊杯月分三影形神合一圖衆成誰覺少鼎峙不嫌孤會得參觀意相忘我亦無

華溪

數椽舊託此山中雲樹蕭疏一畝宫日暖花畦擒菊虎風和柳岸聽桃蟲窺窗峰影侵棋局繞戸溪光入釣筒爲有客來時鬬茗遠分泉水過牆東

一花齋

繚繞村邊疊磴斜綠陰低覆有人家分來野色無三徑占盡春光只一花石供生雲堆几面盆池倒影落簷牙湘簾半捲敲詩坐童子時烹穀雨茶

白鶴寺閒詠

把卷空山學蠹魚經年常托遠公廬松濤出谷疑
兼雨月影窺窗爲照書心靜果然閒夢少飛空翻
幸故人疎淸吟博得林泉趣一任浮雲自卷舒
一杵疎鐘午睡殘紛紛黃葉落空壇論文未獲窗
鷄助煮粟時分丸雀餐竹到夕陽憐影淡泉經秋
雨覺聲寒九華峰列如屏障閒與高僧把臂看

孫華陽曰二章靜細詩律上乘

小礫山莊

托跡山厓與水濱塵緣謝盡見天眞軒窗饒有雲

泉趣杖履爭收隴畝春一鳴烟霞成痼疾四時花
鳥作比鄰平生消得清閒福隨遇翛然物外人

春日同遊杏花村

芳辰結伴出城隅路指前村載玉壺二月風光歸
柳眼十分春意鬧花鬚簾飛紅雨新詩料人醉黃
公舊酒壚爲愛名流追稚韻樊川祠宇面平湖

由翠微堤至江祖石

南湖春老草芊芊幾處餳簫近禁烟好水好山中
酒地微晴微雨養花天一堤柳色籠游騎十里溪

聲上渡船欲向萬羅尋鳥道石逢江祖問青蓮

夜過清溪

伊誰撅笛曲三終小艇輕搖極浦東千柳堤邊魚躍浪二生祠外鳥呼風鳴橈客過烟痕亂弄水人歸月影空遥識漁翁猶未宿蓼花叢裏一燈紅

洪北江日三四情景交融盎然筆墨之外

悼馬

野店山橋擬踏春詎知駿足阨壬申玉珂寂寞風猶勁金埒荒涼草自新堪嘆如龍原是幻縱能指

鹿總非眞。囘生莫得長竿衔。舉世誰爲市骨人、

晚泊

江上雨初收。斜陽帶水流。停橈春樹底。新綠滿孤舟。

歸家

歲暮客還家。前山日已斜。三冬無雨雪。一路有梅花。

春日山行

清晨信步到山隅。一夜風和麥吐鬚。我自囊空常

斷酒春禽何事與提壺

冬夜煮茗

欲試旗槍集舊朋持瓶水澤已堅凝未開詩社先茶社敲破寒泉一片冰

秋夜江行

西風吹送布帆輕客久歸來趁夜行兩岸蘆花千里月滿江潮水作秋聲

鶴嶼曰雅韻

堪替左司

陳磊字石三青陽人諸生著有澗南吟稿

感遇

空山春風吹萬木含生意空山春風歇萬木變顛頼惟有澗底松四時自葱翠

還金亭

得金一時樂失金一時苦還金遂千古還金非爲利還金非爲名萬物各有主還之見性情與之既見卻分之復不受捐金建作亭感彼恩義厚

鶴嶼曰淵懿樸茂漢魏遺音

贈別

涼風吹葦花，九月飛晴雪。傾壺倚長亭，寂寞與君別。非無江上柳，凋殘不忍折。相贈惟黃花，愛他多晚節。

病中作

病自愁中起，病來愁更多。愁緒本無盡，微軀如病何。分陰貴自惜，無令空蹉跎。何當謝二豎，耕讀空山阿。宵燈展黃卷，曉烟披綠蓑。柴門稀剝啄，澗水無風波。緬彼羲皇人，恬然養太和。

舟中贈郝横浦秀才雲

九江水九華山終古茫茫天地間余家近山君近水扁舟相逢非等閒萍踪兩兩聚江岸魂夢各各歸鄉關鄉心雖同卻相異勸君對酒須開顏鄉山送人不肯遠鄉水送人不肯還

洪北江曰脫去筆墨畦町自成一種意度

雨集涔園夜話

秋菊霏霏秋雨裛黃昏閒倚勾欄立忽聞涔園折柬招出戶殘雲猶罩笠初行竹徑笑語喧及入花

齋賓從集燈前一見羣歡然忘年忘形本慣習先
生命賦分韻寛賤子摘詞出句滥草草吟成話舊
詩無限心情咸齒及意洽肯教酒盞跡飲酣不覺
更籌急夜深風起層雲開月光斜照寒林濕

雪花

天上花何樹開天上樹何人栽皎瓊葩九霄落
片片著地都成堆點溪不見水流去度牆還被風
吹迴不與人間鬥香艷豈是山梨幷古梅階前砌
女弗相識笑道花飛春未來

春晴

夢斷客初起啼鶯到綠楊捲簾看霽色移榻就花香池靜魚吹沫風微蝶過牆兒童新汲水敲火試茶槍

暮春

探幽來郭外楊柳綠迴環野鴨浮春水晴雲帶遠山日斜郵社散花落酒家閒買醉添清興聽鶯趁月還

冬日曉起

衾冷不成眠開門望曉天冰懸千樹月雪壓一邨煙磬韻飄溪外梅香到檻邊床頭還有酒閒學醉中仙

鶴嶼曰結響凝而不滞

江行

萬里奔流下東西山影分舟行移岸樹日落起江雲鴈陣因秋見猿聲不夜聞停橈依古渡風急葉紛紛

甯樸庵曰似隨州

清明

江南無月不繁華節屆清明景更賒鄰火分來炊麥飯天陰好去看桃花苔黏屐齒香泥軟柳拂溪頭碧浪斜踏過橋西尋酒店春風帘影兩三家

夏日白鶴寺雨至

控鶴橋橫澗水隈斜穿之字路紆迴老僧閒立指雲起野鳥疾飛知雨來滿院松聲連別嶋漫空山影壓香臺遊人到此胸懷壯拍掌狂吟走午雷

秋日之金陵

秋到江南動客情扁舟一葉帶風輕天門山列東西嶂楚水潮連子午聲倚枕老親頻入夢過關貧士喜無征榜人遥指金陵處佛塔燈光傍夜城

葛靜湖曰三四雄壯

夜汲

蕭條獨坐故園秋欲煮新茶散舊愁差喜山厨多落葉頻來石澗汲清流青燈乍向波心映明月偏隨甕裏浮活火自煎還自飲松風香散白瓷甌

對鏡詞

團圞如滿月皎皎絶纖塵面目若非此何由見本真

行路吟

居人思遠道遊子憶鄉關卻羨荷鋤客終年不出山

秋夜

天高月色倍空明井畔梧桐瘦影横殘葉何時風落盡省他夜夜作秋聲

落蕭宵幾夜夜作秋聲

天高月白借空明井畔梧桐瘦影橫殘葉何消風

秋夜

山

隱人愚遁逍遙乎慮絕關卻笑荷鋤客終年不出

行路吟

更

國圃如滿月皎皎絕……見本

旌邑湯信杜景甫氏鐫

全椒古代典籍叢書

王肇奎集 1

（清）王肇奎 撰

政協全椒縣委員會 編
國家圖書館出版社

圖書在版編目(CIP)數據

王肇奎集:全三册 / (清)王肇奎撰;政協全椒縣委員會編. —北京:國家圖書館出版社,2020.12

(全椒古代典籍叢書)

ISBN 978-7-5013-7209-6

Ⅰ.①王… Ⅱ.①王… ②政… Ⅲ.①王肇奎—文集 Ⅳ.①Z429.49

中國版本圖書館 CIP 數據核字(2020)第259064號

ISBN 978-7-5013-7209-6

9 787501 372096

國家圖書館出版社
官方微信

書　　名　王肇奎集(全三册)
叢 書 名　全椒古代典籍叢書
著　　者　(清)王肇奎　撰　政協全椒縣委員會　編
項目統籌　殷夢霞
責任編輯　張愛芳　張慧霞　司領超
封面設計　翁　涌

出版發行　國家圖書館出版社(北京市西城區文津街7號　100034)
(原書目文獻出版社　北京圖書館出版社)
010-66114536　63802249　nlcpress@nlc.cn(郵購)
網　　址　http://www.nlcpress.com
排　　版　中睿智成(北京)科技有限公司
印　　裝　北京華藝齋古籍印務有限公司
版次印次　2020年12月第1版　2020年12月第1次印刷

開　　本　710×1000　1/16
印　　張　62.5
書　　號　ISBN 978-7-5013-7209-6
定　　價　900.00圓

《全椒古代典籍叢書》編纂委員會

主　　編：董光林

副 主 編：張　華　陸　鋒

執行主編：張道鋒

編　　委（按姓氏筆畫排列）：

李　雲　林如玉　周錦獅　宣　揚

莊立臻　柴發華　陳　立　陳紅彦

黄顯功　眭　駿　許　立　張　平

張鍾雲　馮立昇　童聖江　楊　健

靳　軍　鄭龍亭　謝冬榮　羅　琳

饒國慶

《全椒古代典籍叢書》出版委員會

主　　任：殷夢霞

副 主 任：張愛芳

委　　員（按姓氏筆畫排列）：

王若舟　王明義　司領超　袁宏偉

黄　静　張慧霞　靳　諾　蘆　璿

總序

皖東全椒，地介江淮，壤接合寧，古爲吴楚分野，今乃中部通衢，建置歷史悠久，文化底蘊深厚。據《漢書·地理志》載，全椒於漢高祖四年（前二〇三）置縣，迄今已逾二千二百二十年。雖屢經朝代更替，偶歷廢易僑置，然縣名、治所乃至疆域終無巨變。是故國史邑乘不絶筆墨，鄉風民俗可溯既往，遺址古迹歷然在目，典籍辭章卷帙頗豐。

有唐以降，全椒每以文名而稱江淮著邑。名臣高士時聞於朝野，文采風流廣播於海内。本邑往哲先賢所撰經史子集各類著作并裒輯之文集，於今可考可見者，凡數百種一百七十餘家。其年代久遠者，如南唐清輝殿學士張洎之《賈氏譚録》、宋代翰林承旨吴幵之《優古堂詩話》《漫堂隨筆》；其聲名最著者，如明代高僧憨山大師（釋德清）之《憨山老人夢游集》、清代文豪吴敬梓之《儒林外史》；至於衆家之鴻篇巨制、短編簡帙，乃至閨閣之清唱芳吟，舉類繁複，不一而足。又唐代全椒鄉賢武后時宰相邢文偉，新舊《唐書》均有其傳，稱以博學聞於當朝，而竟無片紙傳世，諸多文獻亦未見著録其作；明代全椒鄉賢陽明心學南中王門學派首座戚賢，辭官歸里創南譙書院，經年講學，名重東南，《明史》有傳，然文獻中唯見其少許佚文，尚未見輯集。凡此似於理不合，贅言書此，待博見者考鏡。

雖然，全椒古爲用武之地，戎馬之鄉，兵燹頻仍，紳民流徙，兼之水火風震，災變不測，致前人之述作多有散佚。或僅見著録下落不明，或流散異鄉束之高閣，且溯至唐代即疑不可考，搜於全邑亦罕見一帙……倘任之如故，恐有亡失無徵之虞，亟宜博徵廣集，歸整編次。前代鄉先輩未嘗不欲求輯以繼往開來，然薪火絶續，非唯心意，時運攸關。

今世國運昌隆，政治清明，民生穩定，善政右文，全民呼應中華民族復興，舉國實施文化强國戰略。全椒縣政協準確把握時勢，以傳承發展中華優秀傳統文化爲己任，於二〇一七年發軔擔綱編纂《全椒古代典籍叢書》，獲全椒縣委、縣政府鼎力支持，一應人事財力，適時調度保障。二〇一八年十月，古籍書目梳理登記及招標采購諸事宜甫定，即行實施。

是編彙集宋初至清末全椒名卿學士之著述，兼收外埠選家裒集吾邑辭章之文集，宦游者編纂他邑之志書則未予收録。爲存古籍原貌，全套影印成册。所收典籍底本，大多散落國内各省市、高校圖書館及民間收藏機構，或流落海外，藏於日英美等異邦外域。若依文獻目録待齊集出版，一則耗時彌久，二則亦有存亡未定者，恐終難如願。爲搶救保護及便於閲研計，是編未按經史子集析分門類，而以著述者個人專題分而輯之，陸續出版。著多者獨自成集，篇短者數人合集，多則多出，少則少出，新見者續出。如此既可權宜，亦不失爲久遠可繼之策。全椒古籍彙集編纂，史爲首舉。倉促如斯，固有漏失，非求急功近利，實乃時不我待。拾遺補闕，匡正體例，或點校注疏，研發利用，唯冀來者修密，後出轉精。

賴蒙國家圖書館出版社承影印出版之任，各路專家學者屬意援手，令尋訪古籍、採集資料、版本之甄别、編纂之繁難變而稍易。《易》曰：『二人同心，其利斷金。』君子共識而遇時，其事寧有不濟哉？

文化乃民族之血脉，典籍乃傳承之載體。倘使吾邑之哲思文采，燭照千秋，資鑒後世，則非唯全椒一邑獨沾遺澤，亦可忝增泱泱中華之燦爛文明以毫末之光。

編次伊始，略言大要，勉爲是序。全椒末學陸鋒謹作。

《全椒古代典籍叢書》編纂委員會

二〇一八年十月

前言

王肇奎（?—1807），字文叔，一字鶴巘，號廣文，安徽全椒人。其生卒年史志記載皆不詳，金望欣所撰《廣文先生小傳》謂：『（王肇奎）嘉慶十一年（1806）疾益劇，堅辭得歸，逾年卒。』因此我們推測王氏當卒於清嘉慶十二年（1807）。金珉在《小容膝樓詩鈔》跋語中謂：『公與先君子爲中表兄弟，居同里，生同庚。』金珉之父爲金臺駿。金臺駿與王肇奎同庚，可惜生年皆已闕如。

據［民國］《全椒縣志》記載，清乾隆五十四年（1789）王肇奎入選拔貢。五十五年徐立綱將其推薦至京城應試，乾隆皇帝對其詩大加贊賞，將其選爲第一。五十六年被選爲青陽教諭。其在任期間，以篤學、敦行的品格成爲士子的表率。因此，他雖在偏遠小縣爲官，但仍吸引了一大批學子，以至『從其講學者歲數十人，他邑不違數百里以文就質者踵相接』。王氏不僅孜孜爲政，爲人也極爲豪爽。他熱於事，豪於飲，聲如洪鐘，倜儻非常，故而所到之處朋輩相呼，影響深遠。及其兄歿，王肇奎將其侄撫爲己養，視爲己出，在家族内外贏得了廣泛贊譽。

王肇奎自小聰敏，讀書勤奮，思維飄逸，不屑腐儒之章句。朱筠賞其才華，故而招募他進入四庫書局編書，王氏的學問也因此而更加精粹，學業大進。王氏少時學魏晋六朝之文，後一意爲詩，終成氣候。鄉賢許頤謂『吾鄉之言詩者，必首推先生』，能在文學家雲集的全椒脱穎而出，可見他的詩學造詣的確不凡。其詩歌造詣之深厚不僅來自於他對於古代經典的稔熟，更爲重要的是，他一生遍歷祖國名山大川，所到之處，皆有所思，而其所思所想，皆發而爲詩。

王肇奎的文學才能深深影響了他的家族，其兄王懋驤、其子王城、其妻張佩蘭、孫女王氏三姐妹皆善詩，且均有詩集流傳，一時傳爲佳話。

《王肇奎集》收録文獻三種，包括《小容膝樓詩鈔》（附王肇奎之妻張佩蘭《吟香閣詩存》）及《陳氏聯珠集》。相信此集對於研究王肇奎及清代閨閣詩將會有莫大助益。

《全椒古代典籍叢書》編纂委員會

二〇二〇年十二月

凡例

一、本集凡三種文獻，包括《小容膝樓詩鈔》（附王肇奎之妻張佩蘭《吟香閣詩存》）及《陳氏聯珠集》，成書三册。

二、本集所收之書，另撰提要置於全書之前。

總目録

提　要

一、小容膝樓詩鈔（附張佩蘭《吟香閣詩存》）

《小容膝樓詩鈔》十一卷，清王肇奎撰，清道光二十二年（1842）刻本。此集卷首有金鎮蕃序、金望欣撰小傳、許頤及金珉跋。是集以詩體分類，卷一至二爲五言古詩，卷三至五爲七言古詩，卷六爲五言律詩，卷七至九爲七言律詩，卷十至十一爲五言、七言絶句，凡收詩五百三十六首。是集爲王肇奎之子王城整理，故每卷皆題『全椒王肇奎鶴嶼著、男城謹編次』。每卷尾題『道光辛丑秋子婿金珉校刊，年侄陳毓燕仝校』。王氏工書法，尤善於詩，其詩與同里郭賦梅齊名。金鎮蕃評價其詩曰：『其宗派之正，風格之高，絶去綺靡緣飾，攄寫性靈，古澹則直逼陶韋，超逸則居然太白。』

所附《吟香閣詩存》，清張佩蘭撰。張佩蘭，字紉芳，安徽滁州人。王肇奎之妻。佩蘭兄龍光、葆光以詩名於時，幼相友愛，工吟咏，明經史。歸王肇奎後，賢聲著於鄉里。金鎮蕃序云：『先生配張夫人，名家閨秀，亦工古近體，著有《吟香閣草》。謝世後，小鶴皆珍逾拱璧，行篋時携迫，欲梓行傳世。』是集卷首題：『滁州張佩蘭紉芳著，男城謹編次。』存詩五十四首。

二、陳氏聯珠集

《陳氏聯珠集》十卷，清王肇奎輯，清嘉慶七年（1802）刻本。卷首有洪亮吉、王肇奎序。是集分別收陳芳《華溪草堂詩集》、陳其名《天柱詩草》、陳枋《醉草堂集》、陳蔚《梅緣詩鈔》、吴荔娘《蘭坡剩稿》、陳秉烈《涔園詩鈔》、陳域《虚航集》、陳堅《鐵門詩草》、陳壤《梅田詩草》、陳坡《諫亭詩草》、陳塾《凹堂詩草》、陳靖《雲泉詩草》、陳坰《百花庵吟稿》、陳磊《澗南詩草》。此集以詩繫人，作者下皆有小傳，頗爲可讀。上海圖書館藏《陳氏聯珠集》爲嘉慶七年刻本，與南京圖書館藏本略有不同，陳氏諸人小傳南圖本較詳，南圖藏本疑爲稍晚重刻本。洪亮吉《更生齋詩》卷六有《湛清園夜宿爲陳明經蔚點定所輯聯珠集》，詩云：『不用屏風六曲遮，屋頭了了見金霞。一門詩集追元祐，百里溪光似永嘉。墨雨醉看飛四座，水雲涼欲罨千家。平生幾兩游山屐，到處争圍問字車。』

第一册目録

（清）王肇奎 撰

小容膝樓詩鈔十一卷

清道光二十二年（1842）刻本

1

序

吾椒雖彈丸邑然最詩人藪也
國初諸老不具論往者若吳杉亭司馬郭晴湖學士與
吾先族伯國博棕亭公固皆著名海內爲風雅宗其他
碩士耆儒爭長壇坫卓卓可表者亦指不勝屈惜近今
未百年求其遺稿類皆湮沒什不獲一此固由後嗣之
不振抑亦鮮雅人深致者之樂爲表章也可勝嘆哉學
博鶴嶼先生吾亡友小鶴王君尊甫也先生博極羣書
天才亮特曩與滁竹軒張先生邑山尊吳學士齊名著
有小客滕樓詩若干卷其宗派之正風格之高絶去綺

靡綠飾攄寫性靈古澹則直逼陶韋超逸則居然太白
求之鄉前輩中殆僅有之作也先生配張夫人名家閨
秀亦工古近體著有吟香閣草謝世後小鶴皆珍逾拱
璧行篋時攜迫欲梓行傳世嘗語人曰吾不獲以此報
先人死不瞑矣此者非一日徒以遇多抑塞迄弗果今
年春小鶴忽攖疾逝綜所著述幾等身已慮久將散
佚先人手澤茲愈無幸矣余時盡哭之慟及余於孟夏
杪將由里門之豫章飭裝之夕小鶴倏見夢恍欲附余
舟同行者迨湖大江行千里晚泊湖口之石鐘山右復
夢與緒語貌甚戚既而色又若甚忻余恍惚殊弗解旋

驚寤以爲是積想所致不爲意已抵會城與吾阮璞生晤璞生小鶴女弟夫也客南昌歷有年談次亟出兩帙示余曰此小鶴所囑已爲校刊成厥志請因而序之展視則先生與夫人合刻也余不禁矍然嘆悟夫小鶴示夢之頻豈不以此乎噫異矣夫以先生爲人世所稱醇篤君子且如彼異才僅以苜蓿一官老小鶴尤生有至性淹雅絶倫而亦困躓名場重艱一第又其甚則使之抱中郎戚侘傺以終天之報施善人其理固難知矣使非璞生力任表章則二老所遺亦將與吾鄉諸前輩湮没無傳者等耳小鶴雖死孝其奈之何今而後小鶴宜

可以暝目也巳璞生既刋先族伯棕亭公全集又刋先
族兄篠邨詩鈔固爲吾家之賢後嗣今復集妻父母詩
集合刋之不亦雅人深致也哉余既獲庤篠邨詩鈔又
庤是集亦厚幸也夫苐余更有慨者是集也成旵堪不
朽而小鶴青琅玕館諸集卷帙尤繁付剞劂愈不易是
不得不有望於爲君繼嗣者之賢而有志矣至余何敢
僭庤先生詩重璞生義又以小鶴冥感故謹爲述所悲
惋於中者以識之道光二十二年壬寅秋七月鄉後學
金鎮薔頓首拜撰

傳　　　　鄉後學金望欣秋士撰

廣文王先生肇奎字文叔一字鶴嶼全椒人督學使者德公風取補弟子員朱公筠試優等補廩膳生乾隆巳酉科徐公立綱拔而貢之京師應

廷試名第一有客請以千金謁當事必得京秩先生曰我寠人子安辨此卽多金豈以賄進耶卒謝之乾隆五十六年選青陽教諭先生中形偉軀少髯耳垂與頦齊發聲如鐘幼倜儻有遠志不屑爲章句儒賦性敏速讀書目十行下善書法工詩詞及古今體文朱公筠招入四庫館書局暇則考析辨論學益精粹客遊四方所至

必交其賢豪及任廣文以篤學敦行爲士子率諸生有骫禮法者巽言曲喻必悛而後已從講學者歲數十人他邑不遠數百里以文就質者踵相接豪於飲又好客官雖貧座上客日恒滿雄豪伉爽其天性也兄弟極友愛兄卒遺孤宗礽未授室家本中人產喪葬後遭水旱薄田不足供饘粥老屋湫隘先生自賃廡以居以祖產讓宗礽日減食米儲諸甕以爲納婦資時年凶婚禮可從殺也里有故家子貸百金於富室議不能決先生往爲署券期至故家子窘欲死時積雪寒甚單衣至骬先生解衣衣之促亟去歸自典衣鬻穀以償其慷慨急人

之急往往如此青陽旱檄同城官勘災予賑先生所勘杜胥濫必嚴定戶口必寬吏胥毋得上下其手間有丁多家貧而例不能徧及者輒解橐自賙之讙聲滿道路他所有羣噪而逐其官吏者飢民聚議惜公之僅得爲廣文也郡守荆公道乾欲聞大吏以優叙薦諸

朝辭曰肇奎筋力漸衰不堪任繁劇教士或幸無曠職且九華山水心竊樂之願有以曲成其志後以軟脚疾亟引歸諸生攀留不聽去督學使者汪公廷珍亦寓書止之曰廣文無奔走之勞學校事可卧治之毋遽賦遂初重負諸生意會牘上大吏亦不許嘉慶十一年疾益

劇堅辭得歸逾年卒子城優貢生充鑲藍旗教習亦能
詩善書以孝聞

論曰吾鄉老輩流風照耀翰墨者惟郭賦梅先生與鶴
嶼先生爲最嘉慶紀元賦梅先生不就孝廉方正之舉
高情雅致惟以山水文史自娛鶴嶼先生則貧而好施
急人患難吾師山尊學士屢稱道之而以泠官終惜哉
今世之知兩先生者知其書畫而已予不及見兩先生
而與兩先生之子交莫逆伯寅侍賦梅先生游姑孰最
久小鶴則事先生青陽官舍病亟嘗刲股以活先生終
身孺慕不衰老客廣陵與予共晨夕者數載故得聞軼

事著于篇嗚呼以兩先生之明德而伯寅小鶴皆無子天道眞不可知哉

跋

吾鄉王鶴𡂿先生醇篤君子也頣少受學於封薇園先生得讀先生詩一章今集中所登蹇人夢登天覺仍在枕席者是也是時先生違官青陽未之見也而吾鄉之言詩者必首推先生後二十年與小鶴同客於壽州小鶴盡出先生遺詩屬頣與六安徐鏡溪啓山校之謹排次之如右先生於學無所不窺早有聲於乾隆間及以高才爲卑官天下惜之而先生曾不屑意少工爲魏晉六朝徐庾四傑燕許之文至是皆罷去而一意於詩青陽固佳山水其地上逼皖江下臨宣城大江之流至此

再折每遇春秋佳日得以閒探九華之幽沿清溪之曲浩乎淵乎自然成詠故其詩淵懿純質不求過人而藹然之輝冲然之志足以消人鄙吝之心而平其躁激之氣其得於天者然也頤之智不足以知先生而鏡溪嘗世之知言者也請以質之徐君鄉後學許頤跋

跋

公與先君子爲中表兄弟居同里生同庚又同爲德公
風所賞拔補弟子員公有子一而無女以妻舅張硯香
先生之次女爲女髫年即聘爲珉室公官青陽學博十
餘年珉未得親聆訓教而小鶴兄每因試事歸里則必
過從談詩文藝始知公有小容膝樓詩孺人有吟香閣
詩歲丁卯公乞病歸即已病綿篤戊辰公與孺人俱先
後下世已巳春宜人始來歸故珉雖子壻終未獲一聆
詩教也嗣珉與小鶴均以飢驅出爲東諸侯客至壬午
以後始同客廣陵个園黃氏小鶴每談及先人著作不

能付梓未嘗不嗚咽唏嘘焉迨己丑後珉客江右甲午
夏小鶴來游時珉將補刊先祖國博公古文駢體詩餘
因託爲讎校刻既竣工小鶴復以公及孺人之集爲念
珉因力爲任剞劂役至辛丑秋小鶴始以小容膝樓古
今體詩十一卷附吟香閣詩一卷編次郵寄時珉正校
刊先君子集因以公之集先之表弟陳星來爲公年家
子同客於是即囑爲校正訛字五閱月而工始竣而不
意小鶴遽赴玉樓召而不克見斯集之告成也吁其賷
志以没良可悲矣小鶴無子以族弟春卿大令之子懿
爲子懿少從學於小鶴弱冠即入邑庠其必能繩武承

家而昌大世業可知也小鶴著述等身而詩尤富書法
能繼公世有二王之目己卯以優行貢入成均充鑲藍
旗官學教習名噪都中旋以病乞歸所交游多海內知
名士其遺稿皆手自校錄行將付梓以繼斯集之後世
之知小鶴者尤必以爭先覩爲快也道光二十二年壬
寅夏五子壻金琨頓首拜謹識于南昌之寓齋

小容膝樓詩鈔目錄

小容膝樓詩鈔卷一

全椒王肇奎鶴嶼著
男城謹編次

春日有懷

春風動高柳，淺水生微波。韶華漸已至，人事當如何。退哉空林客，荷衣搴女蘿。綠溪泛漁棹，隔水和樵歌。悵念㝠會少，悠悠阻關河。勝事不易得，時歲恐蹉跎。憂來出東郭，蹇步回山阿。俯看芳草綠，仰視浮雲過。

春霽柳塘望西北諸山

積雨媚新晴，春陰散芳甸。繁榮滋宿氛，空翠發朝絢。曳裾理疎筇，縱懷步高堰。仰睇雲過垌，俯聆水投澗。柔黃

增艷姿幽鳥鬬清囀平林含遠暉層山抱葱蒨含沓吞
遥天浮水照郊縣棲靄信有踪遯跡情維眷迴襟俯澄
塘臨流息嘉羡

讀陶淵明集

人生貴適意羈靮將何為析圭擔好爵何如采山薇有
酒欣自酌得意成吾詩會此見真趣古人良在茲傷彼
木槿花朝榮夕已萎青青蘭蕙草不佩空芳菲我生非
金石胡為千載悲

擬古

皎皎明月光流輝照我牀攬衣不能寐起視鴻雁翔鴻

雁西南飛征人别故鄉去年征薊北今年戍漁陽漁陽鼙鼓急壯士充戎行朝驅馬蹄下暮宿刁斗傍涼風動邊塞白日沉沙場念此重悽惻砧杵下高堂參商忽已没零露沾衣裳

飲酒

富貴不可期素懷唯自適笑彼轅下駒天地何偪仄落落林泉間秋高月正白我持一巨觥對之豁繁積醉眼縱狂呼瞋瞇人不識天際有歸鴻飛鳴向深夕

聞雷

始雷鳴仲春潛蟄既已蘇貧居動人事游子念征途晨

興戒遠駕出門心躊躇興言赴宛洛轉轡回帝都帝都
不可至宛洛故人疎臨流眷舟楫登山懷僕夫舉頭望
飛鳥寄我空中書

題南陔採蘭圖

暮自山中歸朝向山中去山中寂無人幽蘭香滿路蘭
氣滋芳非風吹襲人衣紫莖發新蕊綠葉凝清輝清輝
亦何長鬱鬱盈崇岡君子日采掇持歸奉高堂高堂撰
杖履行行復止止置蘭懷袖中馨香亘不已歲月如流
波桑榆景漸薄寸草報春暉羨君得真樂

春朝閣中作

夜聽閣外雨朝看閣外山靑蒼百餘里拱揖襟帶間曖
曖春陰薄悠悠野雲還偶然縱遐矚適與心爲歡高隴
麥已秀谷鳥聲猶寒羣動各順時胡爲閉荆關

家澹圃叔祖招飲梅樹下分賦

啓閣見明月矯首淩空霄微風動佳樹習習寒香飄主
人持斗酒酌我慰良宵狂歌不覺醉起舞淩飛飈憑軒
忽惆悵歲序何迢迢爲樂苦不早勝事良難要歸雲度
遠漢宿鳥棲深條動靜各有適芳時聊逍遙

晨興答友人招遊不赴

空庭發寒卉積雨生初晴晨興步芳徑偶聽春鳥鳴俯

仰欣自得復此遠俗情歡然酌春酒既醉掩柴荆有客
欵我至言負東山行東山多石室中有紫芝英既此采
良藥亦以滌塵纓我生誠多患志慮差無營神仙不可
學持謝安期生

吴秋圃席上分賦秋聲限寘韻

積雨迴炎蒸涼秋倏已至霽景明暮暉遥山轉蒼翠褰
步翔巖阿開襟豁塵累招攜不覺遠叩門訪同志高軒
敞夕陰曲牖生暝思歡聚雜言笑傾壺謀盡醉坐久萬
籟動習習商颷吹仰聽雁唳霄俯答蛩吟砌長笛起江
樓疎鐘浮遠寺繁聲引天末側耳罕所譬消長悟天道

盛衰感人事否泰理自然華枯質匪異懷古六一翁天懷渺高寄

秋郊晚步

經旬不出戶高臥游羲皇開軒正薄暮秋氣生微涼乘閒理輕策著我單衣裳出門縱遠眺陟彼南山岡平林漸落葉晚稼初登場四顧絕塵戀倚杖看斜陽偶逢鄰叟話邀我歸村莊欣然具斗酒雞黍情何長傾壺忽已醉短詠無宮商歸來向三徑采菊升中堂

九亭詩爲天竺山房賦

東亭

修竹帶回欄踈桐蔭虛牖散髮澹無言披襟坐已久不
知涼月生徘徊上林阜

水亭

水影動簷柱波光明夕陽開軒望薄暮濯足歌滄浪驚
起鸕鷀飛銜魚上屋梁

西亭

主人寡交遊日坐此亭子橫膝罷長吟閒繙古經史何
以清我心呼童抱綠綺

方亭

四面無簾櫳中復空所有怪石蹲其前枯柏亘其右無

令俗子來合與高人偶

北亭

垂楊覆簷瓦墮絮成浮萍、一水明霽色嫩綠分窗櫺有
時蕩舟去夾岸花冥冥

花亭

入坐似深隖清晨亂啼鳥瀟洒亭中人對之樂懷抱不
愛芳華多愛此韶光早

半亭

叢桂擬小山猗蘭比空谷春秋風日佳靜中香馥郁縱
無佳客來可以娛幽獨

石亭

盤空上石磴徑折通孤亭翼然出林表吹袂風泠泠盪胸豁憑眺何處遙山青

舫亭

估客知泊所舟人識潮生征帆影婀娜日日江湖行何如一室內永無波濤驚

擬白馬篇

白馬入宛洛意態何翩翩宛洛富游俠馳騁多少年十歲習征騎走馬沙場邊側鞍調勁羽翻身控鳴弦射獵東郊道長驅上南山求林駭虎豹失路愁猴猿歸來宴

新豐斗酒沽十千意氣重一諾性命鴻毛捐羽檄中夜來鼙鼓聲相連慨焉振長轡秣馬親戎旃右顧陵鄧支左發蹄于闐生死不足道妻孥安足言丈夫務遠圖肯戀邱與園功成不受賞嘖嘖藁街傳

擬美女篇

美女誰家子弄影妍且都出門折花去翩然行步紆花光多掩冉香風生玉膚蛾眉揚曼睩淑貌凝柔酥攘袖見條脫被體裁羅襦金爵垂藻翹上有雙明珠瑤璠結瓊珮聲與宮商俱姣飾耀白日光彩生路隅行者坐嘆息展轉而欷歔問女年幾何三五二八初盛年貞未字

獨保千金軀媒氏日登堂巧舌貪歡娛世人慕榮勢白璧羅青蚨俯首發長嘆寸心抱區區令顏良可惜富貴非所須

天竺山房席上賦秋雨

空山秋雨來涼聲動庭竹濃陰布餘潤虛簷聽飛瀑吟蛩響漸低過雁韻何促主人感秋意開軒命華燭聯觴趣既投絮咏歡彌續高梧紛墜瓢幽澗暗鳴玉嘐嘐遠雞唱殖殖重扃肅散襟對杳冥默意鑒澄淥坐久雨亦歇疎星映茅屋起視籬前花新霜綴黃菊

同汪桑根少岑吳篔圃俞小岑吳山尊集金晴川

齋中訪枕山樓桂花遇雨小憩江沁梅借園歸

飲晴川齋中

高齋集衆賓佳會乃永日捉麈傾蘭言題箋競蕙質乘
興理蔬筇相將步平隰峩峩西北樓隱隱桂香溢叩戶
花叢低出門雨絲密面拂商飈寒衣沾晚烟濕岸畔枯
蒹葭草根暗蟋蟀張蓋入鄰園攀枝仍浥水石羅僊
娛軒窗對崔崒坐久暝色來言歸行更疾主人促芳樽
命僕做虛室投轄意殷勤飛觴情欵暱漏鼓聽何長簷
溜落轉急醉倒接羅回宵深泥濺膝

自江沁梅借園往南山下品泉

高柳澹秋陰柔荑媚踈甸晨策尋幽棲名園展游醼八
室屏氛雜開窗列葱蒨南山林壑美衆嶺陰晴變我友
呼卬須吾徒挾狂狷出門風轉清陟阪日未晏怪石曲
磴盤喬松野蔓纏茸茸草緣坡活活水流澗泉出占以
蒙火下利用巽味澹慮乃輕心清物可賤懷抱無俗塵
世事等巖電

鴻雁篇寄懷胡湘南

鴻雁何方來肅肅西南征結陣向雲表馳翼淩秋清孤
影忽有失中夜多悲聲旅館客不寐聞之寬夢驚皎皎
明月光照我前軒楹披衣起長嘆仰見參辰橫參辰隔

天末朔羽飛且鳴感此懷故交寂寞歲月更尺書久不
達千里空離情

擬邢子才酬魏收冬夜直史館詩

凜凜歲云晏層冰矗簷溜羸馬晨趨朝退食未終晝入
直霜霰凝拂階松柏茂暮景風乍寒夕月林已透冪冪
霏宮烟丁丁傳禁漏燒燭青紗籠披卷錦贉覆此時在
薇省乃復念蘭臭贈我以藥石示我以錦繡上言崇明
德下言睽邂逅自慚彭澤衰寧競楚畹秀百川學未能
六藝潤空漱快羡鷹脫韝困甚鴛戀豆坐讀古人書起
視郎官宿遙思掖垣夜濃香攜滿袖

訪錢高士故居

步出東郭門言尋高士宅征夫問前路遙遙度阡陌雞犬仙源深桑麻人境隔隱約見頽垣縱横半沙礫雨霽空山青水流澗石白高風不可攀何處覓行跡

石瀨觀打魚

城東六七里潺潺石溜瀉白雲滃不流綠蒲香可把曉市散村翁午陰聚漁者笭箵未全具罛罺亦聊且短衣數褰挽水淺纔及踝飛叉中已多舉網漏或寡篝篝兼堂堂驚波跳復下大婦善爲羹中婦善作鮓持以餉比鄰兼之賽秋社官租不索錢漁歌聲滿野

臘後游醉翁亭訪梅花消息

清晨蠟遊屐言往西南山西南有梅樹僵臥青蒼間懷古六一子襟抱何蕭閒千年重嘉植冰雪餘衰顏幽芳不媚俗勁質難爲攀况復忍寒凍臘後開猶慳品貴妍詎爭歲暮春知還臨風三太息桃李空粗頑

擬韋左司郡齋雨中與文士宴集詩

官守多暇日郡邑希塵喧微雨飄然來涼氣生庭軒嘉賓肯適我入坐攄清言自媿薄俗吏一身攖罹樊慮淡寵辱定俗美風教敦塵累有時謝聊以傾芳樽欣此羣賢集得聆笑語溫披襟豁懷抱促膝逾朝昏際會文史

盛一室風雅存道心有眞樂達官非所論

和楊小槎苦雨見懷韻

細點阜盧茶淨拭桃笙席長夏臥繙書羣言傾瀝㴾忽聞豕涉波旋見雲觸石好雨纔一犁淫霖出三日天疑成大漏人欲哀中澤薪濕聚厨烟牆倒通鄰宅籬花失麗姿林鳥斂飛翮幾時放新晴與物共怡適

三月十六日大雪

暮春序欲單集霰經飛雪寒氣侵肌膚素影動簾額坐覺韶光闌似補冬令闕桃柳色不華溝壑徑漸滅中有餓死人凍魂夜嗚咽

農夫問答詩

吾邑久苦旱望雨如親慈溝澮一朝滿歡聲騰芽荄揷秧聚臺笠青翠浮東菑密雨連晝夜急漲翻平陂著屐步郊隴農夫生怨咨嗟爾農夫來爲爾一詢之不雨旣憂旱有雨方及時如何三日霖嘖嘖多怨辭人生貴知足不病胡殿屎天地憾覆載堯舜媿博施視彼蚩蚩氓彼蒼亦難爲農夫乂手語敢請申我私連年旱魃虐赤地常苦饑今春菜麥薄婦子朝無糜債主門外來雁行立參差官糧已三限私逋難再支低頭視田稺身家將賴玆甘雨忽成淫秀實未可知小人有隱憂君子當深

恩聞言三太息重爲農夫悲終歲困衣食俯仰多不怡
人饑牛鮮飽蕪穢田難治方今昇平世聲化歌雍熙願
言雨暘若旱潦永無期

乙巳三月偕陵川赴山右取道滁州張杉岑追至
逆旅爲別留詩贈之

初程發滁陽午秣駒初繫欲其妻孥言（時內人歸重闈宰在滁）
翔而入入城復出城步以五當十未及與君別君乃追
之及闖然來逆旅昂然其長揖慰我以征途要我以歸
日勸我以食飲戒我以燥濕揮手欲登車君猶佇以立
情深感別離義重合膠漆落日上關山回顧蒼烟集

贈從叔陵川

汝父我祖行我父汝兄之省言一脈傳遥遥同宗支八年深折節奉我爲師資師資良不易朝夕勤磋劚磋劚欲成器其道各有宜洗金或用鹽切玉乃藉礱善保百陶質勿爲無當卮勗哉宏遠謨小成非所期成既判大小學亦分崇卑清流絕汙下峻坂增壓屐仰承在堂構善繼爲弓箕他年奮飛去毋忘予良規

壽外姑陶太孺人六十

旃蒙大荒落陽月月初十壽母設帨辰花甲正週一丈夫子三人森森皆自立開筵宴賓客賓客翕然集登堂

爲母壽各袖詩一帙北堂茂蘐草東海富桃實安期棗如瓜麻姑酒似蜜錦繡羅華庭琳琅耀彩筆予以堉如子陳言不敢出且懷知已感往事重紬繹余年三十歲破產散家室鄭固非齊耦秦亦豈晉匹况以落拓身素乏之謀生術求婚語囁嚅聞者皆止尼母獨曰不然此子不可失詞場採虛名深閨降秀質迄今五載餘恩慈難具述有妻任井臼有子覓棗栗所愧長貧賤無以報嘉德欣兹壽域開令節當佳日階前黃菊花寒香正可挹回頭語阿娣侑酒而鼓瑟我隨諸兄後各以康爵執

齋中讀書

達人觀大化志士修榮名神仙不可學富貴非所營隙駒變朝暮櫪驥悲途程嗟予闇弱資學業荒無成古人日以遠來者難爲情陳書發三篋抱膝環百城寢食時坐忘憤悱中交并俗儒盲心目糟粕遺菁英硜然守蠧簡得失徒紛爭一簣嘶巨麓片筏迷長瀛神靜理自得慮淡物乃輕窮巷絶車轍兀兀關柴荆虛堂羅古藝仰聽時鳥鳴掩卷忽長嘆寂寞終吾生

贛州袁節母詩 母爲邑侯鯉泉先生長嫂

吾邑得神君八年蒋卧理頹風挽節義礪俗勵廉恥暇語及家乘祖德述非侈桂砌茁蘭蓀瑤庭列瑜珥公凡

四昆季聲名動閭里邱嫂本名家于歸相冢祀上堂拜
翁姑怡怡具甘旨門內無間言休聲諧妯娌中道失所
天雙雛未毁齒痛哭欲捐生翁姑諭乃止蓼莪痛藐諸
柏舟貞矢靡何期憂患多未泰復遭否早歲殀長男餘
生倚少子翁姑疊見背小郎遠筮仕門戶苦伶仃艱辛
難僂指課讀每篝燈延師用享篤猶子亦失怙教養無
異視頭角俱已成心血未有已粤稽古賢媛後先繼芳
軌維天重苦節難老錫福履視聽益聰明孫曾蹶然起
含飴樂永恒扶杖膺茂祉紫誥待榮褒金花並羅紙今
年甫周甲稱觴遍遐邇我言敢質公他年附青史

題鑑湖歸舟圖

黄柳媚新晴谷鳥囀芳甸山色碧于洗湖光靜若練此時鑑湖曲風景朝暮變溯洄亦已深探尋不可遍遊子夢故鄉歸心在枕薦晨興買短艇倚篷縱孤眄沿溼白雲深颯颯飛湍濺偎岸見柴門老屋喜新繕兒女兩三行披肩髮垂鬌結伴戲門前歸舟遠能辨樂事在家庭豪遊與已倦人生貴適意胡爲稻粱戀諒哉平生心付之六尺絹賀監久寂寞風流千載羨

題王德音豐溪垂釣圖

昔我右丞翁畫作輞川圖吟詩得裴廸同調乃不孤我

與君同宗華胄傳通都君家豐溪曲我家桑根隅我志
在邱壑君與寄江湖江湖深莫致溪水清可娛閒來坐
垂釣風飄白髭鬚得魚不賣錢酒盡時復沽我亦高興
發欲作烟波徒歸家買笭箵與君期菰蒲

道光辛丑秋子壻金 珉校刊
年姪陳毓燕仝校

小容膝樓詩鈔卷二

全椒王肇奎鶴嶼著　男城謹編次

山尊屬題廣陵管蘁曰曲尺軒畫册

山尊湖海人爲我數遊跡結契多老蒼忘年稱莫逆其中有管君廣陵冷氊席跌宕詩酒間豪情蕩胸臆餘事弄柔翰一水復一石苜蓿堆盤青蓬蒿繞徑碧度地得函丈搆軒曰曲尺繪入編年圖題詩盈卷册我聞命名義中懷重紬繹萬間有廣廈五畝亦大宅何爲經營餘僅以寸寸積奚斯枉用尋公輸墨斜坼容膝爲周旋布指知寬窄學舍小于舟坡詩猶博碩毋乃視道心如咫

道大適丈室費黃金分陰重白璧繚或便揩肱低且任
打額于此自知足不羨朱樓百我有三尺喙半𦵏艱朝
夕手無牛羊筆識昧伍符籍蠖屈泥終蟠布縫幅莫益
進退兩徬徨前却屢窘迫望君階前地韋杜天淵隔安
能介吾友就君量才格

徐百雲師命酒同邵未齋吳山尊史望之金葉山

張霞舉賦玉蘭花詩得五古

皎皎庭樹花當春動顏色右掩苔梅横左縈松幹仄高
樓百尺高弄影出簷側蘭氣發馨香玉光去彫飾吾師
撰良辰花下偶遊息命酒羅生徒撫景攄胸臆愛花如

愛士種樹如種德蒔也勤滋培保之在拂拭我聞先生言退思弟子職千尋瑶海柯臨風筆筍直

三元洞紀游

層樓罷登眺披榛尋古洞老樹蟠蛟螭荒阡立翁仲陂陀入木末下望見飛棟循級降危梯磴仄不容衆首俯尻益高逡巡如入甕是時晝昏黑寒氣欲凝凍捫壁石齒齒陰崖乳垂湩倏焉霽景開仰視天宇空曲折迴欄凴參差遠目送長江當檻前垂手潮可弄風急濤驚飛足底殷雷鬨坐久神志懾緣實出倥傯回顧下山路惝怳墮塵夢

題邵未齋湖上草堂集

先生孝弟人至性生所篤壯歳遊四方潔修奉菽同
懽凡幾輩友愛無不睦發抒爲文章眞氣流簡牘十載
住京華聲名動輦轂一朝拂袖歸湖陰遂初服伯氏七
十餘聰耳而明目里閈相扶持春秋共清淑上日開草
堂賓朋往來熟脫口詩傳鈔壓缸酒正漉觴詠去繁苛
天機率眞樸竭來姑溪城與我居比屋朝夕奉光儀曾
不棄庸碌立言泐金石守身愼珠玉恒德所尊師謙衷
乃卑牧啟篋示長編挑燈快卒讀閒咏逼王儲華詞掩
潘陸音皆出以和節先去其縟古道時照人今情不乖

俗雄談掀眉宇至論布心曲掩卷發三嘆展卷更三復
我思杜陵詩不朽道奚屬

妾薄命

妾如紅襟燕啣泥壘春殿君如楊白花飄蕩天之涯天
涯渺何處未怨歸來暮青春去堂堂朱顔恐非故

美女篇和家右圃韻

佳人在空谷補屋藤蘿牵折花慫歡劇弄水思流年青
蚨與白璧一一羅我前彼云好夫壻此云良因緣蹇修
言既結禮義當無愆一從曲房閉帷幙深防閑椎牀不
敢怒疢疾何時痊肌消蜥蜴褪戶寂蠨蛸懸心憐鬬草

伴夢遊飛蝶圍每韆壽陽額誰披鈎弋拳保母雜侍婢
行坐時隨肩天寒袖獨倚月皎鍼慵穿眷言父母鄉這
道思綿綿安得爲浮雲因風吹我旋寄詞相勸勉情好
如後先東鄰有少婦姿媚善語言西鄰有好女服飾人
爭傳要我以雜佩合浦兼藍田鸞牋俯青鳥往來於其
間昌夜入我闥愛我情非偏寒松爲信誓介石同貞堅
且覓甜口蔗休采苦心蓮衣袂把復把肝肺鐫重鐫蛾
眉善謠詠共賡蠅樊篇茗柯味最旨一日三磨研開鏡
爲掃黛丹的凝承權側聞鳥比翼永好將毋然

右圃疊前韻答之

昨我歌美女幾爲柔道牽憂思欲誰語一夕如百年西
南鴻鴈飛隨風風墮我前再致美女書綢繆締良緣良緣
心所願良媒期易慫請言良家子賦性幽且閑覓藻重
錦襲獺髓織痕痊門前棨戟列帳底流蘇懸怙寵賤孫
壽希榮羞李園寸心不自明終日常拳拳安得同心人
朝夕與比肩媿我龐厖姿鼻仰而脣穿竟床夏無箪窮
袴冬無綿何由捧玉手來往爲周旋荅云見者小婦以
四行先太上貴德功其次愼容言翳古之烈女林下淸
風傳感此意良厚心苗發情田託身幸得所比之威褒
間維天有白日朗照無私偏維礦有兼金百鍊彌精堅

千絲同功繭雙帶同莖蓮音和鳳凰什詞美瓊瑤鐫我行苟不淑勿忘箴規篇我技苟不善勿忘礪石研閻須與白台有愛無傾權嗣音在彤管其姝靜女然

虞山錢烈婦詩

虞山有烈婦生小在鄉鄙十三讀經書十五習女史盈盈二十初于歸事君子上堂拜阿姑入厨具甘旨阿姑年既耄兩目不能視婦來舐以舌開眸豁秋水婉娩晨昏間承歡志曲揣君子富文學騁宕艮自喜潑墨爲畫圖遺榮薄膴仕婦乃手一編請君紬繹此驅馬高門閭地芥拾青紫上慰老母心亦以娱暮齒一室有艮朋箴

言在燕爾未蠶問裳衣先雞具簪珥怡怡偕後先嘖嘖
遍姑嫜遽知生不辰倏忽歲在己噩夢驚康成況痌竟
不起維時秋八月下旬廿三是結禢思去年悲哉此日
耳玉樓召何速柏舟心自矢呑聲垂涕洟絕食屏饘酏
如此七晝夜委頓復不死勸勉來親鄰周防雜嫗婢阿
姑含淚言願見無自毀伏枕申悲啼下床謝長跪幡然
進水漿斬焉隨娣姒衆志一朝懈繯首徑耿雉從容就
義難獨與忠節比事聞帝曰吁綽楔標梓里卜葬咸貞
魂事詳本傳沙府倏嵲嵨下有草紅心上有木連理他年采
邑乘幸勿遺鶴市

馬上見入公山有感苻堅往事

曉露濯平林嵐光青近郭峩峩入公山遙從馬首落竹樹自葱蒨岡巒競岝崿對此懷覇圖弭鞭望寥廓咄哉鬻畚人縱懷當世畧杖策謁軍門捫蝨談自若晉鄙致僻遠吳越非小弱江東無卿比斯言心膂託胡爲計不早人亡國日削一陳淝水兵坐見前車却夜走殊倉皇軍容太蕭索顧影驚草木聞聲誤風鶴何如淮南王丹成雞犬樂

偕馮雪漁訪臥龍岡遺蹟

城南六七里山徑平不頗言偕素心友短策騎青驘橋

橫野水涸蹄跡旋沙渦遙瞻上山路綽楔高峩峩穹碑

一丈六駢立龜趺馱入門展再拜楪卦占巫歌清詞灑

冰雪一一驅塵魔黃冠臞野姿導我升陂陀草廬葺遺

阯補綴仍牽蘿當年抱膝吟此是安樂窩屋後拓數弓

雜蔓纏藤莎坎窅古井塞鉏钁中唐羅右折循迴廊石

鏡清光磨書法競歐褚詩思追陰何覆以古柏陰十畝

垂鬖髿下有楸與槐結根交枝柯虛堂豁深靄傑閣飛

崇阿憑闌縱遐矚禾黍低緣坡躬耕渺何處彌望秋雲

多迴翔倏窘步降觀聊延俄閟宮列主客𡩋東三楹肖先主武侯像

對坐旁舍有關張像想見高軒過促坐道契合詎要禮數苛壯繆

張將軍旁舍肩相摩遺像同颯爽山靈應護呵感慨意不適壘塊澆新醅皃羹芼橡栗酌罷交傞傞偷糜研一斗醉墨同壁窠淋漓白板扉餘瀋沾衫韠時以靜院棋聲尋白鶴平沙瓜蹟寄雙鴻十四字題門狂嘯過行雲棲鳥驚逢科拂衣出門去暮鼓鏗鯨鼉

雲漁將赴大名贈别三十韻

平居里社交與君最同好別來四十年望遠眼常眊比歲穀不登貧家釜空爨兼之試有司秋風屢蹭蹬出門數遊跡貿貿征塵蹈千里得君書居停已先導所喜朋盍簪那惜暑雨冒長途歷初秋兼旬門始造君時聞我

來雙屐爲之倒握手何殷勤披襟相慰勞邀我比屋居
屋廬先灑掃料理支匡牀安排及茶竈我至斯如歸井
井布堂奥門無雜客入地遠衙鼓噪晨夕共盤桓詩酒
互笑傲維時延陵季遠爲省親到溪悆舊雨聯一方歡悰
淙呼譟搏沙一放手行車君已膏落日彈長鋏霜風吹
短帽客裏送君行中心彌用悼良會復何時一言效忠
告君心敦古歡君才肆排奡結友意惓惓與人言慥慥
嫉惡嚴於仇見之同枘鑿偶逢灌夫醉輒露竇嬰鷙欲
酬肝膽知轉受僉壬娼善哉鄭下令佩韋懲性暴刪詩
刪巷伯讀書讀酒誥我言附諍友刺刺已傷躁金石兩

不渝永好以爲報

古意

駃騠致千里不足以捕鼠火齊吐靈輝不可以燎釜明鏡分妍媸妍媸或變移聞君有寶劍乃以治履爲鵷雛學搏雲下遭餓鴟嚇芳蘭生當門蕭艾共狼籍至人氷淵東流俗何能同矯矯物之表老子其猶龍將飛翼先伏欲噬爪則縮屈伸會有時無往而不復靑松百尺柯結根山之阿桃李豔芳春芳春如逝波聞絃思麞血見彈求鴞炙早計嗟徒勞欲速轉不化山農治甫田稂莠荒東阡揠苗以助長無若宋人然

小除前二日汝寧道中立春雪

春風從東來客子向東去雙輪歷碌行會近春來處滕六不解事漫空作飛絮沾濡我衣裘咨嗟我徒御迴頭戒徒御行行勿復慮十里投前村燎衣及天曙

車中見桃花有作

游子出東門時當二月半家山好顏色繁華雲錦爛載路及春深長河冰甫泮薄寒猶中人未許冬裘換小桃三五株含苞向野岸欲開猶未開亦覺丰姿粲天時有遲速人事有早晏過計心徒勞順推理可按回頭語僕夫爲我攀車幔曲折遵修途千里正彌漫緩轡望燕雲

奮飛無羽翰家家爭捷足獨我勞人憚

題一葦和尚倚松聽瀑圖

飄蕭石上松嘹嚦雲間鶴空山寂無人天聲動寥廓吾師澹蕩懷于焉得所託褰裳坐臨流靜機獨飛躍得句不假爐下筆如掃籜有時悟神妙一字更不着腕底枯毫拈膝上長箋拓破除綺語障眞宰相湊泊憶昔發遊興打包事行脚一訪秣陵城再至揚州郭烟月恣淸眞雨花懷寂寞楮墨役萬靈江山入吟橐杖錫倦歸來息影向林薄溪雨淡欲無巖瀑飛競落我欲攜瓶笙皐盧活火瀹天外九芙蓉詩成共斟酌

齊山紀游詩

江南多名山新安乃大好次之則九華亦足恣幽討茲
山踞湖濱結體渺乎小峯高不數尋樹古僅合抱長堤
過客多蕭寺遊人少我來舁籃輿風日正清晶乍入路
陂陀再折徑繚繞犖确萬馬奔欹斜百川倒俯矚埋雲
根仰睇聳林杪石骨太崚嶒山容轉窈窕妙空晴翠涵
蕉筆濕烟繞九鼎燦列星石鼓絡豐草崖危攀蘿登洞
黑秉燭造虛谷生晝靜暗泉滴秋潦向背迷東西紆迴
變昏曉縋幽足凌兢出險心震掉上陟仙人橋飄然立
雲表野花紅欲然疊嶂青未了更歷望江亭一覽雙眸

瞭孤城氣鬱葱平湖光浩淼山固不在高詭秘斯可寶
唐宋諸名賢往往寄鴻爪尋碑剔蘚苔數字抄裙褉長
揖謝山靈茲遊勝蓬島幸語白雲封毋使俗人擾

題潘蘭如秋林覓句圖

珠從象罔求寶借波斯致鯖必五侯調裘必千狐萃得
之固甚難覓亦未容易君學富典籍君詩脫蕪累苦心
學陰何庸名鄙蜍志當其得意時或不着一字慮淡物
乃輕神空品斯粹天機何湊泊混混似川至余每讀君
詩斂襟歎且愧竭來秋浦城告我圖中意展卷不見圖
紙上出秋思知君超物外畫圖亦偶寄宋玉苦搖落庾

信久憔悴把臂誰入林平楚滿蒼翠

程貞女詩

涇川程氏女許爲翟家婦翟郎十八殀女年僅十九一聞凶問來暗泣鮮血嘔生未與夫見死誓爲夫守父母憐早寡欲再擇嘉耦女乃垂淚言長跽白父母兒身未分明親命詎敢負兒願往翟家奠郎一杯酒斬焉易縗絰上堂拜姑舅登山哭新墳入門奉箕帚傳語謝雙親忍心兒任咎預訂歸寧期須遲廿載久舅老姑亦寡煢煢任井臼天復降荒年何以謀升斗鄰人餌蕨根渣滓置門右匍匐拾之歸療饑度卯酉居僅屋數椽食無田

半畝終年事紡績十指供三口竭蹶具羹湯皸瘃積薪

標舅以天年終喪葬禮不苟爰擇宗人子入繼承夫後

姑年七十餘賴女臻老壽女亦逾五旬霜雪滿蓬首年

例應請旌女獨曰否否自嘆生不辰但願死速朽悲哉

貞女心千秋終何有

餉楊小槎酒因綴以詩

曩見書與詩深得晉人致跂予經歲年竭來慰饑思連

夕共歡飲飲少輒易醉掀髯發大笑陶然見眞意我有

斗酒藏一瓶用相饋醉後成新詩爲我書大字

小槎欲歸因和苦雨見懷韻以留之

爲訪山中雲遠挂江上席胡爲坐未安說歸口流液毋

乃九華泉不及惠山石我謂君且留閉關過夏日稍俟

秋風凉與君乘下澤同出城西門去尋白雲宅直上蓮

花峯淩空振飛翮摩厓書大字一笑心手適

書小槎詩集後疊前韻

夫子善書法高奪晉人席餘事作詩歌清芬潄齒液俗

響鄙箏琶雄詞擲金石片帆從東來談讌樂佳日題襟

擬漢上盍簪占麗澤我欲問奇字輒詣子雲宅所惜遇

合屯冥鴻鍛飛翮五十始爲詩晚成似高適

齒痛

我本利齒人素稱健啖客雙箸捲風雲四座咸辟易鮮
嘗楚黿羹膾蠶龍熊腊𤉍肩生可割牛心貴亦炙堅且
能嚼鐵礪無須漱石比年忽動搖兀靴爲我厄肉縮露
其根蟲蝕枯其液往往作坑坎漸漸露罅坼每苦虛陽
蒸腫痛百不適薰灼滿左車牽連及尺宅頗若拳乍容
頰如掌初摑舌不辨酸鹹脣亦嬾闔闢歡美恃黎祈餔
糜度朝夕大臠僅涎流濡肉亦手擘豈必厭腥羶不敢
試肴核分無㕦娘烹坐使越人瘠造物懲貪饕毋乃惡
作劇顧予十載來冷官守氊席擊鮮羅肥甘取精棄酒
魄災宜及輔車厥毒比辛螫谿末等虞翻刺已謝蔡澤

嘗見多田翁頭童鬚髩白開門廢酒漿供食雜糠覈偶然過屠門百錢雄一擲帶骨大胾碎堆盤硬餅齧嚼若孱水乾銳比奏刀書至寶貴嗇用善藏始豐積古人期上壽我年甫半百尚有五十年樽節爲艮策淡泊養胃腸柔滑和血脉日日小宰羊百歲羹無斁清異錄時戢爲青陽丞日市豆腐數個曰小宰羊搜剔脫粟香咀含菜根菹再拜謂齦齶永好無扶摘粲然一笑間森森露牙戟

俠客

荆軻別易水易水生寒陰豫讓挾七首烈氣動古今壯士一腔血知已寧悔心

病中作

蹇人夢登天覺仍在枕席嗟我患風痺忽忽歲月積初猶中項領取次入腰脊兩膝漸拘攣百體俱踊蹐高節一手支健僕二人掖扶我出中門如遊看花陌肘我就籃輿如履升車石但結王生襪難着阮孚屐閉關狎妻孥束帶畏賓客志氣日以頹容貌日以瘠迴憶幼小時迅若出林翮騎危乳轂探上樹住果摘踢翻雉兎壘蹴倒雞豚柵甘受鄉里訶不怕師長責旣長入世途稍稍就繩尺視履必考祥舉步必安適蹀躞大雅場周旋古賢迹每見捷足流奔走爲人役晨掃宰相門暮謁侯王

宅上階嗅靴鼻叩地墳顱額自謂足生雲我乃顔發赤
性拙世相遺官閒嬾成癖山城十五年卑濕滯血脉藥
入胃無靈醫來膜重隔供饋乏魚肉瘦削剩膚革坐若
饑鷹蹲行類山魈躑不井胡跰躃無圭亦盤辟深累鄭
虔貧誰占郭恩覺此疾諒難瘳此身常自惜却羨弄田
翁矍鑠老黄馘

此身

此身不離病元有不病者但牧爲山牛寧追塞翁馬好
花過時飛枯桐和音寡百醜與千拙吾生亦聊且牀頭
一壺酒興來自傾瀉

官貧馬作齋學鈍雞藎穀美女倚市門佳人縮澗屋石燥玉能温角多麟乃獨吾病莫能與觀理心漸熟牀頭一卷書用以遮吾目

月下飲

涼蟾窺舉杯奪我酒力薄愛汝飲興豪添壺對斟酌一酌斗闌干再酌雞腷膊蟾亦漸覺醉頹然向西落

道光辛丑秋子壻金　珉校刊

年姪陳毓燕仝校

小容膝樓詩鈔卷三

全椒王肇奎鶴嶼著　男城謹編次

采石舟中同汪少岑江沁梅賦

我生二十三年矣跬步未嘗離閭里使者片紙召諸生校錄遺書獻天子城西二友闖然來促我連宵篤行李朝來買棹大江濱雪浪銀濤交邐迤舟人解纜趁清流好風直挂蒲帆起行行初出荻蘆洲緩柁輕橈隨指使雲形縹緲疊魚鱗橋影參差排雁齒近岸猶聞雞犬聲遙村未罷魚蝦市忽然轉柁向中流直下海門波若駛怒濤萬頃吼蛟鼉驚雷掣電轟洲沚心胸蕩宕神飛

揚却疑身在虛無裏回頭萬象盡空濛惟聞欸乃聲盈
耳遙指晴嵐近翠螺艤舟一訪降王壘

晨興對雨

空齋夢冷孤衾薄夜聽疾風吹雨落曉開門徑阻春泥
四顧濃陰沒城郭隔城隱隱飛炊烟兀坐茅廬心惘然
探囊已無三日米窺囊并乏一文錢我生偃蹇何足數
獨憐萬井愁風雨敝絮先寒范叔袍暗塵更泣萊蕪釜
去秋赤地禾枯槁高田無黍低無稻徧野哀鴻何所依
空倉饑雀安能飽十戶中人九戶空流離生死同飄蓬
當春正苦耕無種積雨還憂豐亦凶昨過朱門聞擊鼓

朝徵清歌暮選舞十歲癡奴厭肉糜已解樗蒲縱豪賭

赴嶺南留別汪少岑

孤村梅已發驛路草初萌游子促車駕春風動行旌輿言赴嶺粵迢迢六千程親朋執酒共勸勉憐予早歲長途行就中言詞獨慷慨潭水那及汪倫情丈夫落拓不得志鬱鬱鄉里無重輕四方弧矢亦本事君今速發毋營營予時狂飲忽大叫肝膽直與酒共傾憶昔予年十三四睥睨千古無功名壯志欲投班超筆弱冠羞請終軍纓輿來得酒趁良夜對客往往飛巨觥酒闌拔劍當筵舞雙眦欲裂睛熒熒今年荏苒已廿五青袍不救寒

儒貧埋頭幾載事帖括得失宼累心紛縈行行涙迹遠
方去中懷感嘆相交并微風乍起征塵合飛鳥格磔林
間鳴一别何時復歡聚人生踪跡同浮萍斷馬出門倏
揮手回望古樹蒼烟横

雨中憶梅醉後放歌

老雨妬春春氣寒濃霾積樹陰雲攢小橋流水斷人迹
巡簷索笑誰為歡忽憶羅浮山下路踈影斜枝香暗度
美人肌瘦不勝寒翠袖無言怨遲暮倏然狂興發思欲
淩蒼穹緑章上奏天帝宫長驅屏翳鞭豐隆兩手推出
扶桑紅左招襄陽叟右挹孤山翁玉妃吹笛耀仙揄袂

霞觴酒醉珍珠濃曠暸兩眼樂未終不愁鳥語驚師雄

滁州道上大風

桑柘陰陰大麥黃野風捲地塵沙颺似𡨋不𡨋天欲墮猙雷怒逐驚飈狂古木半折草盡偃投林鳥雀無迴翔行人道左作蟻伏中脣得職誰能當時方春旱苦無雨縣官四境捜飛蝗西郊密雲起突兀一掃忽轉羲輪光吁嗟乎窮廬疾首數萬戸何來風虐爲天殃安得神龍口吸萬川水衝飈噴雨回驕陽

醉歌行示俞小岑汪少岑

我欲萬里破浪乘長風飄然躡景滄海東鞭驅蒼虯駕

赤鯉仰面一笑淩秋穹、又欲排虛直上商山巔揄袂手拍洪崖肩瓊花爛煮漱雲液俯掇碧柰娛長年男兒三十成名不爲早清鏡頭顱容易老安能溷跡向屠儈七尺之軀空草草酒闌燭跋蹶然起怒眦欲裂髮上指胸中塊壘末能消匣裏芙蓉向誰是芙蓉入手當筵舞炯炯寒光夜深吐神奇自躍延平津拂拭難逢華陰土吹簫擊柝無不可齟齬功名非故我不如舉杯長嘯對青天當頭皓月氷輪懸

食鯽

腐儒終年艱食肉頭皮瘦削肌膚縮竈觚寒踞空流涎

長歌彈鋏誰人憐朝來忽忽動食指杖挂青銅閒入市
買魚貫柳親撩拎隆脊大腹仍促體急歸細斫付中庖
入釜猶作驚波跳糝以蜀薑屑吳豉桃鹽橘醋相和調
當筵舉箸厭羣肴氷盤銀絲色映嬌更開臘甕傾芳醪
江鱸河魴失所貴鯸鮐腹腴安足豪我聞洞庭湖水入
月秋中有鮮鮒時況浮東南海上名烜洲辟寒滋味無
與儔此物由來足珍美莊周胡客升斗水人生口腹那
可說恐有波臣泣涸轍

秋蘭歌

秋山九畹滋青蒼秋林百步生芬芳崇蘭被厓吐幽香

光風暗襲羅衣裳偶然托根山之陽紫莖綠葉凝輝光
芳菲不採棄道傍青春歲月驚堂堂寂寞素節飛寒霜
遭逢遲暮空自傷美人天末路阻長誰爲蹇修訴中腸
援琴再鼓調清商哀絃中變悲聲揚願言持贈憂無方
左采右掇徒徬徨

席間聽人談航海之勝賦航海行

我昨襆被赴雷州千里百里乘輕舟算程三日海濱近
寒雲低覆波濤愁石尤阻我不得進空令望海心悠悠
歸來跼促無善狀日坐百尺元龍樓隴西公子過我飲
小槽香滴開新篘酒闌自說有奇癖連年海上從蜻游

與狂鼓棹入絶島靈巖仙窟窮寘搜蓬瀛咫尺不可到
浮天無岸空凝眸朝鎔紅銅躍大冶夜開寶鏡飛晶毬
有時晝晦天盡黑颶風忽起聲颼颼乖龍吐沫雜霧雨
巨鼇聳背隆山邱腥氣撲鼻冷入骨肌膚起粟思重裘
揚帆欲逝迷遠近倪如一芥堂坳浮此時心神最恍惚
似與仙子凌虛倖我生塵世苦齷齪聞言顧影生煩憂
鼎鼎百年倏然盡可憐人事同浮漚安期拍手羨門笑
側身天地將何求料理辭家向滄海肯讓乘槎犯斗牛

丙申中秋對月

去年八月秋苦旱千村萬落炊烟斷中秋細雨忽濛濛

清輝不向人間滿今年八月秋光好穲稏登場都穫稻
三五皓魄氷輪懸家家笑對芳尊倒轉眼陰晴那可知
纖阿盈缺亦有時人生行樂貴無負良宵好景聊題詩
題罷長吟坐茅屋隔城隱隱聞絲竹獨有前村白髮翁
蓑衣未脫牛邊宿

老女歎

東鄰小姑年十三短髮覆額垂藍鬖門前緩步折花劇
使君道左停征驂西家女兒年十四織錦裁成合歡被
紅羅複帳懸明珠早嫁金龜作夫婿煢煢老女守空房
欲嫁不售媒無良昨來城郭過都市可憐窈窕顏無雙

朱顏窈窕花從風好花曾無千日紅青春堂堂不久待
堆鴉髩色成飛蓬綠水繡鴛鴦西園蝴蝶黃感此傷心
淚如雨少年不惜惜金縷

秋雨歎

季秋九月苦濃雲一雨曾無三日晴閒若入戶蝸上屋
饑烏格磔林間鳴饑烏鳴聲何太急腐儒聞之重歎息
昨朝乞米衝泥歸今日閉門已絕食
黃昏月魄忽墮地白晝雨脚不上天荒村閉戶斷人迹
重簷急溜如噴泉噴泉聲急漏穿屋門東索飯嬌兒哭
高歌酌酒散窮愁下堦自采寒叢菊

觀獵行

道間壯士何粗豪臂鷹肘犬來相遭虬鬚倒捲髮上竪
佛光之袴輕零袍五陵年少矜作達縱横意氣恣游敖
平頭奴子控銜勒身騎怒馬腰横刀興來狂發向平澤
左攜朱郭右荆高霹靂忽自弓底出朔風怒從耳後號
雪爪脱鏇攫飛雉金鈴逐兎驅神獒枯霜殺草草盡死
遥山骨瘦髡無毛紛紛藉藉蔽原野哀鳴困獸求其曹
道旁行人坐歎息殺氣直上干雲霄對此勃勃覺心喜
我有寶劍龍尾韜與爾南山殺猛虎回身入水剸長蛟

鸜鵒硯歌

我生好酒兼好書牀頭古瓮常浮蛆醉時興發一濡筆
淋漓墨瀋翻蟾蜍飽霜千兎秋毫健琉璃匣啟光騰硯
虢州澄泥鄴宮瓦往往入手摩挲徧前年浪迹入嶺粵
路指端州在雲窟端溪水淺草蒙茸空對斧柯羨山骨
羸驂偶憩五羊城扶杖入市逢陶泓二百青錢便可售
持歸如獲千瑤瓊清泉盥手再展玩縱橫碧暈連復斷
其眼非象亦非鴝古名鸜鵒今可按我聞端巖之石分
三等色如猪肝山絕頂中巖漸青下巖白琳腴乍破寒
光類貧家寶此懼三灾時時袖拂塵與埃偶潑隃麋埽
粟尾腕底直覺風雨催

長夏避暑天竺山房分賦得蚓限佳韻

涼風入夜天氣佳草根露濕明珠排漏鼓紞紞羣動息壞蟲切響四壁皆四壁蟲聲何太急白頸蚓亦鳴當階歌女壓笛如未足號呼仰穴驚人懷我聞蜸蠶釋爾雅朐腮螳螾名相儕穿堤力大可漂邑入奩影細如折釵黃帝表瑞神龍見於陵矯志生鶩哇清廉之節世所少惟爾潔操時恒乖將土作食心自慧以泥爲戶頭常埋俗眼休笑尺蠖屈何如井底拘墟蛙

集天竺山房同訪汪草亭隱居和胡湘南韻

天氣欲雨山色昏一雨水漲沙堤痕連朝竟夕不肯住

三日始見東方暾主人愛晴招客到客到名園花正好
小步欣看竹石清偕遊共寄林皋傲林泉石竹護精盧
聯吟拓紙人相於或如清風謖松柏或如初日榮芙蕖
騷壇幾輩寡俗偶百篇捷不須斗酒嘖嘖爭傳拔地才
觥觥况有談天口詩成出戶訪茅亭野田接畛崎嶇經
高人居枕藏雲麓處士門迎放鶴汀人生好景終須惜
光陰鼎鼎百年客不見前村落照晴萋萋芳草盈溪碧

送吳山尊赴京兆試

老雨妬春春未晴東東征鐸催人行楊柳條欲折不忍折
徘徊執手思生平憶與君交甫三載中心投契逾弟兄

鉛槧競赴牛耳會車笠更結鷄壇盟折簡招無旬日隔
論詩坐及參辰橫湖海之士負豪氣談天說地聲彭觥
灌夫酒狂輒駡座終軍弱冠羞請纓十年磨劍未曾試
廿載著書非爲名白眼空遭俗眼忌青袍不救綈袍貧
去年輶軒博採訪參苓入籠茅茹征今晨策馬赴燕市
驥足初展萬里程飲君酒君酒傾臨歧把袂心怦怦人
生歲月等流水天涯踪跡等浮萍此去何年復歡聚本
天粉署羅羣英史館有詩早寄我舊游無忘欽與京

城西看桃花限韻同吳伊湄筤圃俞小岑賦

一百五日春風豪吹花擘絮如剪刀城西百步羅天桃

千枝萬枝開平皐乍塗粉頰艷皎白旋翻錦浪生春濤
韶華逝水日滔滔爲樂不早心空勞招邀命酒須吾曹
清晨散步入芳徑晝榼載挈詩瓢操羣季俊秀毛中髦
狂歌痛飲樂且敖醉起繞樹千百遭潑火雨霽凝酥膏
沿溪水漲深三篙鴨頭綠淺茸溪毛我欲因之弄輕舠
花光掩映城之壕枝頭小鳥聲啾嘈落花藉草明青袍
如此風景亦不惡人生安肯寂寂卧蓬蒿但飲莫愁明
月高壺中尚有松花醪

別歌行送馮雪漁之粵西省覲即題河干折柳圖

後

東東征鐸河之干柳條已吹秋風殘臨歧欲折不忍折
送君萬里生離顏離顏慘蕭索别緒渾無端把袂追昔
契舉酒盡今歡憶與君家作鄰舍會面達比關山難十
年未御龍門李一旦喜識荆州韓寥寥數語動麈尾同
心但覺香如蘭人生聚散不可定君忽遠行路漫漫短
衣匹馬入燕市鄉關迢遞天際看我亦乘舟問嶺表孤
蓬險度十八灘遐荒風景殊作惡歸來舊隱留漁竿里
門稍稍故人集風晨月夕窮盤桓聞君已自薊門返數
月又復馳征鞍解轡雲龍山下住饑驅僅博青氈寒仰
望參辰渺雲漢思君令我眉常攢今年聚首竟半載朝

夕過從情團欒聯吟拓紙四座靜高歌擊劍淸宵闌忘
形那肯隔胸臆握手直欲出肺肝鉛槧會許成鼎足小岑
車笠約共盟雞壇文章有神交有道杜陵此語眞不刊
酌酒與君飲對君還慨嘆薄俗人心非古井往往反覆
生波瀾膠漆味變等酖毒里巷機伏皆羅罻結釁遂割
管寧席解難誰弄宜僚丸願與君交善終始美哉王貢
能彈冠君今省親赴百粵高堂歡侍承巾槃衙鼓紞紞
春酒熟他鄉自覺意緒寬丈夫詎作兒女别分襟潸淚
心難拌但聞南方多瘴癘前途努力時加餐

啄木鳥歌

有鳥有鳥山之阿飛飛繞樹無定柯紅衿翠羽好顏色
命艱一飽時蹉跎饑來啄樹聲最急遠答碉響兼樵歌
口瘏羽敝計亦拙百啄得蟲苦不多我聞豪家飼鸚鵡
縶以金鎖鳴聲和又以餘粒及雞鶩階前馴食求無他
空山日暮無人過鳥兮鳥兮將若何

道光辛丑秋子壻金　珉校刊

年姪陳毓燕仝刊

小容膝樓詩鈔卷四

全椒王肇奎鶴嶼著　　男城謹編次

送封薇園師赴禮部試

夫子靈氣鍾天阿手摘星斗來大羅宏闡經義撥雲霧
黜竄六籍驅千魔子輿不作聖道晦力持辯口如懸河
偶然興會弄柔翰用心又復侔陰何嗟予幼弱苦無識
如劍待淬鑑待磨鼓篋師門六寒暑春風入骨勤噓呵
便便終日孝先腹汪汪不濁林宗波文章未遇苦留滯
姓名雖達常轗軻久悲老驥健足蹶乍喜野鹿鳴聲和
青氊欲回白屋暖朝衫擬向京塵拖江南春早山堆螺

好鳥百囀聞清歌柳條嫩色綿新搓攬轡征車臨上路攀轅獨我心延佇校書定上天祿閣杖頭吹火凝銅荷馬鄭說經聲譽重衞杜有筆流傳多故鄉奇字欲誰問載酒靡適意則那何當策蹇入燕市門前夜雪重婆娑

避雨田家

出城十里陰雲漫疲驢策策行槃跚飛廉作勢屏翳怒飄蕭已透羅衣單道旁古舍急趨入執轡側倚桑樞乾衝濘漸覺泥濺膝僵立又苦簷妨冠以筆撾戶百不應久之病叟開門看披襟寒戰嗽且喘毋乃刺胃候中肝痀瘻揖我謂我入黔塵滿座身難安左耳新聾齒牙落

行爨自執求火萑竈突不與甕牖隔豆萁烟濕雙眸酸

殷勤麥飯進粗糲感叟厚意爭加餐窮途未敢言跼促

廣厦何處空長嘆

家九亭先生入都即席賦别

郊原草樹回春陽九亭先生晨俶裝僕夫整轡待長駕

臨歧意氣何揚揚先生歸田已八載閉户著書多自在

但使名山業可傳縱教遯世心無悔屋後園林數畝餘

棕鞋箬笠時相於養成鶴羽當風舞種得梅花帶月鋤

年來嘆我居無所一廛特賃梁鴻廡心憐黄卷久迷途

日望青雲得高舉積雪初霽春風吹洪鐘載叩無倦思

邊韶著書已滿腹匡鼎說詩常解頤糠粃自喜遭揚播
蒼生忽起東山臥慨然長揖別親朋曉着征衣逐埃堁
先生孝友家逼顯族黨分財兼樂善助葬欣眠術士牛
嘗婚肯賣高人犬爲政風流將在茲經綸滂沛寸心知
行看官貴施旌節竚聽謳歌載口碑旌節謳歌人所慕
先生應不改其度他年衣錦晝歸來相逢一笑紅顏駐

天竺山房花下吟寄星九亭先生

去年花開天氣新主人酌酒歌芳春今年花開春正好
主人北上長安道長安道上春風和花事孰與故鄉多
對花且盡村沽酒漫觸離愁喚奈何

支更詩

壬寅之五月細雨天黄昏讀書乍掩卷有吏叩我門催科並無蘇季田捕奸不盜子敬氈胡爲追呼入我室聞聲顧影心茫然手持官帖兼更柝驅我長街禦剽掠一燈挂簷光閃閃十戶巡攔聲閣閣嗟予弱冠事絃誦禁夜干掫乃無用奉法聊持鈴柝行抱關不覺詩書重濛濛夜雨濕沾衣人家語寂局雙扉青燐遠近毛髮豎宵深不敢言旋歸柝聲漸歇雞聲起遠道顏行人迤邐顔行見漢書以柝障面畏相識恐知名在諸生裏

戒酒

逸少舊有斷酒帖泉明亦有止酒詩我昔覽之每大笑
謂非人情不可爲閉門飲計日五斛對客豪可傾千卮
分曹慣與大戶較入座未肯深杯辭貪似長鯨吸巨浪
饞如渴驥奔清池街鼓鼕鼕雞喔喔叵羅在手猶堅持
偶然缾罄索不得兼之囊澀沽無資此時神氣大落寞
急于轢釜謀晨炊東市賣我匣中劍西市典我桁上衣
得錢不復計多寡青絲手挈雙壺歸便拉狗屠覓朱亥
還從馬廐尋王尼與來席地共箕踞醉後拍掌歌嗚咿
歌終忽雜窮途哭闌干涕淚交兩頤竊恨古人不見我
使我荷鍤常相隨身後之名復何有以命殉酒良非癡

坐此歲月自偷廢悠悠忽忽形神疲夜夢總親人我夢
執我手泣責以辭彌留有語叩再告誡汝拜而受寧忘之
汝年三十未得志如櫝中玉囊中錐裁詩空豔青鏤管
載筆不上黃金墀長從逐人路鬼笑短衣入市傭奴欺
胡為終日醉兀兀酒如成病悔何追遺句存沉湎痼疾一
朝醒急忘屏狂藥回生機掊甕碎盞謝杯杓從今與子長
相違鬢眉昂藏軀七尺有死不葬于糟醨枯腸欲潤有
方法清閒泉瀹茗傾冰甕

陳澹村齋中看芍藥

主人愛花兼愛客每到花開列宥核主人愛客復愛詩

花間坐客吟豪垂前年招我賦秋菊詩逋未償諾已宿
今年婺尾花正開銀鹿殷勤折簡來開軒揖客具斗酒
花香在杯詩在口酒闌長笑向花間願醉花陰十日還
夜月沉沉露湑湑臨風惆悵花無語

轆轤詞

空階月墮梧桐影曉露無聲濕金井春嬌滿眼雙鬟低
臨水梳頭月華冷轆轤汲井井更深一汲再汲銀瓶沉
銀瓶銀瓶奈爾何波瀾直恐人心多

東吳秋圃索菊

我生性不解種花花時每造吳郎家吳郎種花得奇術

屋後小園羅烟霞坐我花間飲我酒吳郎高歌我大斗
醉後移贈輒數本寶山歸不曾空手今年秋好菊花開
我正耶揶訪友回征塵一拂便出戸直向吳郎花徑來
吳郎自道殷勤意花開酒熟待君醉君今歸遲已十日
花光强半成憔悴我酌大斗還高歌黃華雖老秋光多
松醪飲盡插花舞歸奈寒窗寂寞何

天竺山房聽楊靖川彈琴與胡湘南同賦

君家家世重英武君亦早年事弓弩翹然性獨愛幽閒
夜翻棋局朝琴譜鄰園春好和風吹君常與客來圍棋
殘枰未盡不肯住放手更鼓枯桐絲請客喧聲息少間

爲作艮宵更落雁簷鈴寂寂鳥不鳴瓶凡搖搖花欲綻
嗟余塵俗非知音靜聽亦覺袪煩襟久之似與人境隔
白雲引我深山深何當與君遊海嶠爲我出塵彈古調
古調雖好今不彈舉頭獨向天風嘯

句容道中

歲大荒落旱魃災赤地滿眼無蒿萊五百青錢糴斗米
人家釜甑生塵埃民重得食輕犯法白晝剽敚人貨財
官吏縮頸不敢問縱横羣盗爭渠魁我今輟櫂問征路
鳩形鵠面盈路隈老弱伶仃委溝壑見慣渾不生驚猜
更有一人洞胸臆血肉狼籍眞堪哀路人指點被盗刼

非肯孤客擔囊來我聞此語重嘆息民也非盜饑寒催
殺人不足十日飽終於野死同浮灰撫之有道馭有術
服田力穡皆良材我雖作客乏重貲吁嗟僕馬皆虺隤

乙巳小除前二日自松江歸汪少岑先從江西擕
劉青垣少宗伯寄贈幅書見示蓋贈歌者阿蓉
長句少岑正月復赴青垣使院步韻奉送兼呈
青垣

吳淞臘月歸帆開敲氷擊檝沿河隈到家已及小除日
欣聞遠客先歸來衣塵乍拂遽翔步執手相逢歡笑具
萍梗東西各有因燕鴻南北成閒度作客如君最可人

主賓酬酢見情眞蓮花幕擁芙蓉艷夜夜尊前倚翠顰
一幅新詩吟再四烏絲珍重春卿字遥從顧曲想風流
席上拈毫競才智我亦曾耽翰墨塲一氊枯守那能狂
得藉詩篇覩大雅轉緣觸忤縈愁腸君今又欲浮輕舸
入月歸期定須果生憎小别判春秋且向上元坐燈火
隔院笙歌夜漸慵清謳彷彿聽吳儂君應夢繞西江水
那惜頹唐醉後容

寄懷少岑即和辛亥見贈元韻送赴禮部試

老我落拓爲儒官乖離賓友無爲懽九華山下閉孤館
一任人情作冷煖丈夫功名要使書旂常鳶肩火色人

中㝡安得汗顏低眉守牖下埋沒珷玉羞旁唐君雄才華富詞翰意氣每壓羣賢上遠漢纔看一鶚飛深叢屢見孤羆壯憶昔年時共撫麈春花秋月同酸辛我爲苜蓿齋中客君是芙蓉鏡裏人絲衣夜向蟾窟擣會放馬蹄試芳草杜陵名久在諸侯王會志豈求溫飽龍門可望非宮甍思君早晚心迢迢衣帶水隔四百里去鴻目送長天寥

尋東坡書歐記石刻

滁陽刺史廬陵賢一麾出守稱神仙題詩選石不知數構亭幾處臨清泉醉翁豐樂記勝蹟千言落紙何便便

白髮門生偶過此下馬濡筆揮雲烟龍跳虎卧有奇氣
貞珉一一皆深鐫迄今千載未磨滅紅苔碧蘚黿趺纏
我生好古每獨往捫蘿攀葛山之巔便洒隃麋搨蟬翼
晴窗展玩巴東牋

輓二初倪先生

二初先生人中龍蔚然當世稱儒宗香名久飲我心折
千由旬隔艱過從去冬泛櫂吳淞水卸帆擬入公超市
風寒十日未出戶一夜扁舟返鄉里人生會合自有因
浮萍難聚孤蓬振仰屋著書足歲月展卷便與芝蘭親
今年有客東南至驚聽先生厭人世雲際自拍洪崖肩

土中遽著孝先笥高文典册理足憑元精耿耿光芝騰

相如遺稿千秋重他日重須訪茂陵

題濮雨峯息陰圖照

前年遇君攤山圜丰標奕奕朱霞軒握手一見相恨晚

雄談終日傾詞源去年晤君瑯琊麓蹇驢破帽相追逐

歐梅花下坐論詩南五硐西爭往復從此予歸卧北譙

閉門風雨自瀟瀟美人天末望不見閉吟擁鼻思空勞

昨來寄我息陰圖圖中卭鑿何盤紆積雨乍過籬根滑

蒼苔欲上石磴麤青衿兀坐神閒曠置身如在羲皇上

對景躊躕不自聊東山肯負蒼生望百年鼎鼎駒過隙

我亦撫髀嘗嘆息何時策杖訪君齋與君同運陶公甓

胡觀瀾太守以鶴與琴書共一船圖屬題

湖光一曲青玻瓈垂楊夾岸煙痕披心胸開拓眼界淨微風小艇招淸嬉相宜櫂入空濛裏天際瀰生縠紋起船頭鶴唳聆層霄船尾歌聲咽流水先生雅嗜唯琴書便腹一氣涵諸諸昔年燕寢晝無事淸香凝後高吟初板輿導引依林下塵外襟懷日陶寫碧衫朱履間烟波太守歸來一儒者始知樂事自有眞魚鳥得意皆堪親急流不退迷前津笑爾乘風破浪人

穰田詞

一豚蹄一盂酒老農操之向隴首自今以始歲其有
吹豳籥擊巫鼓郁女郁男祀田祖田祖有神應福汝

姑孰使院人日即事

元日已過人日來春陰漠漠晝不開寒風捲地裂窗隙
紛藉几席生浮埃我時客居苦寂寞天闊濃雲低似幕
離懷芳景共昏沉未省韶華更歲籥屋後園林數畝清
老梅一樹蒼苔横花前雁後感羇思知有題詩薛道衡

山尊時居竹外山房

金葉山爲寫移居第二圖賦酬

憶我移居歲辛丑仲冬之前季秋後海陽山人寫作圖

橫掃禿筆大于帚秋山犖确乘牛車車中載酒兼載書
小橋流水掩修竹隔林隱約團茅廬四方名士爭題咏
壁上珠璣共輝映彈指風光已七年賓朋詩酒彬彬盛
朅來作客姑孰城藥山一見歡平生酒酣索紙作新意
再寫溪山倍有情一葉扁舟載雙鶴浪影沄沄動籬脚
子美遺興對滄洲𪧘輿適志宜邛壑自嘆頻年西復東
囊書匣劍等飄蓬桑根山路春如海繞屋花枝爛熳紅

汝寧道中由天中山望西南諸峯

我昨四頂山根宿在壽州竹樹翳然蔚林麓馬上未饜看
山情日向青天撐遠目驛樹迢迢六百里一望平原皆

廣陸遥村樹壓層雲低野田路繞修蛇曲惟餘禾黍動
秋風何處高陵與深谷鞭絲一拂汝水陽小景林巒開
畫幅土人指點天中山日午當頭標自矗汝南志天中山有無影塔
夏至停午無影土圭測景正四方天下胡乃此山獨舉頭岡勢
近卑瑣到眼嵐光嫌局促西南迤邐翠屏列插天黛影
如新沐一峯醜懸齊女疣一峯頂削曾卿禿一峯入雲
復出雲閃閃陰崖變晴燠殊形詭狀無定方神龍掉尾
蜂蠆腹飽看秀色垂鞭行未覺貪程厭童僕回頭却憶
桑根路中有仙人結茅屋何當歸買二頃田讀書飲酒
遂初服

道光辛丑秋子壻金　珉校刊

年姪陳毓燕仝校

小容膝樓詩鈔卷五

全椒王肇奎鶴嶼著　男城謹編次

唐縣城北隅有古冢碑稱周勃墓

漢劍斫蛇旋逐鹿老狐竄向宮中伏磨牙澤吻睨龍種
長陵似聞鬼夜哭是時憂者右相平眼底公卿半粱肉
交驩深納陸生言能入北軍太尉獨太尉厚重而少文
鄉里布衣同鄙樸安劉一語帝心知許典兵權衛中宿
當其夜黑提禁旅叱咤無聲夷產祿九門那容虎豹蹲
一擊直比鷹鸇逐代王令辟潛藩邸擁入宮車建黃屋
纔教尊位領鈞衡遽向老臣責錢穀酬勳僅博小侯封

失勢寧甘法吏鞫淮陰彭越空爾爲獨全碁齒庸非福
何年埋骨向西淮歸然沙府城隅築我來剔蘚讀殘碑
慷慨悲風歌擊筑

飲唐縣城上

北風捲地天蒼蒼有客有客思故鄉登城縱飲那得醉
席地箕踞歌聲涼歌聲涼野烟起鴻雁一聲淒入耳遠
望故鄉隔千里開懷莫負茱萸紫

廿三日自唐縣俶裝

前年長洲逢祀竈小除夜歸風雪冐去年祀竈在姑溪
一燈旅館宵清淒今我長途正行役會向他鄉作除夕

到家屈指試燈風隔歲征人無定迹漸離身賤作人傭
東走西顧雲山重深閨此夜聽明鏡何年歸來醉司命

二月初六日赴姑孰道中寄內

生世嫁作征人婦離別常多歡會偶試燈風裏遣歸來
纔過花朝又分手嬌兒解語牽耶衣問耶此去何時歸
出門惘惘向長路可憐顏色無光輝揮手勿復道努力
恨不早丈夫三十未成名乞食依人徒草草城邊柳色
搖新晴上有好鳥三四聲雄雌接翼共飲啄多事長條
綰別情余昨赴中州丙子題折柳圖贈行詩云折柳東
門道送君千里行迎秋風作起入夜雨初晴翠
色臨襄水清陰結汴城長
條千萬縷不綰別離情

望遠曲

石頭城下秋草綠美人邂逅江之曲飲我秦淮舊酒家
酒邊顏色溫如玉一從分手路西東落花高下隨飄風
雙蛾畫就遠山綠百尺樓隔仙雲紅梁間落月相思苦
褰裳從之歷修阻數株衰柳搖輕霜一鞭競逐南飛羽
石尤屏翳要中途欲進不進心躊躇荒村板渚行人少
酒醒宵寒旅夢孤遙望南樓臨大道銀屏珠箔開清曉
何當捧手致殷勤今歡昔别縈懷抱

邳州道中渡濁頭河紀事

北風吹水天蒼蒼水深没馬無輿梁征車欲渡不敢渡

就深恐濕車中裝招招對岸集丁壯虎眉大顙軀昂藏

牽臂踏波三十輩靑蚨七百解我囊縛車以繩扛以挺

衆肩承梃波中央失勢欲蹶蹶且起淺者及腹深齊吭

一夫邪許百手舉車行水面如舟航是時河氷凍未合

稜稜撞擊銛鋒鋩出水寒戰噤不語肌膚紫漲皮皺傷

我抱兩膝蹲車箱鼻涕一尺舌本僵急煮熱酒澆中腸

遽呼諸人來我旁倒甕分飲數十觴頃刻瑟縮回春暘

狂藥乃如不龜手糟邱中有千金方

徐州道中寒食

年年客中作寒食良辰每覺離懷惻今年行役更長途

心逐征鴻向燕北黄鸝葉底漸調聲楊柳枝頭争弄色
三家兩家郵舍遥十里五里郵亭直下馬爲我設寒具
破竈無烟吹不得心疑禁火固爾爾豈知鄉俗苦纖嗇
牢丸不托皆冷啖齒牙不畏春寒蝕顧我江南嘍啃人
偶挾熱腸走京國榆羹杏酪復何有畫鴨鬬雞競雕飾
黄沙滿面塵滿衣千里投車未休息跋涉空愁道路長
馳驅豈爲功名逼雲間仰首見歸鴻却向長風排羽翼

壬子秋試後寄江沁梅

石頭城下秋草緑與君攜手江之曲晨波進艇清風遒
夕院安燈高詠續是時狂客三四人脱帽褰裳互追逐

素交濶別動經年那怪歡遊如不足未幾君買浦口舟我亦載途轉征軚一水盈盈隔衣帶兩情脉脉怨空谷君歸閉門自行樂日向南陔曳綵服況復庭階子弟佳當風蘭桂聲華馥與來列座命開樽醉後聯吟爭刻燭緊我索居形骸孤齋冷窗虛對苜蓿層霄何路奏長楊深山無言倚修竹北風吹雁天早寒眠食期君自金玉

贈張倜仙

十年前向燕京別君時頭顱漸如雪前年相逢在建康顧我兩鬢亦成霜少小艱辛老將及回首流光一梳擲徵官先後慰心期薄祿始終負頭責所喜兒女各長成

兩家舊好聯姻盟功名縱復輸翁子婚嫁端須了向平
婚嫁得了萬事足風塵笑人徒逐逐何當歸買數畝田
與君比鄰結茅屋

題卓秋巖紅梅畫册

鳳凰山下韶光早寵柳嬌花共遮道中有仙姿最可人
先春弄萼顔常好美人家本住瑤池雪作精神玉作肌
紫府與丹教換骨春隨酒暈上凝脂稍輕荳蔻含苞破
粉粧不避胭脂涴翡翠帷褰綵纈横琉璃帳擁紅綃臥
有時頻類似生嗔媚靨添潮韻轉新碧玉寧嫌小家女
綠珠漫道侍兒身晚霞返照西湖路雙槳催人留錦句

掠鬢應教文杏猜題襟合被緋袍姤林間吹笛響參差
蝴蝶多情知不知從此妾爲連理樹願郎長作合歡枝
題葉汾浦秋根讀書圖照
男兒生不將相不神仙便當去作劍俠與酒顚不爾學
種南山田徃來樵牧十畝間洒削胃脯挾專技鹽盬治
鐵居通鏖吹簫吳門亦快事擊筑燕市皆豪賢胡爲百
計不出此日日鑽頭覓故紙晨興弄墨暝然脂南面百
城空自喜琉璃硯匣常隨身珊瑚筆架無纖塵窗間遊
蜂何日出囊底枯螢將笑人君才高出人頭地挾策金
門不得志歸來咄咄自書空忽作此圖亦多事還君之

圖爲君歌堂堂歲月如逝波高堂攬鏡對白髮欲謀升斗將如何舊書且束付高閣天衢非高塗可索會須平步躡青雲漫共蘯魚味糟粕他年作吏此事廢應笑予言眞不錯

題王瑞芝存硯圖

我昔題君品硯圖圖中邛壑何盤紆軒窗位置自雅潔樹石點綴皆清娛揭來舊本出新意萬竿修竹爲吾廬回欄曲折入幽逕疏籬隱見神仙區舍南舍北作烟雨冷翠欲上人肌膚君於此間兀然坐神清骨秀何其都手中巖璞摘翡翠案頭花露翻蟾蜍天風吹墮紫龍膽

快刀割下青琳腴君能一一品上下湛然秋水凝清矑
璧流在沼鶴羽瘦錦囊挂壁琴心孤素性眞同子猷癖
俗塵不受元規污世人重利愛金幣持籌障麓爭錙銖
君家本自擁厚殖回祿肆虐田圜蕪周彝漢玦半灰燼
僅此數石存區區君乃掉頭不復顧裹硯橐筆遊長途
蓮花幕底日清暇焚香展玩神于于脫棄軒冕傲吏傲
夢繞泉石臞仙臞笑君此圖成結習偏袗獨坐撚吟鬚
君今又向壽春去擗擋行篋硯與俱官齋種竹可千畝
我心匪石空踟躕

題邶訥齋品茶小照

世人紛紛說騎火到眼茫然箭與笴人家處處瀹新泉
方法未諳煮與煎狂奴落魄日嗜酒興發時能酌大斗
醉後兩腋清風生盧仝七碗吾何有先生玉立姿亭亭
閎耽雅趣繙茶經小字親題封白甀柔芽細檢試紅丁
科頭偶向松陰坐一水兩水孤悶破酒人渴疾同長卿
何當黃衫烏帽訪餅笙

和朱石君相國以海南香大士像桃核十八羅漢
手珠伽備香餅爲靜崖編修五十壽用東坡子
由生日詩韻

諸天鼻觀飛奇芬落伽風散旃檀薰莊嚴更合阿羅羣

牟尼一串鏤紺雲妙品供養都梁熒罨靄中現金花紋
得之者壽神不分保合元氣含氤氲正法提倡推神君
五體投地額角墳三摩波提闢要文負山自媿無力蚊
攝身攝意聊云云眞如變易難爲勛修拙寧足張吾軍
四縛四結解脫勤慧水一灌醍醐醺心田敢以減裂耘
香國可託猶桑枌慧因定根息衆紛四十里喚阿難煮
道本無隱同時聞

題荷鋤圖

我昔躬耕在南畒荷鋤日與農夫偶薄暮歸來讀我書
泥香在衣書在口壯年槖筆遊四方縹緗散盡田園荒

近復一氊守寒餓菑畬經訓空徬徨之子家世重儒業
飲酒鳴琴對籬落插架萬卷牙爲籤負郭千畦雲滿鍤
圃中藹然春風親景物點綴皆天眞紅蘭姤麝自吐穗
白鷺窺魚不避人山深樹密結茅屋流水小橋間修竹
耕夫似識讀書聲側指科頭人是玉浮生塵網多羈纏
誰能靜裏和其天披圖耕讀兩如願三復香山池上篇

明澄城主簿青陽李忠節公詩

男兒不官計亦得此身既官當許國詎將階級判崇卑
要使姓名垂竹帛李公讀書恥尋章行年六十鬚鬢蒼
公卿薦倅澄城簿闔家襆被趨巖疆人言官卑年已老

公何爲者歷遠道公言升斗皆君恩効職一隅無大小
先是崇禎之壬申秦中流賊揚氛塵公時涖官才三載
孤城圍困經冬春八年乙亥秋七月賊勢長驅破城闕
守陴無人邑令逃獨公罵賊怒眥裂賊以竹箕浸油中
坐公其上縱火攻烈焰初升血凝碧毅魂不散烟飛紅
孺人曹氏被賊刄頭斫未殊僅分寸幼孫正蕙十二齡
兩僕陳洪陳浩負之出煨燼事聞天子重欷歔詔使扶櫬歸
鄉閭謚以忠節恤其後煌煌大節青史書有明流賊爲
禍始城破報君惟一死當時招撫獨何人謂楊大鶴嗚呼李
公主簿耳

題袁蘭舫吟秋圖

秋懷古多高吟人氣清興逸宜蕭晨雲夫一章惜散佚騷人九辯誰爲鄰雲根秋影淡人意竹林幽爽增鮮新夫君觀書闚窔奧洎志練心語獨造所愛長歌復短歌不解謗言及謗好秋風磵水生空谷時於此間得其妙今朝見君吟秋圖我來君吟當不孤草堂九十九峯下早晚能來一醉無

送翟補庵教授予告歸涇川

春風桃李花爭發桃李無言心若結爲有十年種樹翁一朝爵酒花前別翁年十五二十時文采驚倒同舍兒

烟霄漸翥出林鶴試席兀坐深叢羆四十纔看領鄉薦
紅綾旋啖櫻桃宴
帝爲當世惜人才不使胡瑗宰花縣池陽水碧山堆螺
翁來秉鐸笑也歌拂紙使筆勝使劍作詩換蘭如換鵞
先生有詩紀事翁官雖貧介於石大吏傾心都檄席眞讀書人
世所希經師人師兩難得老矣歸耕隴上雲驪駒唱罷
酒初醺自言兩親尚淺土所喜諸子皆能文七十五翁
歸亦可從游樂比居官頗生徒猶自戀車前書幣爭來
迎道左我年小翁二十齡忘年之契兼忘形送翁桃花
潭上路長途吟寄汪倫聽

觀荷

銀河夜半垂清露羽衣下瞰江村路交甫曾邀玉珮遺洛妃自有淩波步世間何處此花多太液清波映朱鷺薰風和雨濺明珠淡月籠雲生薄霧十丈花開藕似船雲中簫鼓吹韶頀拂檻俏慚李白詞當軒合授相如賦而今蕉萃覡江邊都爲此花嗟不遇惆悵美人來不來娟娟修竹雲衣暮

春日感懷

城南二月風日靚窺園不待黃鸝請穿徑纔回苔蘚痕隔牆漸出秋千影老夫抱疴年復年每遇良辰心自警

看花隱約霧生眸梳髮飄蕭雪垂領十指倔强笑懸搥
兩脚蹣跚嘲鑑井潑眼春光思少年皎皎初日升東嶺
出林俊鶻試盤拏墮地生駒競馳騁三峽倒傾瀾欲翻
七札横穿力頗猛詠史終日弄柔翰談古窮年理修綆
側身思待席珍聘仰首何人國鈞秉網羅不復收珊瑚
沮澤何勞求桔梗世人未必好眞龍名士由來成畫餅
南游橐筆干諸侯俺得一官苦閒冷冬氊坐破髀無膚
粗糲嚼殘喉似哽次道善飲傾家釀休文多愁臥學省
柴桑室小膝暫容宛邛屋低頭可打做文自享帚千金
薄祿未謀田二頃況復腰脚百無用如鳥折翼樹生癭

生涯端賴九節節五十六翁已老境絲桐枯後無好音
玉卮臺後非全皿籃輿每壓門生肩車輪屢括酒徒頸
坐此歲月自淪廢壯志銷磨鬱不遑昨年引疾告長吏
不材散木歸根靜長吏謂我疾可瘳無事隱憂心耿耿
維舟乍折江上梅搴幃又見園中杏掃門舊逕爲誰開
插架殘書自重整一杯水咒楊柳枝遭逢者域或天幸
浮圖縱使覺難痊坐嘯無妨春晝永

丙寅二月十三日夜夢與蘭如乘月登百牙山倚
檻而吟成兒侍側以箸擊樶和之聲如靈璧石
磬蘭如笑曰此子手有八音也覺後光景在目

詩自起四句以下多所遺忘枕上足成即寄蘭

如

百牙山上春月明百牙山下春水生月光入水蟾兔濕
月影移山烏鵲驚兩翁頭白倚檻坐對月舉杯孤悶破
烟際微聞欸乃聲知有漁舟山下過小兒擊椀佐清吟
應手彷彿金石音狂歌不復有人世醉後起舞天橫參
年來雙足若繩縛夢裏僊僊任騰躍青山不老月不死
卬須我友同行樂

道光辛丑秋子壻金　珉校刊
年姪陳毓燕仝校

小容膝樓詩鈔卷六

全椒王肇奎鶴嶼著　　男城謹編次

新柳

昨夜雨潺潺荒村尚閉關曉看楊柳色春在有無間渭北天初曙江南人未還感兹離别意多恐鬢毛斑

晚眺却寄

獨立蒼烟暮登高思不窮鳥飛殘照裏人去亂山中芳草愁新緑平林間落紅天涯空悵望吟眺孰爲同

將游嶺南留别同學諸子即席飲餞

今夕一尊酒明朝萬里程憐予游子淚多爾故人情曉

月助行色春風送客雄天涯惆悵處努力奮功名

曉發建昌道中

古道獨經行愁心逐步生草沾濃露濕天剩大星明遠屋鷄初動深林鳥漸鳴不堪愁裏聽杜宇一聲聲

過大庾嶺

丞相祠堂古將軍戰壘平嶺斜官路直巖暗野花明未見梅爭發空勞僧遠迎雁飛渾不到回望暮烟横

旅懷集杜

步屧深林晚幽居近物情百年渾得醉萬里正含情家遠傳書日愁連吹笛生雙雙新燕子應悉未歸情

春日聞雷和韻

孤館鳴琴罷遥空動晚雷千峯催雨至一氣逆寒回暖漲垂楊渡春含荳蔻胎芒鞋應料理拾翠待朝來

戊戌小除夜雨

歲暮窮愁迫何堪雨積陰閉門雲黯黯煎燭夜沉沉酒債從人索詩逋悔自尋寂寥生計拙誰與發歡吟

雨後集薜蘿山房對月分賦

一葉驚秋至新涼雨後天雁飛雲影破簾捲月光懸覓句酬良夜開尊列綺筵莫愁歸路遠我醉竟横眠

山居

薄暮衣裳冷秋風夜度關寒雲天外雁落葉雨中山獨
立蒼茫久誰知歲月閒窮居絕人事俯仰一開顏

欲雪

擁被微溫夜開窗欲雪天塞雲濃似墨岸柳澹無烟榾
柮添爐火金釵助酒錢憑欄坐相待玉戲約飛仙

晚歸道中望鬱湖

孟冬湖水涸寥廓望無邊犢影小於犬沙痕平似氈數
株衰柳岸十里夕陽天疲馬歸來晚行吟起暮烟

憂旱

杖藜經北郭蹇步向東菑甸麥難藏雉湖田漸坼龜桔

棹閒幾日臺笠聚何時偶共鄰翁語看雲雙淚垂

悼阿晉殤 己亥九月十五日

得汝同珠玉如何只一年既無壽者相空結此生緣夜冷書帷月風寒藥竈烟眷言宗祏重不禁淚潸然

浴香泉

跋馬平痾鎮言尋太子湯土名香泉舊時傳沸井此日繚周牆汩汩源常滿溫溫氣自揚進機亭裏坐大興朱夫子榜其亭曰進機高詠悟滄浪

木瓜

返景園林霽垂垂屋角餘香清經摘後霜重乍黃初清

粉宜開鏡燒灰戒藥魚珍藏應有意留以報瓊琚

飲讓泉

山行六七里漸覺水聲來駐馬尋幽澗携瓢破野苔此中堪挹注何處有塵埃更待霜風近提壺問古梅

示婦

昔爲窈窕女今作糟糠妻入室去華飾登堂斷冷蘋蘩修舊德澣濯戒深閨聞有鹿門隱偕行手共携

辛丑除夕懷九亭先生

燈前歡笑處有客正天涯别宴情如昨征車路漸賒盤蔬驚節序尊酒感年華草草郵亭夜停杯可憶家

壬寅歲暮滁州城西小步憩極樂禪院

步屧城西路禪扉叩即膺相將休倦足因以問高僧花竹閒房得溪山妙筆能（僧明如工畫）何當尋法界深入白雲層

游王氏園亭

不信塵囂地居然别業開應門唯有僕繞徑惜無梅城近山光隔窗低樹影偎高吟修竹裏未應主人猜

游幽棲寺

城西四五里緩步得幽棲山静出樵響春寒禁鳥啼盤空人影細入塢日光低草草尋歸徑來時路欲迷

秋竹欲歸以詩留別次日雨阻未果行和韻

昨夜還家夢雞聲唱乍醒寒雲迷驛路細雨斷離亭南浦波纔綠東門柳未青陳遵留客意投轄且消停

疊韻送秋竹歸

春色濃於酒東風吹未醒教人牽別緒送客向長亭鬢影愁添白蹄痕愛淺青難兄更聯轡歸興不留停時與彬岑同歸

雨後

天迴烟光薄門開水氣寒乍聽簷溜歇旋覺鳥聲歡細草含猶濕枯荷瀉欲乾今宵遲明月應共把杯看

對雨

一夜空階雨淩晨暑氣清曲欄妨柳重短彴礙波平時見遠山色不聞啼鳥聲長途苦泥濘有客正孤征時雪漁遊大梁

早發句容縣

宵寒欺客寐未曉促征輪燈影當風亂雞聲向曙頻堅氷疑作石遠樹屢疑人始信長途者從來足苦辛

五人墓

義憤偶然激諸君奮臂爭招邀徧都市慷慨殉公卿俠劍原酬德儒冠空爲名墓門瞻拜處慚愧說平生

客中立春

作客頻年慣都忘歲序新寒氈仍舊物暖籥入初春窗影欺燈暗鐘聲撼枕頻閨中小兒女應念遠遊人

與山尊姑孰使院守歲作

風雪連朝霽開門星滿天良朋來促膝公子坐隨肩徐生世枚尊酒更番勸笙歌隔院偏多君一夕話忘是客中年

見新月

屋角清光逗宵來已上弦濃陰看乍霽孤影若爲憐樹密藏烏鵲堂深祕管絃故鄉思正觸慎勿近牀前

登太白樓

兩月愁中坐登臨眼乍開樓高人語靜樹密鳥飛迴水色橫衣帶山光落酒杯謫仙應笑我何事渡江來

七夕次壽州姚阜鎮

暑氣連朝溽秋光入夜清挂簷初月上案戶一河橫村酒不成醉階蟲時有聲長途當此夕多少旅人情

謁宓子墓

僕夫導前路下馬古城陰遶水圍平野斜陽薄斷岑鳥驚人語散草入墓門深再拜懷先哲鳴琴空好音

過正陽河

立馬關津口教人喚渡船舟輕渾似葉水漲欲連天老

屋露簷脊游魚浮樹顛茫茫生百感落日下蒼烟

大河屯霧

晨行三五里如夢復如醺著樹滴微雨橫空迷白雲長河遙鴐響去馬屢嘶羣自悔尋塵障何由靜俗氛

八月六日爲　先慈冥壽客中不克致祭愴焉成詠

梁元八月六長憶阮修客况我悲孤露今猶滯客蹤松楸遊子夢蘋藻弱妻供望斷家山外行雲三兩峯

南陽客廨聽人彈箏

旅館晝無事箏人時一鳴蒼烟生土銼黃葉下山城古

調若爲聽瑶哇空復情十三行雁柱一一作秋聲

九日與雪漁愚溪登唐縣城西紫鳳山

客中作重九登眺且攜壺一徑橫蒼靄從人覓紫萸平蕪烟外盡落日樹邊孤爲問南來雁鄉音近有無

書唐游擊將軍李謹妒神頌碑後

碑在平定州娘子關下傳爲介之推妹頌略曰妒神之水瀶焉黛色與雲致雨倖造化力

娘子關前路傳聞有妒神將軍能作頌小妹竟何人雲雨勞前夢風波阻去津六驍經過處猶欲避淸塵廣輿記唐武后巡幸過此欲別開道避之狄仁傑諫止

新野署槐傳是昭烈訪徐庶挂劍處丁大令鑑江
索賦
落日高槐古猶傳挂劍名斷蛟沉絕壑匹馬去孤城臏
此蒼苔色長留白水情如聞風雨夕摵摵作秋聲
臘底余謀南歸雪漁亦將北去旅貲皆匱分手慨
然
行李俱蕭索何由慰客懷有心憐白判無計打洪厓雁
向鴻偏隔烏飛鵲未偕天寒風雪重得住且爲佳
初發大河屯郝寄翁美瀾黃芝田
落日大河屯蒼茫野氣昏烏歸烟外樹人語水邊村入

聚難爲別浮踪安足論遥知南浦望佇立共銷魂

中派河阻雨

北風吹雨至使我役車休十里漸泥濘終朝成滯留地
嫌秦俗悍居接楚人咻爲底新豐市從來困馬周
孤悶若爲遣方知行路難濕雲低入戸生菜雜登盤屋
破簷花碎宵深酒力寒閨中方憶遠應念客衣單

醉翁亭

翠篠深無際蒼然雪滿山鳥兼琴外韻花有醉時顔糟
粕吾生晚樵漁野客閒經年箏笛耳一爲聽潺湲
遺貌存圖畫心香契上乘亭危全倚石泉煖不知冰歲

儉思前哲碑殘問老僧歸鞍豐嶺揆細路覔垂藤

冬夜獨坐

攤書忘坐久孤館寂無人月黑夜聲雜宵寒篝火親雁

書何日達龍性漸能馴珍重天涯意瑤華入手新

徐州渡黃河

古岸高於屋遥聞渡口喧千迴奔澥瀣一氣瀉崑崙風

激濤聲壯沙旋水色渾中流頻擊楫吾道濟川存

濱州署中留别許嘯園

十七年前别相逢鬢未霜風塵勞作吏兒女喜成行對

酒狂如昔挑鐙話更長今宵歡聚處忘却是他鄉

里社文章契闊心數舊遊易荒松菊徑各有稻粱謀老
馬空知路蒼鷹未脫鞲春雲千里濶日暮起離愁

一葦和尚小疾詩以訊之

聞示維摩疾興居近若何山中秋意早風露着人多藥
裹勤調護詩箋罷琢磨淵明艱步履蓮社懶經過

書一葦和尚詩帙後即次元韻

瓶鉢垂垂老詩篇早得名山光雙袖納塔影半窗横花
竹閒中課禽魚物外情何當謝塵鞅同事古先生

初秋

颷館涼初入桐階暑漸收羈人愁對鏡病婦怯登樓殘

月不知夜寒蟲各爲秋鼾聲聽童僕六鑿避天游

題朱心垣聽詠圖

解得箇中妙能知絃外音較量才子筆印証古人心朗月寥天靜迴風大海深相期千載意漫向畫圖尋

題張蠡秋小照

瀟洒張公子江湖歲月深題橋名士志對鏡美人心忽寫家山好空懷勝蹟尋賜金圜宛在展卷一沉吟

送張竹軒至望江

百計畱君住知君不可畱自憐生計薄莫慰客囊羞櫻筍天初暖風塵路正修大通江口望日日遲歸舟

秋浦客廨晤周午唐詶贈

美人隔江水十載悵離羣握手驚秋晚談詩入夜分雙鳧凌遠漢一雁叫寒雲太息鴒原草淒然不忍聞燈下誦令弟致巢同年遺稿

顧我生涯拙輸君興趣豪文心花笑日辨口海翻濤自喜才名著都忘吏治勞故人貧且病白髮首重搔

贈單鄖玉峯兼寄竹軒

緩酌離筵酒風塵游子顏泊舟金斗驛跋馬正陽關美玉勤磨洗淸冰慰寂閒若詢予近況倦馬急思還

寄懷袁蘭舫都中

老驥心猶壯馳看上苑花舊官嫌嚼蠟新寵聽宣麻槐

市春初動桑乾日易斜歸舟聞已發風水滯天涯

癸亥春日將引疾歸蘭如以書慰留却寄

欲歸歸未得江上水初生要路逢迎懶微官進退輕撥

林飛鳥迹落月故人情剩有牆東地殘年足菜羹

乙丑七月成見邀同人讌集聽半癡道士彈琴分

賦

天末涼颸動秋聲遠近皆攜琴來羽客煮茗坐荒齋蠹

葉初飄井蛩吟欲上階平沙聞落雁獨忤旅人懷

瀟灑園林景朋來綠樹陰山空人語寂夜靜鳥音沉四

座息塵慮七絃清道心天風振環珮指外有餘音

悼僕隨元

七齡逢儉歲廿載託寒門若輩亦人子吾兒如弟昆㮮蒲中道惑帷蓋主翁恩渺渺故鄉隔難招剪紙魂

天竺山房分賦叩頭蟲

乞憐百無計惟有叩頭佳匍匐低其首傴僂累此骸折腰人可恕强項俗多排試問藏禪發何如怒目蛙蛇行來覺蹩蠖伏向庭階利口蚊偏毒噆膚蠍孔皆英雄眞短氣壯士每傷懷禨襶沿門客羞顏實爾儕

草鞋同俞小岑汪少岑吳中峯江沁梅限韻

偶有探山約行行不借佳幽情兼蒻笠勝侶得欆鞋舊夢憐芳草前身記水涯色看寒綠盡性與軟紅乖結以層層繫繩教密密排經營高士獨出處野人諧賤豈容綠織柔應借蠟揩著時眞決踵解處詎當階赤腳僧同伴勞薪跡與儕那堪償酒費只可騁遊懷歲晚尋山藥天寒拾澗柴孤踪淩絕壑健步入層崖漫使袈裟裹偏宜拄杖偕暗兜泥滑滑徑渡水潛潛蒼蘚踏應破白雲穿欲埋蓼汀憐臭味莎坂認根荄跋涉情何極崎嶇路孔皆羞言濟勝具願得息形骸

道光辛丑秋子壻金　珉校刊

年姪陳毓燕仝校

小容膝樓詩鈔卷七

全椒王肇奎鶴嶼著　　男城謹編次

乞米

朝來乞米出門去四顧倀倀愧丈夫豈有分金如鮑叔何勞折劵向胡奴悔將生計看人面歸把吟情踞竈觚稚子門東啼索飯古人爲說范萊蕪

買書昨日典春衣爨火蕭條晝掩扉細和陶詩人語寂靜臨顏帖筆花飛童鴻狷性難因熱臣朔長身合受饑

春晴

多少沿門襬襶子晚來騎馬醉扶歸

曉窗日麗鳥聲繁積雨初晴淑景暄滿徑濕泥飛海燕一江新水上河豚好花相約紅成市芳草無心綠到門偶與村翁沽飲後也隨蜂蝶過鄰園

夢荔裳兄贈句足成誌感

十載飛鴻慘夙因文章誤盡苦吟身田荆樹好枝偏折姜被宵寒夢倘親買酒不堪千日醉看花須及一年春二語乃夢中贈句也夜臺何處尋康樂草滿池塘淚滿巾

贈汪草亭

五十不官亦不娶江湖散髮老詩人探山健不扶藜杖對酒狂能漉葛巾大海波瀾曾過眼浮雲衣狗竟閒身

何時同攬青天月直上崑崙便結鄰

雨夜懷汪二少岑郄寄

壓戶濃陰積雨天迢迢長夜欲成年偶斟濁酒眞無賴
獨對殘燈亦可憐行嘆生涯同北郭坐懷良友隔西偏
蓬窗記否通宵話襆被蕭然采石船

月夜聞笛

霜洗遥天夜月秋一繩新雁落沙洲風吹遠近誰家笛
人倚高寒何處樓塞外降羌知有淚閨中少婦定多愁
寄聲莫奏梅花引書劍纔歸庾嶺頭

秋蟬

談風說露竟如何五月鳴蜩節已過自分殘軀同暮景

空將哀韻動寒柯綠槐樹底秋聲近黃葉村邊晚照多

往事金貂漫惆悵恐教楚客鬢毛皤

歸燕

辛苦長年雁代飛匆匆秋社又將歸浮踪畢竟家何處

故壘輕辭計已非落日樓臺芳草暮西風庭院故人稀

丁寧前路須珍重莫遣春來舊約違

落葉

洞庭秋老碧波深黃葉紛紛下遠林自是飄蓬無定跡

劇憐佳木失繁陰梧桐夜月誰家笛蟋蟀空階何處砧

多少羇懷消不得暮蟬何事短長吟

不論水曲與山隈總爲彫年急景催違浦霜清人别後野塘風起雁飛來爛紅捲砌都成陣乾翠添薪漫作堆稍喜䇿帷坐遥夜隔林明月照深杯

旅懷

旅况經秋恨不窮一繩新影又賓鴻鬢因久客丁年白燈亦知愁午夜紅良友别從花放後離情多在月明中憑誰寄取忘憂物尊酒牀頭不放空

黃樓

人去樓空歲月更長河依舊檻前横疾風勁草懷臣節

落日浮雲望帝京千古文章歸太守一時賓從盛彭城
淋漓大筆秦郎序士德能教水患平

春感和賓圃韻四首

多少浮生未了緣匆匆春去獨悽然心常作惡人初到
魂不禁銷事可憐風雨乍過寒食節陰晴未定養花天
宵來杜牧揚州夢回首紅塵已十年
中酒連朝似夢中開門細雨復斜風池塘草長迎新綠
庭院花飛餞落紅人世韶華東逝水天涯踪跡北歸鴻
從來尤物銷沉易悔識當年盛小叢
春風幾日到江城一片韶光畫不成飛鳥影兼飛絮影

賣餳聲雜賣花聲那堪蜂蝶都無賴何物笙歌太有情
惆悵倚闌催落照愁懷别緒兩相縈
閨中少婦試羅衣愛忍春寒倣翠幃心字香燒烟細細
波紋簾捲燕飛飛添將舊夢啼紅怨悔向新豐拾翠歸
日暮東風成小立落花深處尚依依

天竺山房分賦六一居士齋中物得琴
嶧陽孤桐生嶔岑高士斲以黴黄金閒拂白石鼓寒澗
驚起元鶴翔深林楚明光操已絶響小流水曲誰知音
千載永叔曾蓄此安得入夢攜相尋

又分賦得月用謝希逸賦中字

長河如練映遙天皓月流輝玉鏡懸桂殿風清收爛彩
蘭房塵淨薦琴絃涼生夜氣光初霽魄掩空明影未圓
孤怨淒清何以託澄波斜照滿千川

坐水亭觀荷

清簟疎簾日正長偶凴水檻共招涼菰蒲風起欲無暑
菡萏花開時有香坐對好山成主客倦尋高枕證羲皇
靜中消受閒風景轉笑浮雲天際忙

醉翁亭和韻

曲徑微茫樹色葱孤亭猶記宋名公山容吏隱偏宜醉
官豈龍鍾却號翁舉盞每邀秋月白披襟應隔軟塵紅

卽今寂寞荒祠閉一樹寒梅夕照中
繫馬祠門古樹邊拜瞻遺像已千年文章誰繼廬陵後
聲價應居慶歷先薄宦囊餘升斗粟思翁嶽記兩三絃
晚來野渡流泉急嗚咽聲疑弔昔賢

瑯玡寺和韻

嵐影空濛澗水潺百弓初地護禪關叩門客至纔驚犬
入定僧枯未出山直愛烟霞歸畫裏渾忘林壑尙人間
披襟更訪陽冰篆擬臥碑陰十日還

賦得雁聲

菰蒲瑟瑟滿寒潭嘹嚦飛鴻聽不堪一夜西風辭塞北

數聲凄怨到江南長門漏盡燈初暗客館秋多酒半酣
砌下寒蛩天外月此時側耳境誰諳

霜降日觀校武

秋風撲地隕輕霜獵騎傳呼校武場乍聽習戎班馬政
旋看列隊奮鷹揚朝廷有道常銷甲壯士無人不挽强
遥望戟枝光照耀南來已有鸕鷀翔

聞蟬

薰風入戸藕花香已有新蟬聲遠揚清韻疎簾人乍起
綠槐高椰日初長多情直恐凋雙鬢哀怨何堪對夕陽
一笑居高音更好前身誰復憶蜣郎

夏日閒居

庭宇陰陰綠滿籬閒居盡日畫簾垂凭欄人倦思攤飯
隔院僧邀偶對碁四五卷書消永晝兩三竿竹種清池
桑根山下誰招隱說與幽情事事宜

生憎褦襶子沿門暫避塵囂郭外村遠浦青多迷草色
空階綠暗上苔痕百年地僻容疎嬾一刺交稀寡笑言
自識封侯無骨相市兒休笑老虞翻

九秋詩

泬寥天氣敞軒楹夜景平分皓魄清有客登樓邀庾亮
何人咏史識袁宏三更砧杵深閨怨一曲關山萬里情

鬬道龍堆初罷戰殷勤莫使照長城 秋月

穿針節序曝衣樓案戸驚看入早秋翠浦橫維霄路迥

銀沙細軟夜光浮蟾因吸水窺箕斗鵲未成橋怨女牛

最喜甲兵常不用底須壯士挽長流 秋河

送人南浦易消魂別緒長縈遠近郵一自秋風吹野燒

幾回夜雨潤孤根艮時晼晼哀先及故國萋迷徑尙存

惆悵天涯歸未得憑誰消息問王孫 秋草

冶葉倡條復幾幾時江潭搖落已如斯十圍底事成憔悴

長笛偏能感別離板渚孤村征騎少寒雅流水夕陽遲

暮年庾信眞蕭瑟枯樹吟餘兩鬢絲 秋柳

涼風拂渚秋已闌滿塘荷葉猶團圞美人自惜紅粉暮
過客遙憐翠袖寒淩晨浥露氣蕭索入夜聽雨聲淒殘
從來景物江鄉好敗柳衰蒲圖畫看 秋荷

一繩秋影唳征禽急景離愁兩不禁漸聽邊聲驚曉角
似催霜信入寒碪稻粱肯戀窮途食兄弟常懷故國心
我有尺書傳未得暮天無際碧沉沉 秋雁

猶向烏衣巷口飛舊時王謝事全非飄零故壘知何處
顦顇西風未忍歸芳草落花懷上路雕櫳畫棟易斜暉
前途好語賓鴻隊菰米江南今歲稀 秋燕

數株衰柳夕陽天淒咽臨風聽暮蟬 幽咨琴絃驚落葉

侍臣冠冕讓華年饑能憂潔原無恨寒不成嘶亦可憐

會記騎驢黃葉寺一聲殘響送歸鞭　秋蟬

仲蔚蓬蒿徑就荒寒蛩偏近讀書堂燈昏破壁逼宵雨

簾捲中庭滿地霜似爾不平聲激烈爲誰含怨韻淒涼

雞窗獨有悲秋客擁鼻微吟一夜長　秋蛩

山尊京兆試報罷南歸

二千里外路迢迢彈鋏都門意寂寥乍拂衣塵歸故里

好憑尊酒慰良宵張華劍定光芒吐阮籍杯宜塊壘澆

醉發狂歌君試聽天生我輩豈蓬蒿

戊戌除日

屠蘇滿酌入深更醉裏尋思感慨并天許疎狂成本性
人容直忤念平生浮沉世態殊無賴追逐詞壇浪有名
一事年來差足喜門東索飯聽兒聲

三月三日借園修禊憶少岑客彭城

往時修禊園林霽曾與汪倫擘錦箋今日更來芳徑裏
桃花潭水尚依然寂寥遠客思千里點蕩春光又一年
剩有故鄉兄弟在且拚沉醉向花前

七夕和篔圃韻

霽景初開爽氣橫佳期重遣客心驚桐階夜靜欲無暑
竹院秋多時有聲却盼層霄飛鵲過更憐遠樹亂烏鳴

寂寥肯負良宵景試向尊前較酒兵

故故凉蟾入綺櫳更深移照畫樓東下簾獨抱寒琴臥

隔院猶看蠟炬紅天上星河空寂寂人間離别太怱怱

擣衣庭外砧聲急多少閒愁此夜中

送胡吟梅

揚舲有客向東吳大阮南湘同舟興不孤人世功名同鷸

蚌故鄉風味足蓴鱸商量歸計詩千首消遣秋光酒一

壺便擬從君買輕櫂烟蓑雨笠泛江湖

早春俞小岑吳賓圃金篠邨江泌梅枉過客膝樓

望遠山殘雪家九亭先生亦至同賦分得殘字

十日春風雪亦殘遠山明滅隔林看天初向暖斜陽薄
氷未成澌瀑布乾石磴深埋猿路斷松陰淺露鶴巢寒
小樓與客同登處獨有新愁慘未歡女阿秀殤甫數日
長夜不寐枕上感懷
孤館寒宵睡未成披衣欹枕聽更聲功名老我青袍舊
貧賤依人白髮生殘月有情深院靜鸎雌無夢破巢驚
思量未肯蓬蒿卧何日乘風萬里行
圍爐詩擬西崑體
雪花飛絮墮層檐密坐圍爐夜氣嚴白酒醉浮香滿甕
紅泥爐爇火盈杴雕盤錦已頻頻換睡鴨香宜旋旋添

也要憑欄看玉戲試鈎銀蒜上氈簾

有以鴛鴦饋者雄而無雌誌感

別鶴離鸞總不禁那堪孤影弔珍禽寒塘對浴曾相伴

極蒲分飛無處尋雨後紅襟猶爛漫風前翠鬣似沉吟

料他魂上相思樹肯負平生綠水心

春日苦雨

節過清明春欲殘孤邨風雨更闌珊杏花纔放野烟濕

燕子不來清晝寒夢戀重衾中酒得泥深荒徑出門難

山樓一夜閒聽處贏得絲絲滿鬢看

贈吳質園移居

今年我正欲移居君已城南典敝廬恐惱比鄰棄鵞鴨
畧攜家具富琴書春雲樓上開粧鏡暖日花間奉板輿
小築自饒真樂意飄零踪跡愧難如

移居後詠

百年身世兩茫茫斷梗飄萍每自傷地許卓錐貧亦可
家能享帚敝無妨豬肝累重交情薄熊膽悲深母澤長
回首先人敝廬在萋萋芳草讀書堂

喜九亭先生澤州書至

北風吹雁過南樓聞說征車駐澤州官舍淹留逢舊雨
客途迢遞入清秋計程又渡黃河曲時赴洮州司馬任·攬轡還

經黑水頭邊塞懸知霜雪早天寒珍重舊貂裘

瑯琊寺頹廢已久游覽誌慨

瑯琊古刹歷千春此廢難興感慨并橋塞斷流殘雁齒簷欹飛瓦墮魚鱗棻挑荒徑供僧飯草入空堂聚鬼燐坐嘆紅羊成往刼誰將香火續前因

清流關懷古

雄關此日尚岧嶤策杖登臨感慨饒落日降旛鼓音死秋風戰壘馬聲驕曾揮一舍容成列自覆三軍爲斷橋北宋南唐俱逝水空磨折戟認前朝

臘月十五夜春草山房作

一年十二回圓月今歲唯看此度圓積雪乍驚窗影曙
微雲未得鏡光懸山梅破臘蕊應放塞雁銜寒聲可憐
況是孤衾妨客夢秖拚通夕坐無眠

召試罷歸晨發浦口

雞鳴茅屋趣征裝雨後濃陰午更凉山徑斷雲松葉潤
野渠流水稻花香駑駘自不堪鞭策樗櫟何能備棟梁
回首太平門外路隔江烟樹鬱蒼蒼

鬬蟋蟀 有序

鬬蟋蟀戲始於唐天寶宮中相沿日甚近且易
金籠以陶埴順其土性屑蟹黄栗白飼之馴養

久擇其壯且健者使之鬭諸少年競立壁壘率以百金爲孤注勝輒具酒食召僚友相慶名曰彩籌其害更勝於呼盧喝雉矣

是誰年少氣如虹蟋蟀場開八月中狎客滿堂皆屏息彩籌入手競稱雄揮金頗盡中人産奪幟如爭上將功怪道平章賈秋壑肯遺軍國譜昆蟲

道光辛丑秋子壻金　珉校刊

年姪陳毓燕仝校

小容膝樓詩鈔卷八

全椒王肇奎鶴嶼著　　男城謹編次

聞雁有懷九亭先生塞垣

白蘋紅蓼點秋光嘹喨聲中朔雁翔小院夜涼天似水
空庭簾捲月如霜可憐舊侶懷蘆荻豈爲窮途覓稻粱
邊塞有人音信隔懸知搔首望家鄉

偕秋竹登清流關

環滁山色總青蒼此地江淮獨保障嶺折有關三面合
厓懸無路一夫當深林窵篠藏僧寺衰草迷離弔戰場
欲問生擒暉鳳處清流一帶碧波長

湘南篔園小岑沁梅同集種紙軒分賦

滿地東風吹落花名流欣過野人家柴關乍破莓苔逕

蔬榼初分枸杞芽四座清談懸麈尾一枰殘刼鬬龍牙

不妨長夜謀歡醉壺盡郫醪尚可賖

張杉岑書來詢予救荒之術東尾戲答

遠道殷勤寄八行行行酸語爲年荒衾裯黽勉輸東市

菽水艱辛奉北堂似我不才甘儉腹憐君無術誑饑腸

昔時曾學仙人訣悔少囊中辟穀方

海上求仙事渺茫那堪愁餓境相將盎中未足供鷄口

門外居然立雁行稚子嬌啼尋棗栗貧妻安分饜糟糠

暮天翹首哀鴻隊此去何方足稻粱

感春

儉歲逢春亦寡歡那堪景物更闌珊雪晴已見桃花落風過惟餘麥秀寒啼鳥聲稀山樹伐鳴蛙處少野塘乾偶聞城市歸人說斗米衾裯換尙難

寥落村墟復幾家料無生計問桑麻畦貧只種瓢兒菜地瘠猶生鼓子花人影風前衣百結草痕烟際路三叉我來騎馬荒郊外多少關心感歲華

五月雨

一雨蕭蕭夏似秋侵晨寒氣襲衾裯雲排山勢多橫起

浪捲河聲欲倒流但使千家能飽飯不嫌五月尚披裘
朝來偶向東皐望滿眼新秧碧似油

史望之來姑孰使院兩日矣以詩示懷依韻奉酬

猶記分襟白下時燕鴻南北感長違渡江便覺增離索
入幕應教慰旅思夢裏三年歡未隔客中一面見偏遲
燈前細雨瀟瀟夜輾轉雞鳴憶鄭詩

寄馮雪漁時客中州

城東欣遇寄書郵珍重開緘感別愁作客人經千里外
關心事滿五更頭高堂菽水差無恙儉歲妻孥得所求
旅邸一身留好在對牀期汝秣陵秋

題滕王閣圖

憶昔征帆抵豫章曾登高閣賦滕王西山南浦依然在畫棟珠簾已漸荒客裏年光成寂寞圖中秋色自端詳子安亭後名千古結綺臨春空夕陽

家石圖爲余書册屬押名印倒用其一右圖以詩

戲贈郎和來韻

顛倒陰陽障睡魔漫勞雅戲發清歌太阿授柄鋒鋩屈手板當官志氣磨鎖鐵六州難鑄錯鴛鴦兩字竟成訛他時妙用司農計應笑年來閱卷多

賦得出籠鳥

山中飲啄本忘機自入籬樊悔昨非此地未能馴野性
何天不可遂高飛喜當白日開籠放好傍青霄拍翅歸
迴顧梁間雙燕子春風珍重好毛衣

將游中州郭子超爲東門折柳圖爲贈書後

里社論交義氣投分攜書劍入中州纔聯長夏招涼會
又向征途觸熱遊去國寧忘桑梓誼臨歧各有稻粱謀
時山尊少岑亦將有行離亭柳色煩圖畫多恐蓬心易感秋

簾鉤同少岑山尊泌梅作

爐薰初歇啟書籤手綰玲瓏一卷簾徑尺珊瑚安曲牖
雙飛翡翠下層檐波紋蹙處疑懸餌蛇影蟠成要入奩

良夜有人凴檻久可憐新月兩頭纖

苔痕草色畫清幽一桁簾前早控鈎風定自垂深院裏

春晴易上小樓頭彎環巧琢瓊枝瘦搖漾低銜麥穟柔

壁鏡空明簷鐸靜詩情端爲爾勾留

管鮑里感賦

夷吾未遇數常奇太息生平有故知國士每難殊賤日

交情最易感貧時分金市鬧人爭艷薦士公廷主不疑

多少名卿投縞紵此風落落恐難追

潁州道中

遠逐征鴻覓稻粱短衣匹馬感殊鄉斜陽村影椒花白

秋雨蟲聲豆角黄入市入皆佩牛犢于田家自具車箱
羨他釣叟臨溪坐鈎得纖鱗二寸强

汝寧縣

落日孤城弄晚晴垂鞭緩緩趁人行餅炊野店松紋脆
酒壓村缸秫味生矮樹梨香先棗熟高田馬瘦並牛耕
漚麻池畔庄家近軋軋芧檐紡績聲

客舍阻雨從者後期不至

泌陽城外御征鞍細雨濃陰起暮寒雲補斷簷村舍小
風欺短榻客衾單數錢自覺提壺便糴米親教束緼難
逆旅主人告米匱不爲炊我僕伶仃在中野宵來何處一枝安

旅夜如年思欲迷那堪風雨逼凄凄漏痕縷縷穿窗直
燈影幢幢挂壁低客夢難成嫌鼠嚙鄉音未改變蛩啼
計程明日西淮近揩枕無眠聽曉雞

謁武侯祠

靈旂颯颯萬山秋下馬祠門拜武侯千載頭銜終戴漢
一生心跡只依劉雲寒大澤龍猶蟄霜老平林鳥自投
不是草廬煩屢顧曲肱安穩更何求
忠讜常懸日月光俗儒題品半荒唐申韓雜學扶孱主
仲毅粗材昧大綱未許經綸迴氣運若逢洙泗在門牆
從來第一流人物瞞予才算十倍當

六尺遺孤質本庸老臣心不憐嚴恭金鈇天降威先貢鐵甲營屯詔屢封零雨東山憂帝室英風南徼獻蠻賓三竇未遂中原計渭水虛張晉史鋒大星一夜落前軍遺表淒然未忍聞事不可爲原五丈言之果驗國三分蜀山埋恨荒秋草漢水沉哀黯暮雲萬古精魂遍寰宇怪他小說有殷芸

與雪漁夜話

酒闌燈灺漏聲長抑塞窮愁感異鄉飛鳥依人頽翮倦摶沙放手疾風揚鈎能曲就嫌弦直舌以柔存笑齒剛明月在天杯在口與君拚醉且連牀

雜喻詩示雪漁

世路崎嶇盡九疑不平心處近彈棋狂花逞艷開偏早

諫果回甘味已遲避影孤鴻惟月照退飛六鷁被風欺

笑他土偶憐桃梗一樣飄零在路歧

燕石寧如玉質堅詅癡符得市兒憐樓臺白晝吹沙蜃

綫索青雲上紙鳶何物鞭靴誇早歲有時米穀賤豐年

妍媸只合憑明鏡却惜人間少白旃

歲暮旅懷

撲地黃沙捲朔風嚴寒深耐客齋中重門窣窱氊簾壓

短鬢鬖髿絮帽籠出竈餅香分十字流匙米滑合雙弓

只嫌翠被生稜處冷到如鐮未易烘

跂脚無眠夜若何曉窗雪影上庭柯偶然喝盞邀紅友且與閒簾對素娥翦水雙瞳明欲眩排籤十指凍難呵虢泥水厚宣毫澀倘有人來索擘窠

我本江南嘎唶人年來潦倒走風塵蠅鑽故紙何時出馬戀新芻特地馴緘石忽聞鄉信謬探囊應笑旅貲貧九月間寄饘粥資歸中途爲宵小盡易以石未知健婦持門戶典盡衣襦值幾緡

嘉平得家書並山尊札知百雲師促余南歸遂由新野還唐縣道中作

圍爐官閣好因依江謂丁大令鑑底事匆匆便憶歸鄉信乍因

風北至客心已逐雁南飛笑看委韭從園入空羨炮羔

供饌肥記得離亭秋柳色岸容披拂近春暉

瓦店除夕詩 有序

一雪三日不止歲云盡矣村舍郎當上穿旁漏

掘地成竈藉藁爲牀與奴僕雜處其間怡如也

連朝風雪逼停驂小住村廬一笑堪頂𨃩未嫌輿隸雜

壺樽且與廐奴酣聽來爆竹春聲競報道燈花吉語貪

知否深閨釵卜處征途入已到江南

和未齋清明客感即用其韻

無端示我旅懷新燭忤多應百六辰滿壁濕雲空入畫
一簾寒雨不成春買舟昨夜還鄉夢打鼓誰家上冢人（姑孰俗于清明上冢日鳴鉦擊鼓而往）自恨年年飄泊慣松楸應憶客中
身

蟹

清霜一夕淨江流潮落波平古渡頭好趁泥痕安短箔
漸多燈影聚平洲爬沙風雨頻驚夜接葉菰蒲欲撼秋
閒抱孤琴寫流水七條絃上正橫遊
充盤煮後劈澄膏風味偏宜餉老饕任汝團臍同禁臠
問誰左手不持螯人來舍北漁莊近價並江南稻種高

回首中州浪遊日遇重陽節罷題糕去秋客唐縣未嘗見蟹

利齒無由得啖名西風毷氉入江城貿中那畔牟騷況

紙上如聞郭索聲深臼紅薑秋漸老疎籬黃菊雨初晴

故園兄弟應相憶憶我空腸鱗甲生

五月十五日雨中送山尊旋里

五月中旬未脫綿濃陰壓戶熟梅天無聊獨坐攤書久

有客思鄉冒雨旋到日定尋深竹飲好風催上翠螺船

我從千里歸來後襆被離家又半年

望梅亭

曲徑陂陀最上層孤亭遙望暮烟凝天梯可造終踰險

馬力將窮爲勸登石咽暗泉晴噴雪風寒高樹晝懸氷
阿瞞遺跡憑誰問新雁南來正結繩

題中山店壁

路長人困晝懨懨卸罷輕裝一夕淹細雨斜侵衫色淡
驚沙亂點鬢痕添粱空新燕初尋壘風送殘花自入簾
好語青青千樹柳此心如絮早泥沾

趵突泉用壁間趙松雪韻

七十二泉如此無岱陰伏脈涌氷壺驚湍直上波心立
急溜翻愁海眼枯倒影樓臺成洞府會心魚鳥即江湖
游人到此憑欄久若盌棋枰與不孤

坐來心迹一塵無始信仙家別有壺水色淨含沙色嫩
雷聲怒走雨聲枯征車不枉行千里遊跡空懃說五湖
倘許此間高枕臥狂吟足慰旅情孤

寄韋靜山別駕

舊雨關心久不稜勞君疊次寄相思守株待兎謀原拙
挾策亡羊路太歧秋老陸機遊洛日風催温嶠渡江時
丁未秋靜山聞余在河南遣使遝予適以臘月南歸此來已隔三千約多少離愁
兩鬢知

九華山謁地藏塔院

雲洗秋空萬象清棕鞋桐帽入山行村圍紅樹變霜色

路夾流泉歕雨聲此地漸看靈境闢諸天似遣遠峯迎
就中五老齊招手招我齋心拜化城
太古松陰隔世塵危梯窄磴太嶙峋一千餘丈翠無際
九十九峯清照人慧業未除非正覺名山能到亦前因
上來不敢排雲望呼吸之間近帝閽
一領袈裟啟道場七層寶塔鎮中央刼灰已冷松杉古
佛土猶餘杖履香地迥闢虛空眼界夜深高嶺發神光
少焉月出東山頂鐘磬雷人宿上方
凌晨策杖陟崔嵬詄蕩天門拂曙開怪石似人臨水立
野雲如絮上衣來迷離幻景勞前夢縹緲羣峯拱上台

便欲皈依結精舍言尋歸路首重迴

清流關懷古

天險何曾限北朝關門終古鬱岧嶤兵殘趙李泥丸冷峯繞西南雪色驕蟻磨影盤降壘盡馬蹄聲蹴凍雲消千秋原廟衣冠在風雨飀飀古瓦飄

葉汾浦以都門留别詩見示和韻題後

薊門雨見换星霜游興闌珊客思長鵬徙未忘滄海濶鴻飛豈爲稻粱忙明珠照耀齊威乘古錦迷離李賀囊數卷新詩似氷雪先教傳誦到江鄉

江寧道上作

匆匆行李發江城五日曾無一日晴稻已生孫空有歲
鳩當逐婦太無情雲癡不放遙山出路險兼之積水橫
底事衝泥行未已病中人久算歸程時內子臥病

寄內

沿溪椰色近清明積雨連朝喜乍晴屈指船從江上渡
關心人在路中行春寒未許輕裘蛻夜寂多憑薄酒傾
爲問瑯瑯張仲子謂竹軒內兄可能乘興到臨城

月夜偕丁文園太令城河泛舟分韻

漏鼓沉沉泥酒籌醉餘乘興泛輕舟笙歌移傍撈蝦渚
燈火明搖睡鴨州小部縱歌催月上昔賢飛盞讓風流

似聞兩岸人驚羨點綴山城此夜游

家子鄉不適於戢邸有檐合窺天似井覷之句詩以廣之

從來學舍小於舟舊句千年說宛邱斗室不妨人促膝
升階先教客低頭飄零舊第迷歸燕多少新枝占拙鳩
到底玉堂高處好請君從宅住瀛洲

索菊

颸館初霜木葉飛桂花落盡海棠稀酒人星散重陽冷
瘦客風流經歲違獨捲疏簾添悵望每從老圃念因依
憑君乞取東籬種圖報他時遺白衣

却寄陳印山大令

殷勤遠道寄雙魚却向山城詢起居官以久貧生計薄
人因多病禮文疎閒來偶爲婦丸藥臥後猶聽兒讀書
爲問西江賢令尹放衙遲早近何如

春游

束管籠絃寂寞居堂堂春已滿郊渠好花著色媚初日
枯柳生稊笑老夫繞郭遠山爭染黛隔林鳥語勸提壺
衰翁愛趁鄰家飲醉後歸來驥子扶

書吳詞山詩後

梅福求仙去絕蹤趙岐微服作人傭空聞東海塡寃鳥

未見南陽起臥龍曠野悲歌風四起荒江愁臥日高春
卷詩自負千秋業杯酒難澆塊磊胸

蔡靜修同年罷官

十二年前接履綦翩翩君最美丰儀身清案牘心如水
影落江湖鬢有絲擊海大鵬遭鷃笑出頭高樹受風欺
君任旌德欲搯擊豪强轉遭反噬 春晴珍重前途景多少蒼生繫去思

晚歸五溪道中望九華諸峯

炊烟遠近碧濛濛絕好山光入望中斜日低銜峯向背
寒雲橫隔路西東千椽紺宇藏初地一桁晶簾捲半空
何日衰翁腰脚健倒拖竹杖訪支公

和吳虞九復齋落成詩韻

幾年蹤跡滯長安蹝踔名場眼界寬懷刺有才驚座易
著書無力閉門難文心自得江山助世俗終嫌橘柚酸
回首舊遊成底事漫將長鋏向人彈

竹樹曾經手自栽綠陰如蓋始歸來徑從松菊荒時闢
門向溪山好處開壁鏡初安重展幅簾旌盡捲獨銜杯
掃除一室非吾事且趁閒中小試才

道光辛丑秋子壻金　珉校刊
年姪陳毓燕仝校

小容膝樓詩鈔卷九

全椒王肇奎鶴嶼著　男城謹編次

上朱石君中丞

卿雲朗耀使星臨，浩蕩皖江被澤深。冠蓋共瞻唐節度，文章重見漢儒林。身當一刺通名日，夢入三更立雪心。壬辰奎受業於笥河夫子跂仰新恩懷舊德，龍門高處昔猶今。

綸扉歘歷寄旬宣，經濟宏深屬大賢。秉節早靡寰海外，搴幃直上大行顛。量才尺進千尋直，記事珠懷徑寸圓。典冊方深鍾鼎壽，天心人望兩般然。

椒華遺德播餘馨，姑水高談記共聽。癸巳夏四庫館徵錄遺書笥河夫子

設書局於姑孰門下士司校錄者數十人奎得以朝夕請業叔重通材人識字孝先

便腹士通經高山嶽嶽仍同仰故紙茫茫未有靈何幸

聯翩家學茂淵源應許溯前型

鄉壁窮孤恥噉名少荒學業壯無成芙蓉明鏡知何日

苜蓿空盤足此生捧檄敢疎穿穴志循牆猶是得門情

瓣香倘遂私心祝稽首台階竭素誠

苦雨懷家子卿

乍晴復雨晝淒淒孤負沿村緑柳荑雨妒春如沉水冷

雲凝天每壓簷低濺階弱草都無賴避樹嬌鶯不肯啼

一二詩人居咫尺可能聯袂過鄰西

七月五日楊瀲六招同胡松山陶門小飲適以足

疾辭瀲六始則開示食單繼復以蟹歆動之粲

焉成詠

正好新秋試酒兵那堪足疾誤淵明行來自笑蹣跚態

紙上偏聞郭索聲月澌當檐杯共把雞饞供膳鶩旋更

老饕坐覺垂涎甚愁對盤中苜蓿盛

疊韻戲松山

利齒銛如出鍛兵尖團嘗徧眼猶明鷹拼健爪秋無迹

馬齧枯蕪夜有聲稍喜雙螯常供給轉嫌三弋太紛更

他時筴舌君須悔還要黃膏滿殼盛

和周鴻軒誕日集蘭亭字詩

文人興感豈無由誕日初當禊事修萬古形骸同寄託一時觴詠盡風流蘭因有品林常靜竹以無言地自幽邾與諸賢情契合齊山山水足清遊

白下晤張倜仙卽赴松江贈別

廿年蹤跡似飄萍今日征帆喜暫停能得一官非草草獨憐兩鬢已星星情深執手宵難寐話到關心酒易醒此後祝君惟一事叢生蘭桂滿階庭倜仙尚未得子

病馬

秋風衰草臥空壕蹀躞霜蹄悔太勞塞上舊傳千里駿

人間難覓九方臯老驥伏櫪心猶壯瘦到如牆骨漸高
好語饑烏休啄肉會邀苜蓿飼官槽

望瑯琊諸山

城南一帶鬱青葱今古山光入望同日隱亂峯天向背
烟開仄磴路西東暗樵隔樹聲驚晚野鶴盤巢勢舞空
遥指梧經臺不遠支筇擬到梵王宫

花朝池陽道中

百花生日是今朝細雨初晴景物饒曲澗平添流活活
香塵軟踏馬蕭蕭燕知社到應尋壘是日春社柳爲風柔漸
展腰如此春光偏作客離家百里覺迢迢

宿白沙舖寄內

此身偶被利名牽握手登程意惘然病已兼旬初起坐別纔隔夜似經年歸期大約過寒食詩讖先欣見輞川壁上幅云秦太虛言病中有人携輞川圖相示神清氣爽數日病愈遙囑精神須靜養好花須畧艷陽天

寄內

百里迢迢兩地分別來數日念殷勤癡情每覺深於海瘦骨從知軟似雲病後元神宜靜養窗間小坐喜傳聞報君客邸加餐飯引睡銜杯秪薄醺

贈張硯香四十初度

迢遞鄉關見面難匆匆身世躑雙丸早年積學千雞蹠
壯歲求名一鼠肝器未逢時須錯節年當强仕好彈冠
東山久繫蒼生望莫使斯人獨謝安
出羣書記本翩翩江北江南歷歲年見說題襟多雅契
側聞負米有前賢名因御李高軒過夢未徵蘭篋室懸
老我頹唐嬰廢疾思君千里暮雲邊
題周椰橋大令詩集後
簿書堆裏墨香凝仙吏風流得未曾澤古性情歸雅正
照人文彩出飛騰其才不數八乂手此道從知三折肱
應有雞林來問價一時傳寫徧溪藤

題李淸照酴醾春去圖

縱横心緒兆當年一笑拈花懺俗緣漱玉詞留冰雪淨
凝脂貌借畫圖傳舞腰羞學孫荆玉仙骨同修謝自然
歷盡元明多少刼江山樓閣總成烟

自題紅袖添香夜讀書圖

少小爭馳翰墨塲行年五十鬢毛蒼每從膝上調文度
不厭眉間對孟光傲骨雅宜官冷淡豪情都被病頹唐
閒中消遣需何物㸃罷皐盧更爇香
新發花枝映肉紅思將燕玉置房櫳心猶雄似初生犢
身已枯於半死桐海外奇方求桂附人間榮顯付苓通

披圖枉自成惆悵只合殘編老蠹蟫

題內子滋蘭圖照

鬖几牙籤次第排圖中景物逼淸佳芳常竟體知誰似臭本同心與子偕自撫瑤琴常在御并栽玉樹入生階春風纔晚蕣芽茁笑對花叢愜素懷

病後求書者瘁命兒子代筆賦此解嘲

老夫腕力欠嶙峋病臂年來益不振蚓入奩中憐我拙鴉塗紙上畏人嗔彪書差可續班固遣畫何妨題馬麟自嘆傳家無別物硯田筆耒未愁貧

夏日偶成

九十峯前一草堂北窗高臥傲羲皇養疴未許晨餐減
却暑無如午睡良斜日射棚松影薄好風拂檻藕花香
怪他穠纖沿門子畢竟趨炎為底忙

初秋夜坐

天風吹月下迴廊消受虛檐半夜涼漸覺露光團草徑
微聞花氣出荷塘林深宿鳥飛都倦波靜遊魚影自藏
天際雁書來計日浮雲何處是家鄉

憶成兒往鳩江

慇懃送汝出門闌風雪漫天歲欲殘泥路須妨征騎滑
風晨多恐客衣單金多世路逢迎易年少人情閱歷難

莫爲龍鍾念衰叟擬同階竹報平安

元夕聞雷

連日春陰未放晴填街簫鼓溢歡聲雷乘暖氣偶然出
月避燈光不肯明浮蟻客酣知讌散鬧蛾人靜聽雞鳴
冷齋饒有淸閒樂課子青窗對短檠

正月十三日雨

試燈時節雨霏霏暖氣潛消夜景微兒女歡呼人影亂
爺兄情話酒觴飛戲拈牙板歌三疊醉擁毆盆獵一圍
昨夜東風纔入律朝來幾可試春衣

和封薇垣師步葉君堃孝廉韻

繁聲變徵譜伊州觀物心空象外遊千里關河人入夢
三春風雨氣成秋浮漚大海歸虛幻閉戶深山謝應酬
欲覓一枝靈壽杖新苗會見茁扶留

甲子十一月十五夜會香厓大令偕宮綗齋張硯
香楊瀫六踏月過訪小飲即事

寒宵散步過荒齋霜滿譙樓月滿街飛鳥王喬眞灑落
脫禪方朔善詼諧謂綗齋共看聯臂諸君樂難得當頭此
夕佳長板橋邊聞笛夜有人停盞憶秦淮

東翟補菴乞酒

先生發酒有方法杞菊歸元合浸之阻雨未傾千甕落

聞香敢乞一鴟夷水分甘井能延壽杯泛醇醪即當醫
遥向杜康三百拜十年風疾賴君治

和翟補菴留别詩韻

當筵難遣别離情促膝談心燭屢更盍代文章千古在
浮雲富貴一身輕圖書滿載裝非薄桃李盈門道已行
回憶瓊林春宴後幾人稽古似桓榮
十載追陪未了期匆匆行李欲何之屢將解組難如願
自謂懸車已過時以道得人君不愧此身於世我何裨
明年也擬歸耕去爭及先生繫去思
折腰豈是陶元亮也自長歌歸去來宦槖難償疎戚累

殳青能讀後人才將離謾折風前柳相憶應看雪後梅

兀者王駘行踽踽從今笑口爲誰開

題裘守齋太守南屏聽松圖

鬱葱佳氣望南屏雨過層嵐一抹青樹影倒含湖水動

松聲遠帶寺鐘聽天風初下鶴無語瀑布欲飛雲自停

想見公餘吟眺後滿身烟翠入郊坰

和高韻臺五十述懷韻

名士誰甘第二流如君早合占龍頭醜偏有福羞無鹽

憤欲將身觸不周天上幾時修玉斧人間何處借瓊樓

羨他海客忘機好名利無心狎白鷗

我亦紅塵五十年茫茫苦海浩無邊蠅鑽故紙難參佛蠹食殘編不得仙爝火未銷無量刼野狐終屬小乘禪

卽今一足淩兢甚比較夔蚿秪自憐

儆算那及海波鹹峿嶁終輸泰岱巖鐵漢君眞成百鍊金人我願學三緘戰逢大敵心先怯老見新粧眼尚饞

欲把眉顰效西子一時石闕口中銜

齒缺無能再嗽名枋榆鳩搶羨鵬程灰心跡久淹貧宦束髮交都到列卿苜蓿自安無長物萍蓬忽聚有餘情

借澆塊壘消難盡只覺枯腸芒角生

薇垣師賜兒子詩扇步韻

一代靈光殿獨存喬松同壽玉同温遠人久别扶風帳
稚子叨陪北海樽但使一經傳舊業敢希駟馬大吾門
夫子賜詩有他年駟馬題橋後句病軀卽擬歸田里杖履追陪郭外村

贈林忩航同年入都謁選

早從弱冠擁皐比滴露研硃日下帷儒者讀書須達用
古來循吏半經師君今平步青雲上我有微誠白水知
回憶舊游二三子謂梧岡鴻軒幾番珍重話臨歧

王嬙

抛却深宫出塞垣桃花馬上漫消魂胡笳十八應成拍
殿角三千孰比尊縱使烟塵蒙絶徼差勝風雨閉長門

只今塚上青青草春至猶餘舊燒痕

去秋移牡丹一本今春得花五朶邀楊小槎瀓六

昆仲暨姚鐵舟施左泉諸同學讌賞賦詩禁用

珠玉錦繡艷體字

愛忍春寒開較遲百花都讓出羣姿山中縠雨期將近

牆外游蜂信早知嫩要遮陰圍步障潤須澆水汲軍持

謫仙醉草清平調想見深杯酹不辭

縠雨節前一夜風雨大作牡丹無恙用爲花慶

夜聞風雨拚都盡曉起雲霞尚滿闌側近羣芳新似沐

最高一朶大於盤日遲烘檻猶微倦火速開尊及未殘

刼後仙姿倍珍重繞枝不厭百回看

和小槎韻

者番眞不負韶華千里故人同看花數徧郇公雲五朶繞來飛燕尾雙义風翻曲院霓裳舞月上譙樓漏鼓撾醉後豪吟誰最健羨君詞藻獨滂葩

留别臨城同學諸子

滯迹江城十二年傳家舊物只靑氊敢將門第誇王粲多謝生徒愛鄭虔署冷恰宜心似水官貧聊藉硯爲田晨炊夕爨渾閒事花露三升意洒然

上客高軒日日過誰言門戸可張羅問奇遠載元亭酒

換字盧龍道士驚天外浮雲隨眼盡庭前老樹閱人多
捲簾時對青山坐九十九峯橫翠蛾
正爾詞壇掉臂行無端足疾困淵明頹唐座上龍鍾甚
惆悵花間鶴步輕拄杖居然成老子舁輿何敢累門生
桑根山下吾廬在歸臥寒雲空復情
舉家食指衆於蠶歸去來兮恐不堪教子無他惟耐苦
抱孫何物可分甘人因久住憐羈鳥椰尚多情拂去驂
此後相思忘不得遠從江北望江南
賦得隔竹見籠疑有鶴
溪山深處訪幽廬扣戶聲驚剝啄初竹色亂披牆外影

鶴籠遥隔水中居看疑和靖初開後想見雲龍作放餘
半畝清光過客少萬竿密蔭和音疎經秋露下宵聞警
冲漢翎成晝自梳爲問羊公眞賞在氋氃不舞待何如

咏簟

永巷門無剝啄聲偶思高臥拭桃笙拂時但覺涼光透
展處能教爽氣生浪影浮窗宜曉起粟痕添臂識朝醒
五花軟襯匡牀滑八尺匀鋪矮榻平看奕高齋簾共捲
迎涼孤館枕同清何須翡翠方爲貴翻笑鴛鴦浪得名
篤耨焚餘爐正爇臯盧點罷鼎初烹從今識得蘄州價
跂脚南窗蝶夢成

道光辛丑秋子壻金　珉校刊

年姪陳毓燕仝校

小容膝樓詩鈔卷十

全椒王肇奎鶴嶼著　　男城謹編次

晚菊

老圃花都盡猶留籬下枝西風昨夜雨只恐少人知

秋齋夜雨

一室坐鳴琴燈光寒結蕊颯然秋雨來聲在芭蕉裏

秋閨怨

同此閨中月秋來不忍看藁砧今不在何事影團圞

蠶婦詞

桑柔不易採蠶多常苦饑但願蠶不饑買桑典我衣

繅繭成新絲新絲白於雪欲裁合歡襦剪刀忽中輟
抱絲完官糧鬻絲糶私穀秋風未可來典衣不曾贖

冬夜懷汪少岑

明月入我室愀然思故人南飛問烏鵲何處可棲身

水墨美人各綴以詩

茜袂蹹青時拋書去匆遲春風不相待多恐笑人癡勸遊
盡捲湘簾望春光已半歸生憎新燕子眼底故雙飛舞燕
對鏡理晨粧粧成圖草草自惜鏡中人青春容易老曉粧
昨夢渾無緒朝來偶對棋歡情何所似畧似劫殘時教奕
女伴折花劇蹁躚蝶舞多相思不入夢栩栩奈愁何感婕

婉轉拈毫易躊躇下筆難脫將脂粉習枯淡若爲看染雲

纖手理紅絨花團兼錦簇遮莫繡鴛鴦但繡鴛鴦宿刺繡

行路嘆

耕夫日騎牛征夫日騎馬雨衣以油爲所惜不如氐

拍翅頭雞鳴整轡出門外殘夢逐征人朦朧向鞍背

野水截官道一望長波橫山農學刺船力盡船不行

疾雷起馬首馬驚墮深畝杖策泥水中一屨而一跣

我僕三日病蹣跚不能步日暮羸馬嘶停鞭屢回顧

山中吟贈隱者

空山無人聲但聞飛鳥語飛鳥寂不鳴山花落如雨

閉戶日靜坐超然遠世情莓苔嫌履跡不肯上階生

薄暮倚柴扉孤吟和者寡寒蛩惜夜闌移聲就牀下

西崦探寒梅時就僧房宿榾柮煨紅爐爐中芋初熟

寒窗十憶詩

最憶牆東竹清陰耐歲寒故園風雪裏誰與報平安　竹

問訊寒梅樹抽條幾日新江南春信早曾念詠花人　梅

斷酒將三月當筵厭入脣夜來寒漸緊轉憶鄭湖春　酒

自與孤琴別更無人一揮沉沉東壁上塵滿舊瑤徽　琴

雪後一竿絲溪頭把釣時孤舟空艤著鷗鳥亦生疑　釣竿

玉碾雅义子晴窗展畫看碧沙櫥久閉閒倚曲欄杆　畫义

翠羽爇薰籠溫麝夜氣融昨宵鄉夢暖忘是客衾中 薰籠

寂寞深閨夜蘭膏黲素釭玉蟲寒䍃底照影不成雙 燈檠

十載相隨久棠茸質尙溫茅檐朝負曝雅稱阮郎褌 傲裘

客被初裝絮官綿且十斤爭如舊家裏曾着麝薰 灰絮

子夜四時歌

猗猗陌上桑采之宜及早蠶多桑葉稀蠶絲容易老

朝來大堤曲維舟向高柳不采並頭蓮但覓同心藕

蟋蟀噤寒霜郎衣當補緝辭罷淚痕多痕多鍼線澀

朔吹裂層檐雪花如掌墮心怯孤枕寒獨背銀釭坐

由小湖洲至紫沙洲日號

草徑歇微雨湖隄漲淺沙村遥八九里屋剩兩三家

暮雨歸自鄮湖望楓葉

衝泥冒雨鄉村路驢背淩兢興有餘底事吟鞭重惆悵
一林烏桕曉霜初

偕汪草亭暨家九亭先生看鄮山楓葉

絙樹村莊秋意深夕陽明滅弄晴陰衝泥昨日南鄉路
驢背歸來細細吟
春花廿月尚鮮妍妙筆殊非董巨傳忽憶小姑山下泊
半江斜日晚霞天

秋柳

踠地長條復短條西風入夜葉全凋紅樓十里秦淮路

風景誰憐舊六朝

灞橋人去竟如何別恨離情此日多怪底春光太無賴

撲簾飛絮影婀娜

新柳同俞小岑賦

臨風整整復斜斜露葉烟條未作花好語行人休折取

可憐棲處不勝鴉

賣花聲裏聽秋千取次清明二月天騎馬一永豐坊裏過

半欹烏帽任歸鞭

花朝

無端別緒黯魂消二月春光太寂寥欲上簾鈎爐篆冷
斜風細雨過花朝

開門滑滑阻春泥伏枕良辰客思迷夢醒一聲催入耳
雨中先聽郭公啼

論詩絕句

誰將八斗讓陳思典論才華衆所知況有阿瞞奸似鬼
聰明解讀孝娥碑

應劉諸子各爭驅方駕聯鑣總不殊獨有元瑜高格調
別開蹊徑立當塗

升堂入室讓前賢廊廡何人坐比肩一代文章譬江海

分將餘潤亦涓涓
渡江後有柴桑隱亮節高風絶等倫一笑彭城衆賓從
空將文事作才人
宣城太守妙文辭二百年來無此詩試與永嘉較優劣
池塘春草夢回時
犬吠蛙鳴日未休王楊盧駱已千秋少陵一語眞心折
不廢江河萬里流
光芒李杜共蜚聲太息誰能繼盛名拈得浣花香一瓣
後來惟有玉溪生
五字長城未肯降文房聲價欲無雙柳州刻峭蘇州澹

郲莒由來是小邦

豪情勝概美髯蘇丞叔當年愧老夫不分低頭黃魯直

江西宗派却成圖

元明作者竟無多前有吳虞後李何身未交鋒心未服

徐昌穀句豈知同室亦操戈

采桑曲

清晨南陌執籧筐蠶子蠕蠕一寸長不惜黃金作璘藉

幾回私覘馬頭娘

白馬驕行蹀躞痕珊瑚鞭裊綠楊村生來不識諸侯貴

妾與羅敷居對門

讀史

王孫乞落賦奇才進飯何須漂母哀爲語阿婆休乞相

丈夫從不食嗟來

早春集天竺山房分賦得七絶

東風幾日到園林尚覺春寒料峭侵昨夜紅梅香乍放

有人花下獨微吟

晚宿東林寺

古寺平橋一澗横亂峯明滅暮烟生從知面目眞難見

日向廬山背後行

廣州竹枝詞

好風吹入五羊城壯蠣牆邊取次行一十三行纔走過
倚樓誰品洞簫聲
夾衣隔夜喚輕紗上路游人服飾華怪道海南春信早
沿街二月石榴花
珠娘兩足白於霜花鳥蠻花繡裲襠底事腥紅脣欲滴
口銜椰葉嚼檳榔
海幢寺裏吃瓜茶却向花田看晚霞十畝素馨花似雪
豔魂誰弔玉鉤斜
萬里炎荒旅思悲客中何物慰調饑杖頭三百青蚨在
日向銅盤啖荔枝

李飛侯師績學不倦垂六十年手抄書以尺計者不下三四十部逝僅十稔書鬻於市慨然有詠

縹帙猶含墨瀋香摩挲手蹟重難忘可憐老去燒殘蠟
細寫蠅頭字幾行

羽陵蠹簡去無還聚散浮雲自等閒何物崔儦兒第一
不教書籍落人間

初秋集天竺山房看紅蓮分賦

娟娟露氣作新涼零落池蓮剩艷粧定子依然丰貌好
紅霞一抹帶斜陽

去年會記咏芙蕖共擘詩箋錦不如往事不堪回首處

一行秋影雁來初　悼從軒二兒

庚子七夕　時悼亡日近

迢迢銀漢影橫斜竹徑無聲散露華夜靜桃笙涼似水
枕函空放素馨花

碧雲何處度娉婷閬苑層城路定經我有倩魂招未返
欲將消息問雙星

騃女癡牛會也稀兩情終歲每依依臨河好語塡橋鵲
莫遣雌雄相背飛

吳篔園以悼亡詩見示依韻和之

年來書劍嘆飄零況復秋光入畫屏今夜露盤花水事

愁將孤影弔三星
姍姍體態是耶非昨夢依稀入我幃如綆淚痕收不得
明朝添入雨絲飛
薰爐寂寞篆烟消天上人間路正遥悔得當時秋月夜
冷吟閒醉負良宵
此恨窮應未有期九重泉路永乖離相逢阿雋休回首
多事銀盤拍水時 丙子以雋兒殤憂鬱成疾

自題溪山載酒圖

落魄人間一酒徒行年三十鬢毛麤偶然乞得丹青手
爲寫溪山入畫圖

平生性癖愛烟霞詩卷漁竿處士家一棹春江芳草綠

飄然踪跡向天涯

鄱陽春浪碧迢迢却望廬山天際高枕手蓬窗鄉夢覺

一壺清酒讀離騷

打鼓開船不計程蒲帆十幅挂風輕蠟花如雪南安路

萬里蠻烟瘴雨行

琴書飄泊滯遐荒江上蓴鱸憶故鄉今日歸來尋舊隱

壓缸春酒撲人香

數椽屋傍撈蝦渚幾載湖荒種秫田苦戀江鄉風味美

住家先買櫶頭船

雨足江南鷗鷺村滿溪新漲破苔痕更兼繞郭山如畫一帶青青欲到門

乘興探幽日幾迴更因放櫂載新醅寄言同社諸兄弟得便何妨荷鍤來

桐帽棕鞋儘自由短童搖櫓向汀洲夜涼吹笛歌聲起拍拍沙灘驚睡鷗

梛陌菱塘野趣閒綠尊倒盡棹歌還時人不用知名姓家住淮南三隱山

滁陽竹枝詞

滁陽山色四圍中樸地人家綠樹叢杏子櫻桃纔上市

秧歌聲裏雨濛濛

豐山戴帽雨來時柏子龍潭禱最奇便有漁翁趁新漲

城河鮮鯽白差差

二月山花艷作堆衣香滿路晚風回蠻簫社鼓人多少

都向瑯琊賽會來

醉翁亭子鎖烟霞一道流泉石徑斜三五村姑挑菜後

也來風雪探梅花

野渡菴前風景殊歸來小步過城隅一竿斜日青旗影

試向南橋問酒鑪

道光辛丑秋子壻金　珉校刊

年姪陳毓燕仝校

小容膝樓詩鈔卷十一

全椒王肇奎鶴嶼著　男城謹編次

題張夢香惆悵詩後時夢香下世七閲月矣

子野聞歌唤奈何半生惆悵爲情多春蠶苦被柔絲縛空織光明錦一梭

故人淸淚滴何戡我亦年來百不堪檀板金尊風雪裏忍將哀怨唱江南

答張硯香月夜見懷韻

迢迢兩地寸心懸月夜懷人每不眠涼影似知離别恨等閒未放鏡輪圓

早春詞

九盡寒消春早知暖風吹凍綠平池垂楊未放腰肢軟
已有人攀贈別離
閒趁鄉村賽社回斜陽扶醉玉山頹天涯一種愁人意
燕子殷勤遠寄來

有感

不到園林已半年看花時節倍淒然江南好景誰消受
細雨霏霏二月天
一簾寒雨怯春宵心字香灰篆縷消遮莫斷腸人不見
小樓深巷又花朝

低枝深處喚黃鸞喚得新愁百種生不是傷春兼病酒
隔街愁聽賣花聲
出墻春色太匆匆一霎狂飈已落紅自悔當時真箇錯
不曾抝插膽瓶中

明如開士攜畫圖過訪

客中攜杖探寒梅見說名僧過訪回一片野雲閒不住
多因風引出山來
想爾拈毫役百靈陂陀隨意結茅亭就中參得西來意
雲在青天水在瓶

三义河道中

春來幾日閉柴荆如許韶光入眼驚怪得沿溪新梛色

東風五日近淸明

釣艇無人渡口斜臨河多半是漁家春禽底事催耕急

麥隴都開薺菜花

花朝雨

一年幾見花生日底事今朝雨妬花簾外沉沉天似幕

一分春色在誰家

東風斜吹雨瀟瀟冷落韶光盡此朝强上高樓望春色

緑楊低處水平橋

和程垣齋落梅詩

有客臨風三弄笛分明幽意怨天涯孤山品自超千古
肯逐尋常野草花

春暮

夜來風雨送芳菲一色莓苔欲上衣怪得茱畦蜂蝶鬧
鄰園花事已全稀

棲霞山迎　鑾恭紀

沿河人影鏡中涵山色青青水蔚藍一對花翎騎馬過
傳呼

天子發龍潭
千官影動畫圖間羽衛無聲鵠首閒日射赭黃華蓋下

草茅親切覲
天顔
轂棹升輿上曲坡翠微深處五雲多行宫在棲霞山寺從前未
識葱蘢氣翹首名山即大羅
太平門迎鑾恭紀
五色仙霞對綵棚
宸躬親御馬蹄輕似憐仰
聖瞻
天意特地垂鞭緩緩行
焚香掃地淨無埃白叟黃童滿路隈驀地歡聲似雷動

至尊含笑首重回

家園芍藥盛開有感

衣拂征塵客乍歸園林春老尚芳菲不才辜負新花樣

一種開成金帶圍

桐花

此身如在衆香堆素蕊紛紛細碎開昨夜一天明月好

綠毛么鳳可曾來

夢得九亭先生書有詩誌喜醒而記之

半載迢迢盼雁翰纔逢驛使報平安五千里外書非易

細向燈前反覆看

紀旱

秋到人間雨澤稀驕陽那得減炎威新秧未插豆苗死無數饑蝗貼月飛

明星未落荒雞啼井邊汲水人先齊轆轤三丈綆嫌短一石五斗漿中泥

丹陽舟中夜雨

婉轉吳歈最有情無端風雨暮愁生那堪一夜孤篷底不住瀟瀟直到明

姑孰寄內

惜別曾無兒女情唯期奮志立功名好從客館添吟咏

逴答閨中機杼聲

早春懷人

年華半白鬢毛斑絕塞零丁未賜環屈指及瓜期尚逴教人終歲盼刀鐶家九亭先生以洮州府丞被議出關

一肩行李事遨遊四十功名未出頭此日豪情應頓減冷吟閒醉古唐州馮雪漁客唐縣幕中

去年春暮得郵緘迢遞鱗鴻滯覆函玉桂國中居不易肯將辛苦博頭銜含山張叢吉供事部曹時方需次

貧家井竈逼荒年糴米朝鶩射的元多恐閉門風雪裏草堂高臥斷炊烟家雲濤兄

早春風日正清佳儺上公車與計偕記取閶中人似玉

背燈私語卜金釵任少岑述婚三月即上春官

東風吹到闔閭城載酒尋芳遣物情鄧尉山中萬峯雪

有人解作步虛聲蘇州胡湘南題余詩集有云鄧尉山中萬峯雪嚼殘梅蕊讀新詞

不衫不履張公子汗漫游踪道里賒昨歲雁書天外至

傳聞旅食困京華滁州張竹軒遂於古樂府落拓不羈人罕知者好遊近依牛師竹於京邸

東陽詩骨大清羸日聳吟肩墨露垂一毯玉蟲寒影裏

摩挲蚊脚映玻璃俞小岑短視善為小詞

英英風釆照鄉閭炊臼年來嘆寂居秋水遠山相對處

誤人千載馬相如吳愚溪鰥居半載別續新歡非策也

春風幾日辟疆圍消受閒情晝掩門料得石欄頻點筆
一池新綠漲苔痕 江沁梅借園爲吾邑之勝

掞鳳才華久得名墨池飛瀋硏光明枕山樓下重門閉
花裏時聞擱筆聲 吳貧園工書法近館程氏枕山樓

髯也詞華錦不如閒抒緒論發軒渠案頭一卷辛文子
冷笑三家村裏書 吳濟橋多鬚善諧兼工治生之術

早歲詩才織錦機高堂白髮愛春暉憑君好語尋巢燕
莫傍人家門戶飛 張秋竹諜魚莪之奉東裝違行而余已倦遊矣

阿翁邊塞歷寒冬欲往從之嶺萬重雪霽春江新水綠
買舟何日下吳淞 家陵川欲省九亭先生於塞上未果奉母命依舅氏胡松溪郡守爲贅壻

南陽道中詠光武遺跡

大姑冢　碑稱光武長公主葬地

湖陽城闕久荒蕪唐縣湖陽城光武姊湖陽公主舊封去冢百餘里遺冢猶然

說大姑野草荖葹心不死靈魂會念宋宏無

上馬石

漢室中興蹟在茲據鞍顧盼想雄姿蕪蔞粥豆滹沱飯

倥偬誰憐解轡時

走馬岡

高皇天下得來難赤手長蛇馬上看隆準子孫更英武

雙絲絡首弄流丸

焦鼓營

森嚴刁斗耀戈矛大樹將軍坐運籌夜半軍聲喧鼓角一時驚起萬貔貅

柴家岡

柴家岡下拂鞭絲倦馬淩兢去路遲日短風寒天欲雪低徊不似去家時

家右圃作長古見贈僅以稿來不肯書幅扎云非敢憚勞惟思藏拙耳附雙鶴一絕依韻速之

心期明月貢蕭齋忽掩浮雲不肯開到底要將絃管逐等閒賺取夜光來

飯後晤右圃隔垣致語云詩妨課塾此後戒不復
作矣笑而不答疊韻挑之
思將詩禁署高齋多恐心花怒易開草淺獸肥腰脚健
又看馮婦下車來
解衣欲睡右圃復投二絕疊韻和之
三更欲睡閉荒齋驀地門驚剝啄開正是大羅天上使
特分仙果贈來來
也思秉燭訪幽齋醉後朦朧眼倦開一枕黑甜如識路
少時入我夢中來
題一葦和尚壁次徐洞春韻

斗室蕭然不繫舟此心直與太初遊綠苔滿砌啼禽寂
四月山深氣似秋
去年曾泛秣陵舟一室歸來只臥遊羸得橐中詩草在
六朝烟景入清秋

題秋山行李便面

騎驢客到萬山中滿眼秋林客照紅日暮村莊何處宿
一竿斜颭酒旗風

銅陵道中寄內

瘦骨支牀亦可憐病魔底事久淹纏相期逴道歸來日
起拓紗窗坐並肩

楊柳青青南陌頭枝間小鳥語啁啾自慙不是封侯壻
也教閨中悵遠遊

和翟補菴盆蘭換字詩

先生老去鬢如絲手挈滇魚出硯池寫罷雲藍三百幅
墨香滿室露華滋
案頭層疊紙成堆叩戶求書日幾回獨有孫郎能解事
遠從空谷送香來
興來揮灑徧蠻牋花氣香含墨氣鮮別本蘭亭生面在
不須重結獨孤緣

題張鑫秋青溪笑傳奇

十載秦淮感舊遊酒旗歌扇易勾留等閒一覺遊仙夢

江上琵琶估客舟

年來消息斷知聞水榭填詞合讓君怪底風前香竟體

此身曾受萬花薰

送楊小槎七夕登舟

瓜果堆盤佐別筵一聲打鼓便開船知君臥看雙星意

盡拓船窗夜不眠

與竹軒話舊有感

燈花酒氣入深更觸忤離懷十載心最是教人聽不得

子規啼處鬢霜侵

題愛吾廬詩草後詩爲練塘雍者吳鰲作蘭如序刻

市闤來往盡蠅營愛爾詩懷似水清自媿蕭然雙短鬢
不曾危坐對先生

蕭然四壁絕無求萬慮都從一醉休並少乘肩嬌小女
轉將家累笑陳畱

題斷簡殘編便面

模糊字跡認依微餘瀋摩挲墨采飛絕勝鄭侯三萬軸
未曾觸手蠹魚肥

贈宮絅齋

前歲相逢菊正秋九華官舍喜淹畱看花縱酒無閒暇

忘却尊前兩白頭

壬戌九月查賑宿東館喜雨

犖确高田未可耕飛鴻滿野聽哀鳴停車一夜眠孤館
稍喜簷花落地聲

銅陵江行竹枝

大通江口浪滔滔楊山磯頭柳色陰六百丈過八百丈
一篙水比一篙深

緣堤蘆筍碧差差入網刀魚白似脂一霎剪江風乍起
天王山下泊船時

渡銅陵江過小湖洲口號

油榨江邊落照晴輕風吹過晚潮生舟人捩舵前灘去
驚起飛鴻四五聲

道光辛丑秋子壻金　珉校刊
年姪陳毓燕仝校

（清）張佩蘭 撰

吟香閣詩存

清道光二十二年（1842）刻本

吟香閣詩存

滁州張佩蘭紉芳著　　男城謹編次

玉蘭花

蘭有氤氳玉有香丰姿綽約静生芳一從空谷分根後月夕風晨只素妝

寄外

刺繡停鍼倏凭欄不語時懷人千里外歲暮寄衣遲君在姑孰城妾上滁陽道兩地空懸懸唯月能相照

春雨

秋來臥病又春天倚枕閑吟祇自憐已是病愁消不得

那堪陰雨更連緜

涉江采芙蓉

盈盈秋水碧無涯兩岸芙蓉已放花欲買扁舟問消息

紅雲深處美人家

對花吟

憶昔採花立花下每愛花開惜花謝東鄰小姑如我長

花間日日試紅妝折花徐步臨粧鏡爭向鏡中理雙鬟

數年減盡舊時春今日花前憶遠人花開花謝春如舊

獨有看花人更瘦

寄姊

迢迢兩地寸心知屈指分襟四載遲會憶攜琴花下坐
纏綿幾度問歸期

刺繡

鴛鴦生長百花中畫譜描成態未工不敢添絲繡雙翅
恐他飛去各西東

春睡

春日懨懨晝正長唾絨餘倦倚匡牀侍兒解得人心意
展罷衾裯又炷香

盆中并蒂蘭

絕代生幽谷凡塵不敢侵枝枝相對處生小愛同心

種向黃磁斗芳姿絶點塵並頭如解語羨煞看花人

病中對鏡

一見驚非我疑他却是誰平生不相識何故學顰眉

人柳

眠起渾無力腰肢瘦可人盈盈臨水立欲鬬漢宫春

病蘭

風枝雨葉太紛紛春透柔芽吐異薫弱質自拚憔悴久十分調護是東君

綉毬花

梨雪飛殘柳作綿綉毬開放暮春天誰將軟玉玲瓏剪

翦得千花一樣圓

咏蕙

不愛繁華愛素妝天然雅態壓羣芳來從空谷烟霞裏移向深閨几席傍花未全開先帶露人因久坐不聞香侍兒捧得新茶至林下清風對爾嘗

題外折柳圖時將遊中州

折柳東門道送君千里行迎秋風乍起入夜雨初晴翠色連襄水清陰結汴城長條千萬縷不綰别離情

杜宇

何事却干卿離愁太不平不如歸去好枕畔一聲聲

示兒

螢窻雪夜好年華願爾胸中富五車青紫自然如拾芥莫將絃管羡鄰家

題吳安人遺照

年時妯娌往來親瞥眼蓮臺化去身誰抱貍奴倚欄畔披圖我欲喚眞眞

花朝雪

一年幾見花生日今歲偏逢雪妬花二月韶光成冷淡殢留春色在天涯

其二

隔牆隱隱聽鍚簫驀地驚看六出飄多恐杏花狼籍甚

小樓深巷記明朝

將雨

少小深閨愛雨聲擁衾長坐到天明而今病骨先知雨

怕聽蕭蕭睡不成

寄外二首即用來韻

濃雲壓戶重難行翠裏餘寒薄暮生已是無聊眠不得

那堪疏雨滴深更

二

隔牕不住響蕭蕭病目心情易寂寥擁被先教兒女睡

一燈如豆坐終宵

再寄外二首仍用前韻時于役池陽

病起廵簷緩步行鋪階雨後綠苔生隔牆飛過垂楊絮

春老花殘序又更

班騅何處聽蕭蕭庭院無人晝寂寥咫尺齊山歸未得

候門兒女盼連宵

外足疾久未愈書後有懷仍用前韻

放杖君休獨自行籃輿端合舁門生他時腰脚能輕便

雙屐遊山任意更

聞外將至詩以迎之再疊前韻

陌上花開緩緩行歸途香傍馬頭生殷勤洗手烹雌侯
未許饔人野鶩更

寄成兒時客秋浦

連朝梅雨霽天氣半陰晴早晚分寒燠征人自小心

二

一自兒行後心懸百里程歸期定何日休忘倚閭人

滁州道中作

古道樹森天雲山縹緲連溪流淸似鏡萍葉小於錢漸
覺鄉關遠空教景物妍慈親今夜裏無語坐燈前

春日偶成

徵風緩緩動簾鈎催送花香滿畫樓獨倚闌干懷遠道
箇人底事受封侯

紀夢

風姨月姊手同招十丈長虹化作橋醒後朦朧忘枕上
此身猶似在雲霄

二

儂本浮雲世外身偶然遊戲入紅塵誰知苦海茫無岸
欲覓歸途記不眞

病起

遲遲日影裊花香強坐支衾懶下牀却怪侍兒無賴甚

低呼阿姊繡鴛鴦

憶同伴

晝長窗影日遲遲靜坐懷人有所思回憶醉翁亭畔路
輕紈翠袖晚風時

二

數年魂夢隔雲山欲晤還憐縮地艱縱是歸來重握手
也應白髮兩斑斑

病起寄外

殷勤遠道寄來初入手欣看字字珠習靜心眞同古井
消閒手自淪臯盧隔窗新縛荼蘼架課女重臨蛺蝶圖

病裏多君調護意幾回拋却繡工夫

五兒就青陽記室之聘入館後寄詩有新婦和羹之語感賦一絕即用來韻

顯揚他日好名聲有志須知事竟成寄語阿兒應自愛者番原不羨和羹

疊前韻憶母

生憎鷓鴣喚茶聲驚破鄉思夢不成辛苦倚閭人白髮誰調甘旨勸嘗羹

紀夢

層嵐疊疊入青冥忽昇籃輿自在行異草瑤葩渾未識

羽衣毛女遠相迎依稀舊境重來到彷彿前緣記未清
自愧形骸墮塵刼幾時因果証分明

自題滋蘭圖小照

生小香閨愛種蘭春風吹遍玉闌干累人長晝拋鍼線
磁斗沙深手自摶

二

細沙壅後冷泉澆百卉之中品最超清露垂垂香欲滴
小窗和墨寫離騷

三

簾捲吟香日未斜強支病體惜春花徵蘭二十年前夢

滋畹於今有嫩芽

四

一種芳姿不染塵靜中坐對素心人披圖忽憶家山路絶好琅琊澗底春

五

種花庭事滿階庭陋室時時借德馨此意偶爲兒輩覺背裁縑素付丹青

成兒抄吟香閣詩數十首成帙自題一截

敢云少少許勝人多多許聊以怡性情暢余所欲語

懷竹軒二兒時主臨淮講席

六載不相見時懷遠道愁青雲空滿眼白雪已盈頭菽
水供親膳風霜敝客裘濠梁多古迹好續惠莊遊

四十自詠時外官青陽學博

余年届四十今値設帨時屈指去故鄉十二年於茲每
念道路遠愈廑慈母思毋也愛諸昆未若撫女慈勝衣
習女紅緘黹閒中閨諸嫂視若妹言笑何怡怡晳兒教
子學典籍稍能知毋嘗爲我言所事無孽孽憐子嬌小
身兼慮薄弱姿及笄相夫子家計在鹽虀不及見姑嫜
婦心常苦悲黽勉歷年所人事恒多違夫子適中州復
滯鳩江湄時當薦饑後乃又客京師組紃謀饔飧兼課

膝下兒米薪勝珠桂門戶誠難持貧家誰能間骨肉欣
相依夫子將之官千里遂相隨冷官與貧家况味無差
池年餘搆疾疢藥餌無所施三載床笫間肌膚成瘡痍
詎料有今日皇恤身厄羸所喜兒有室中饋將任之吾
兒性肫篤差亦擅文詞夫子咋病足告歸將有期余心
戀萱幃亦覺慰余私昨日得母書乃願兒毋歸余母之
愛子料知日夜思思兒爲此言豈不因歲飢安得負郭
田與母足餔糜余母顧之樂笑言奉期頤余志庶幾遂
余疾無庸醫

憶戍兒歸試滁陽

朔風陣陣響簾櫳愁聽檐聲斷續中料得長途衣盡濕
瓦盆松火夜深烘

心憐游子滯行裘轉爲思兒念北堂一樣寒燈不成寐
半千里外夢滁陽

成兒冒雪赴鳩江臘盡不歸念之成詠

兒行雨雪正霏霏旬日關心尚未歸忽聽鈴䮫門外響
隔窗屢問是耶非

諷金剛經書所得

謂佛無語言我聞已如是謂佛有語言云何豈一指即
有即無中此終亦此始試諷一卷經光明生故紙登我

須彌山濯我恒河水無生斷六根有着去千里念念皆慈悲種種見法喜惟除罣礙心乃悟清淨理靜看香爐烟微風即飄委

讀史感賦

分明一局未完棋黑白須看歛手時依樣畫來殘刼變爭先着處幾人知機當未露參難透勢到將輸救已遲較量滄桑無限事爲他驚喜爲他悲

成見落第歸色頗悻悻詩以廣之

失意胡悲得意胡喜失甯反求得亦偶爾養氣讀書斯爲君子誰怨誰尤孰非孰是九仞勿虧一簣勿止受人

以虛求道自適修行立名毋貽親恥

道光辛丑秋子壻金　珉校刊

年姪陳毓燕仝校

年[illegible]仝校

道光辛丑年[illegible]金 [illegible]

[illegible]

全椒古代典籍叢書

王肇奎集

2

（清）王肇奎　撰

政協全椒縣委員會　編
國家圖書館出版社

第二册目録

（清）王肇奎 輯

陳氏聯珠集十卷（卷一至六）

清嘉慶七年（1802）刻本

陳氏聯珠集序

一家之中兄弟能詩實始於五子之歌其後至漢而安平崔氏安陵班氏又皆父子兄弟著聲降及三國晉而應氏丁氏陸氏潘氏又繼之至江左六朝而門閥之才愈盛烏衣之王氏謝氏彭城之劉氏到氏無不人人有集此又藝苑之美談而名家之艶事矣青陽陳君豹章少與余同師而學自弱冠日已知其能詩別三十年今歲四月訪余於洋川講院

因出所編聯珠集見示余受而讀之則皆其
一門父子兄弟之詩也猗與盛哉陳君家九
華之麓其一門之詩類皆清遠卓犖幽逈綿
渺蓋實有得於山水之助者夫詩小雅言伯
氏吹壎仲氏吹篪疑其爲一家之合奏矣然
世本又著云暴新公作壎蘇成公作篪則似
一家而實非一家也今聯珠一編宛如壎篪
之叠奏且閉門唱和不數歲卽成一集工而
且多復至於此他日連翩直上吾知其歌詠

太平有可以繼西京班氏崔氏之逸軌者又非
江左六朝偏安一隅之世王謝到劉諸賢之
可以同日語矣集凡十二人附錄一人共十
有三人

嘉慶壬戌之秋七月既望陽湖洪亮吉序

陳氏聯珠集序

歲癸巳

太上皇帝詔求遺書安徽學使者朱笥河夫子設書局於使院之西集諸生校錄其中余預焉時青陽陳君豹章以優行舉彙試姑孰試畢留局共事數月歌詩贈答爲莫逆交越十九年辛亥余來秉鐸青邑其姪曰堅曰壤曰坡子曰塾相繼補博士弟子員時時以詩文見質率皆雅麗高華清新俊逸固知淵源所自門

內有師也頃于役九華之南麓過其書堂見案頭有其從兄郁庭詩文集及族兄子聞馭驊族弟魯濱諸詩稿遂各摘若干首并附其子姪之詩釐爲十卷題曰陳氏聯珠集於以見陳氏多才一門之內分韻迭賡聯牀遞和于于喁喁樂何如耶惟是其子若姪年俱少才力方遒他日學益進詩益精摛藻

天廷揚芳藝苑各自著述等身豈乏之名公鉅卿序而傳之哉若茲編特管豹之一斑耳

嘉慶壬戌三月中浣全椒王肇奎撰

陳氏聯珠集目錄

卷九　陳坡

卷十　陳埜　陳埥

陳磊

陳氏聯珠集卷一　全椒王肇奎鶴嶼采錄

陳芳　字郁庭青陽人諸生著有華溪草堂集

溪耕

溪水明如玉旁映幽人屋春樵刈林青曉汲破溪綠水溢原上田歸驅花下犢繞樹聽綿蠻登隴隨布穀山妻餽粗糲野肴雜杞菊達哉齊顏歜晚食以當肉

趙甌北曰逸思俊語欲追鮑謝

溪行

溪雲多氤氲溪路多曲折路出榛莽上下有蛟龍穴歷險遇平沙搴衣弄晴雪鷩鱗入中潭潭深兩厓裂倒影有幽花仰覩無由擷循厓得古題捫讀驚奇絶水清瀠我煩句奇解我熱頹然百慮忘悠然見前哲

鶴嶼曰作者素善山水記此詩寫景如畫而理趣亦見則又以詩爲記也

山行卽事

曉雲初出峽欲起復低飛低飛籠野屋濃陰晝掩

扉久視苔花動始覺緒風微徐開林木尋鳥語報

晴暉山翁啟戶出見客情依依自言兒作苦晴陰

出無違作苦農家分賴此久忘機

洪北江日

靜中悟境

桃花潭

夕陽籠紅樹紅樹映春潭上有幽鳥弄下有游魚

含魚鳥旣知樂予對亦怡顏玩此留連久四壁生

虛嵐欲暝影重垂潭心月一彎

淮上懷古

行經淮陰里淚揮漂母祠一飯皆能報豈忘推解
施母也操眞識漢帝空雄姿進食存王孫王孫作
四縣遂令功名士轉云甘餓而遙望圯橋上子房
跡又奇素書先建白後與赤松期誠恐辟穀早孺
子世無知

送四弟莊

同氣八有五存者吾與汝汝吾少小時形影常相
聚壯歲吾遊燕汝辭甚酸楚繼得高堂書吾卽返
衡宇汝今挾策行何時對牀語前路盡知交至愛

惟同父

任苧邨曰語深入骨

遲暮重離別少壯愛勳名古人名未立志切遠途

輕豈不耽桑梓思無忝所生依依吾與汝何堪汝

獨行顧汝非駑質難安伏櫪鳴汝行當努力高堂

有汝兒

張局齋曰慰勉兼至

鮑叔

分遠存公論地嫌無直詞平生膠漆契難受一時

知咄哉鮑叔牙而乃薦四纍千古此高義志士同淚垂

讀杜工部集

中興杜工部詩名冠有唐羣儒許風雅同調相表彰滿腔忠愛性流溢楮墨行展卷光照人萬丈森寒芒回憶曩存日艱難實備嘗稷契徒自許今古遙相望一官倉卒就舉室如參商恩被得聚首播越轉不常遲遲入西蜀落落棲草堂閒共野翁語醉登節度牀郎署方一命翩然下湖湘雖處烟波

地時時懷廟廊豈知三尺墓千古留耒陽

鶴嶼曰音節疏古

泊荆渚

舟泊荆門渚夜夢紫荆開應有陟岡者念予惻中懷于役人所苦稱意亦悠哉予生多偃蹇動息皆睽乖緬彼遺安叟躬耕南山隈

自勗

流光速如矢智力難挽留道德與事功傑士皇皇求谷蘭當春馥秋菊凌霜稠顏冉德早就渭叟志

晚酬業成有遲速寸陰功當收我年已垂暮常恐
增愆尤

小遊仙

芙蓉峰九兮溪三朝出遨遊兮暮還迓拾遺兮香
嶺期秘書兮龍潭青松爲葢兮碧玉爲簩披雲抉
霧兮息鶴停驂澗之桃兮交贈池之藕兮分甘哀
有生之擾擾兮涕淚潸潸靈旗來招兮乍返雲關
春佳秋爽兮長此追攀

夜棹歌

歸我寒溪棹載我寒溪月溪深夜無人對影棹歌
發歌發濤聲繞烟汀疑有蛟龍潛出聽一棹盪開
波底月銀光零亂如繁星

登黃山

路紆不辨山高下但覺雲氣生衣裳前臨深厓瞰
日脚忽驚雷雨在下方更踏層霄到山寺夜見繁
星低欲墜曉起濃雲鎖山腰反覺陽烏走平地山
中朝暮別有天一晴一陰態萬千闍黎經宿窮幻
景莫道崑瀛境獨仙

袁簡齋曰筆力勁折
魯星村曰奇境被君寫出令我回想十年遊

寄族弟孚聞 其名

牧民一官今得之聽政休將成見持兒是桐鄉有
遺愛當官須記趨庭時循吏聲名他日聞獨嗟南
雁催離羣秋風落月自思我春樹暮雲還憶君難
兄尚在瀟湘渚北望朝朝淚如雨偶因覓食東西
飛恨不隨風振毛羽何當夜雨重開樽聯牀細把
別情數

寄族弟行素 其位

自子上洞庭。朝朝醉眼醒。百花庵前百花發。無端
棠棣偏飄零。心驚蜀魂叫。江樹聲聲會向篷窗聽。
岳陽樓上望鄉處。尺素不到飛鴻冥。聞說士龍書
已至。先我在原嗟鶺鴒。未歸且自勸加飯。江南冀
北相丁寧。

張廉船曰悽警動人

服菊

飲水覺香異。尋源有菊花。托根在巖石。結蕾含烟
霞。仙種無人識。倒影寒泉斜。昔聞楚靈均。飲露餐

秋英還聞朱孺子服食使身輕我身安得有仙骨食之聊以充藜羹

草堂

蓬戸向溪開溪紆去復回波光分緑入梆色送青來雨岸新詩景晴窗故友杯庭篁貪照水修影出牆隈

鶴嶼曰天然去雕飾

讀書山中

身入白雲關方知物外閒客稀仙草碧鹿過石苔

斑長嘯風生谷橫琴月滿山衹因花落澗消息到
人間

嚴南岑曰氣逸
調高逼眞王孟

山家

萬松封谷口一徑達柴門渾噩終今古耕蠶度晝
昏厨閒嫌雀擾籬靜覺蜂喧不問囂塵事惟期長
子孫

重題淸泉書堂

短垣依綠竹曲徑繞淸泉堂入雙峰影池開一鑑

天中郎書自富北海客多賢廿載聯吟地今看榻尚懸

早春

小苑春偏早掀簾暖氣融一花開曉目雙蝶舞晴風緩步尋新蘂同眸盼嫩叢梛梢眉色淺猶恐畫難工

任苧邨日頜聯十字追步陰何

春晴

坐覺和風至由閒信所之山光新雨後草色半春

時隨牧行村逵聽鶯度陌遲歸尋溪月影處處有
花枝

袁簡齋曰妙處多在結

新秋

火雲峰欲歛池館晚生涼野色酣籬槿秋容媚海
棠吹桐風乍緊經漢月逾光只厭蟲聲切兼聞夜
漏長

時月圓日名儁語讀之齒頰流香

九日

貧居無令節寂寞掩柴關野菊隨人淡瓶萸對我
閒捲簾收夕照移座接秋山舊句哦陶杜何須覓
往還

登九華山

地據長江勝名傳太白詩曉雲聯嶂合夜月度林
遲瀑自銀河落峰從鷲嶺移昔人多宴坐巖土足
療饑

朱笥河日起盡九華
之概下更警闢非常

重登九華山

古塔千峰合疏鐘衆壑聞泉聲喧夜雨樹色重朝雲舊社兼僧入新吟少客分徘徊巖際路追憶昔時羣

章謹堂曰詹遠畫所不到

登東巖

寺門東去路更上一層雲寒暑深巖變晴陰半嶺分匡摩供奉句洞記伯安勲佛共留金跡千秋映蘚紋

由黃石溪登天臺峰

别徑緣黃石遙峰隔綺霞夏巖猶積雪春澗未流花僧老杉皮屋客供仙掌茶高亭名捧日從此起星槎

隱真泉

隱真孤嶂下氣塞斗牛邊跡向靈巖幻名因詔使傳陵陽丹竈近天柱碧雲連此處仙蹤異長流一脈泉

穀雨日遊福海寺

古刹藏林晴飛泉對檻明時禽鳴穀雨遊客趁花

晴暖日寒巖酌新詩故友評孤雲無滯迹泉籟有

餘淸

吳怡軒曰通體用敵字

成聯律中又創一格

分水嶺

日車輪向背流水自東西隔嶺聲相應垂崖脉並

低初分纔咫尺漸去即雙溪毫釐與千里指趨誠

易迷

齊山

舟行湖欲盡緣岸上崚嶒古洞碑侵蘚懸崖路借

藤峽窮鶩日出嶺斷看雲與小杜詩篇在賡歌愧

未能

王湘澄曰

意態卓犖

翠微堤

春色滿江涯城南勝事賒修堤通古寺緩步踏晴

沙栁外人沽酒松間客煮茶流鶯爭學語也解惜

韶華

齊山湖待渡

客路寒催馬臨流倍黯然烏横山嶂雨人立渡頭

煙隔水旗招飲沿堤柳正眠數聲漁笛遠徙倚望江天

趙甌北曰三四俊逸摹寫入神

月夜望湖

隄樹已棲鴉湖光漾月華棹歌聞極浦漁火亂平沙銀浪隨天盡星河接地斜遥山青一點明鏡着微瑕

陳古漁曰一片空明

同友望月

皎皎中天月清光萬類分桂香和露染仙樂帶風聞希逸才多麗元規興不羣新詩同賦就藝苑續鴻文

鮑有軒曰
沈宋遺音

和友人遊莫愁湖

莫愁湖上路詞客最關情桂苑分香出蓮舟載豔行凌波魚避影穿柳鳥含聲身托凡塵裏心超入太清

蔣拙安曰麗
語突過白傅

舟行至平山堂

勁盡雲根秀嶙峋聚水涯樓臺耀金碧籬落滞烟霞亂徑花間出千帆柳外斜昔賢留勝跡慕極更增華

遊興

疏慵素寡儔老至卻耽遊度嶺雲隨杖汎溪月在舟詩忘兒代憶酒盡婦堪謀奇興終無極擬探海十洲

任苧邨日小筆風流

除夕代内答贈

比隣歡令節淡薄只儂家白雪騷人句清宵學士茶鑪香煨栢子帳冷畫梅花久識貂裘盡郇醪何處賒

訪友

晨覺韶光媚閒行去路賒翠低依岸栁香送隔溪花簷影魚鱗比隄痕燕尾斜雲中雙鶴起忽憶故人家

魯星邨
曰秀句

雪霽夜訪友

離懷逢霽夜把臂入寒林雙榻梅花月一庭玉樹陰酒兼清語飲詩共素交吟引我登堂拜知因慰母心

袁蘭舫日朗如明月入懷

寄懷從弟蔚白下

男兒輕作客骨肉共憂煎夜雨華溪夢秋風白下船雞聲聯水驛雁影斷江天惟讀馬援傳愁懷一釋然

曉行

煙淡前溪月寒生野岸風問津愁杳渺辨樹亦迷濛村落雞聲裏帆檣客語中遲回不敢發更待海霞紅

客中秋夜

未有還家侶家書幾易封秋深蟲語瑣夜永客思重月色將移竹濤聲只在松鄉山如入夢猶得數芙蓉

洪北江日情眞語眞得少陵之神髓

晚尋村店

臘近路偏悠蕭騷雨雪稠雲開知日落山斷放溪流野樹寒鴉色孤踪旅雁儔拚沽深夜飲明發解貂裘

鶴嶼日名儁之句其鍊在神

江行晚霽

晚晴風縷細舟子語無譁帆影隨波轉天光倒岸斜樹籠隄下日人浣水邊霞更看雙鷗鳥浮游逐浪花

暮至翁嶺下

崔巍復崔巍還愁暮色催淒風生袖底落日在山隈野鳥呼羣宿村童帶犢回林邊三兩店却喜見寒梅

出西冷

回首西冷道馳驅興已闌斷雲峰一角斜日影三竿野樹紅偏早渠荷碧欲殘每悲羅給事垂老就微官

朱心垣曰結語悠然令人諷詠不置

下峽

爲憐工部句。更憶武侯勳。歲月三巴老。賢愚一瞬分。蜀江晴擁雪。峽廟夜棲雲。此處猿聲異。非同秋浦聞。

客歸入江南境

自入江南境。風光卽故鄉。萬家楊柳色。千里稻花香。烟雨南朝寺。虹霓北渚梁。奇峰行處見。翠影接蒼茫。

客歸早發石埭城

曉漏出西城春烟郭外橫溪山行處異村落到時晴向日鶯初滑含風花半傾近家思愈切野色緩歸程

歸里

歷盡波濤險方知桑梓淳鄉山如拱客林鳥似呼人一路溪聲舊幾家茅屋新到門鄰里滿迎問意何親

莫樸齋曰到家光景宛然在目

蒲葵扇

炎海叢中產清涼腕下招擁懷明月滿拂座碧雲

搖致逸如揮羽書狂可代蕉提攜因謝傳聲價重

崇朝

琳

玉設仙人室繩聯處士家豈期牙笏滿應夢彩毫

加卷幔鋪明月攤書襯落花尤宜施百尺高卧入

雲霞

任苧邨曰二章托體

高妙故有事外遠致

華溪草堂

溪枕名山屋枕溪窗前倒影萬峰低輕烟嫩柳歌

黃鳥暖日長松舞碧雞尋勝最宜春岸曲歸林每

覺晚扉迷小橋時有雲遮斷不使遊人過水西

沈梅隴曰寫

出仙境如畫

不是尋幽避世譁蓬廬舊比野人家一灣水護遮

門竹半卷書迎對榻花有客調琴兼煮酒看山話

勝帶評茶閒多別遣毫端興戲寫斜陽幾點鴉

垣短千峰帶瀑攢身閒自覺數間寬春風稚子聯

書案夜月詩人倚畫欄豈有隆名同郭泰惟餘穩

臥學袁安柴門不掩清溪色日與鷗鳧相對看

鶴嶼曰雅

韻閒情

莫問蓬瀛事有無此間隨意取歡娛芊生綠野麋

呼侶浪暖清溪鴨浴雛諸弟愛吟輪唱和鄰翁對

奕互贏輸時人浪比林逋宅爲有梅花映水癯

任苧邨曰四章遊神象外結

想環中駘瀹冲和高情如挹

草堂獨酌

溪山勝處托閒身倍覺幽情莫與倫處士應門惟

使鶴高人去榻更無賓花飛蔣徑紅常滿苔上劉

階綠自匀好景眞堪酬玉斝時邀風月共佳辰
數椽舊結此溪濱岸樹依依野鳥馴未識鍾期誰
是友不逢王翰我無鄰酒酣得句頻驚座性拙爲
言易侮人惟有煙波堪寄興碧潭深處日垂綸

醉吟

勝事都於閒日集豪情自覺晚年賒兒爭移榻知
憐月婦勸開樽解惜花松菊猶存陶令徑詩書未
散鄴侯家狂歌不復愁駒隙逸韻鏗然入紫霞

趙甌北曰想
見高雅之致

貧居

久謝門前長者車空齋無榻解留徐客稀誰放雲

中鶴歲歉多挑雨裏蔬差喜貧堪醫俗骨可能老

更著奇書桃花徑達清溪外剝啄還因好事漁

元日

林園一夜梅花發細雨輕風暖律初鄰叟隔籬分

臘釀童孫繞膝捧春蔬病軀強起因佳節老眼時

揩爲異書淑氣迎人行漸健緩扶藤杖數溪魚

春霽

春回景物自亭嘉霽色迎人與倍賒宿雨綠滋遊陌草夕陽紅襯隔溪花移枝向暖鶯聲巧傍水銜泥燕影斜風度遠林飛酒旆芒鞋緩步踏晴沙潘蘭如日夕陽句恐畫不到

春興

病軀原不耐憂煎信步閒遊獨莞然探勝最宜新雨後賞春都在落花前一節淡日輕風路到處嫣紅嫩綠天夾道啼鶯催客詠頻將蘚石作雲箋

秋興

暑退風清引興長金天勝事比春陽輕搖紈扇迎
朝爽細貼羅衣備晚涼開到海棠秋亦媚折來仙
桂夜尤香星河月殿傳佳話每對晴空醉玉觴

雨後閒望

輕風到處拂塵煩憑眺何嫌老眼昏晚浦雲陰蓮
結子秋郊雨足稻生孫魚蝦繫滿東西市雞犬相
聞遠近村最喜舟人喧笑語持竿泊岸比潮痕

魯星邨日
似放翁

秋日溪行

閒逐緒風尋牧笛一川爽氣愜幽情蓴鱸正美歸
張翰婚嫁方完學向平雲物每逢秋後好溪聲自
覺晚來淸小橋斜日人徐過白髮青藤倒影行

王蓮府曰五六天
趣凑泊無象可求

偶過山家

因聞雞犬識人家繞屋松篁石徑斜巖花驚雷收
紫筍籬蔬過雨摘黃芽翁歸婦女盤飧具客至兒
童笑語譁休說武陵藏異境深山到處樂桑麻

遊華南未名山水

流泉引我深雲去流曲不知去路高麥隴雉分山
奇淚松林人聽樹頭濤披榛覓勝名多創拄杖留
題興自豪從此巨靈胥獻秀楚南新得柳儀曹

章華巖曰
事外幽致

遊考坑庵

山禽何事呌鈎輈不爲崎嶇罷勝遊松徑人開通
古寺石門天做納羣流雲中遠吠淮王犬花外閒
眠巢父牛及到鐘聲初起地杖藜扶遍小蓬邱

沈香澧曰想其落筆時
有搖五岳凌滄洲之槪

秋日同諸姪遊考坑庵

石秀桐疏境自幽雙泉猶合小溪流斷橋煙鎖懸蘿冷曲徑風迴落葉稠陶令重尋蓮社約阮家愛共竹林遊頻來愈覺巖巒勝不復潭西買小邱

周蓉衣曰隨題抒寫自饒逸致在盛唐中最近右丞

望九華山

濃青瘦碧映江濆綽約芙蓉姿不羣七布泉飛天畔雪五釵松結嶺頭雲愛同太華劉賓客身隱少微費子軍奇秀未能收拾盡向南山色我猶分

吳怡軒曰
天然對偶

東巖

行到東峰峰盡聚東峰似舫兩崖分秋高鷹石臨風立春暖龍泉帶雨聞苦行僧餐巖下士豪吟客卧嶺頭雲天臺有路招劉阮更訪胡麻閱水濆

[illegible]

五溪曉望九華山

羣山掩映芙蓉出隔水瑤姿秀且娉日上崇巒金作頂霞明半壁錦爲屏連峰青斷因流瀑叢樹綠開閒着亭立馬溪橋頻眺望欲招供奉此重經

五溪望華亭

萬壑懸流若建瓴孤亭嵌壁納清泠夾堤烟樹分行綠傍水晴巒對影青春渚沙明畱鶴跡夜潭波遐覽龍腥潤津時有乘槎客老衲先期識使星

九曲宿五溪望華亭

何年締構在山椒攬勝真堪慰寂寥鳥蹴長虹歸嶺樹馬衝殘雨過溪橋雲收天半芙蓉淨春到江南草木嬌玩久不知新月上少微仙侶起相招

徐薌坪曰

雅鍊不佻

下山復至五溪登望華亭
回首修纖猶在望眞如綠水湛芙蓉峰連遠靄攢螺髻瀑落懸厓掛玉龍礙月祗因欄畔石入雲都是寺前松長虹吸盡溪山色更上高亭盪客胸

吳禮園日奇景寫得出

白嶽

誰將巨斧劈天門路入仙宮不覺煩秀起鑪峰當戶下高懸珠瀑落巖根地鄰黃海雲霞接名並武當靈異存石室應藏塵外客一溪隔斷野人郵

虎邱

晴春晝檝過山塘，岸市頻來草木香。海湧峰藏僧寺裏，鐵花巖壓劍池旁。美人顏色餘荒土，覇主勲名付夕陽。歷覽前蹤誰可仰，伊川門下舊書堂。

與吳振彩翼成族弟馭驊枋各賦詩言懷即步吳韻

風塵老我我何成，隨分溪山過此生。已學漁樵身便隱，乍拋書劍氣猶橫。詞壇宿倚鵷鸞侶，滄海今同鷗鷺盟。聞說遺安惟隴畝，短蓑還效鹿門耕。

秦淮旅次逢秋浦王遜菴　元梅

烏衣舊族澤常新燕翼還餘秋浦濱今見杏花郤畔客重尋桃葉渡頭春才名早接右軍武雅度尤推丞相倫淮水由來長不絕如君又是啓宗人

秋晚懷人

雲淨天高景色凄晴空極目轉多迷淸霜曉滿黃花徑紅葉初飛烏柏隄征雁影橫秋水外寒蟬聲斷夕陽西故人一別陽關遠四度金風尙寄棲

袁簡齋曰

中唐佳句

客歸

閒窗日日送晴暉愛此都將世事違出谷鶯非求食去繞梁燕爲哺雛歸山妻喜對二紅飯繡婢新成百子衣多謝故人書遠寄殷勤勸我守柴扉

櫓聲

底事雙催小艇移正尋鄉夢數聲隨咿唔水遠天長處嘔軋烟消日出時征雁呼羣頻欲下哀猿求侶乍相疑江湖托跡常飄泊入耳彌增過客悲

臥牛石

想因行雨失龍湫一臥蒼苔萬古愁天上還從銀漢覓人間久伴石牛畱敢將紫氣驚關吏惟對清泉傲許由聞道精靈常不昧花蹄夜夜印巖頭

王蓮府曰渾脫瀏離學人才人一齊頫首

春草吟寄從弟蔚

春生南浦別思遐乍覺平蕪入望賒低襯垂楊青不斷遠迷流水碧無涯芊緜好趁慵飛蝶搖曳偏攀已墜花爲憶王孫歸未得池塘夢入謝公家

鮑三溪曰雙關入妙

素心蘭

入室初聞香滿座披叢喜見異葩存晴皐含蕾珠畱跡夜晼生花月有痕恰稱階庭陪玉樹還宜籬落伴梅魂素心原可依晨夕蘭臭同心贈一言

茶花

一望平疇春似錦黃英簇簇翠條攢晴郊向日流金液花信因風拆蠟丸嫩蝶羣穿聯翅隱新鶯乍過辨形難重吟張翰園林句爲語詩人莫誤看

莫樸齋曰刻劃不傷雅

東皐忽遍中央色。緣得坤元氣獨深。漠漠淸宵微月印。陰陰午薄雲侵。雖殊金粟如來現。也稱黃冠野老尋。堪笑劉郎春興淺。桃花謝後卽悲吟。

白菊花

幽葩厭作黃金色。開到貧家也淣粧。元亮醉迷三徑月。易安瘦伴一簾霜。淸姿不滓明秋水。素質無華殿晩芳。佳節白衣人乍近。花叢欲辨只尋香。

鶴嶼日居然
藐姑冰雪

殘春

風雨曉窗過枝頭春幾何子規啼不住起視落花多。

李芝亭曰搖曳多姿

華溪

松聲撼危石山勢遏溪流野鳥如人語深林引客遊。

九曲華溪路鶯歌次第迎人依春草坐壺對野花傾。

雪潭

皓月并溪流寒光照石穴我來拂苔磯坐弄深潭雪

牛渚望天門山

白浪掀天出青山對岸橫帆隨東日轉人向上流行

舟過蕪湖

暮雨遥山合濤聲亂客愁大江新漲水應有九華流

西湖

垂楊迷衆刹隔水接鐘聲十里荷爭發遊人無恨情

秋夜懷從弟蔚

程裴庵日起十

字寫盡西湖

團團秋夜月不知離别傷在地照孤影在天照鴈行

有鶴

有鶴在雞羣羽毛嫌太潔願將六翮韜莫與衆形别

春日

繞屋綠羅春水壓欄紅錦桃花告婦安排酒盞呼童檢點魚叉

華溪橋亭

岸曲橋橫綠樹齋書堂佛寺水東西溪亭日映欄干外九十九峰影盡低

春雨

小溪春漲碧侵籬屋角東風滿樹枝終日鵓鴣啼不歇桃花林外雨絲絲

魯星郵曰

似樊川

疊石

歷盡嶙峋與倍濃歸來猶自憶芙蓉階前疊石呼

童問認是曾遊第幾峰

洪北江曰比石橋南畔之意

措詞尤活故丰神極其駘宕

垂釣

知微巖下桃皆碧昭象臺前魚盡斑欲把磻溪閒

歲月分來老我水雲間

種栁

和煙帶雨插牆隅嫩綠輕黃淡欲無爲是陶公門
畔樹閒庭也種兩三株

王湘澄曰雅有別情

探梅

爲訪寒梅到小溪傍橋幽徑雪新迷有人指點雲
中鶴處士園林在水西

寄懷從弟蔚

故園棠棣久成叢羈客貪看荔子紅聞說閩天秋
雁少錦書何日到江東

章謹堂曰用高達夫語雅切生新

秋日寄從弟蔚

得句更無人屬和尋思惟共月徘徊秋空處處成行鴈應有新詩遠寄來

孫華陽曰婉摯多風

送從姪國體北遊

汝是階庭玉樹姿此行應占最高枝竹林好景還須記到處休言叔不癡

袁簡齋曰好身分

早春柬友

思君久拂南州榻空谷音如金玉遐此日東風催客駕草堂已見早梅花

訪人不遇

九曲溪流一徑通數椽茆屋兩山中柴扉半掩人何處一任松蘿鬥午風

春晚逢人

只道春前君便至相逢春事已繁華留君少共今宵醉窗外來朝有落花

趙甌北曰宛轉回環
不滅夜雨巴山之作

憶別

久立荒郊日欲頹相看無語兩心摧登程猶望重回首卻爲愁深不忍回

贈叚叶六明府 中律

從來勝地屬眞儒九九華峰廿四湖踏盡溪山膏雨徧不須仙令說飛鳧理罷琴書出放衙淵源伊洛治無譁更緣家近河陽縣愛種春風桃李花

挑燈

路給聲馬蹄冰先世清芬遺碉在拂塵捫讀亟

煙羅歷奇峰當檻雪巘嶒鐵家齋鬢八佰月一

溪亭寂歷暮寒增木落平沙凍欲綻蔬樹隔橋

思先人創建之艱敬賦一律　陳捷

宿五溪讀化城橋碑記見五世祖後于公名囦

上讀。可憐孤景對秉潮。

鄒齡隨侍過溪橋。聞道新詩格獨標。今日遲從亭

堪華亭讀先大父詩

長林懷杜彥之

牧鴨空餘湖水綠。囘驢只有嶺雲知。鳥聲花影春長在。時憶風流杜彥之。

秦淮聞歌

十里清淮梛映隄。六朝風景板橋西。誰家歌舞樓頭上。一曲初殘夜月低。

滄浪亭

幽亭舊結水之濱。長史當年此養眞。無價淸風與朗月。邇來管領又何人。

至蘇州値歸愚先生旋里

平生著述滿寰區歷盡清華守故吾一代詩名歸

李白五湖煙景屬陶朱

揚州

珠簾十里映晴沙廿四橋邊半酒家畫舫春風喧

笑語爭傳嶺畔看梅花

吳越王鏐

徒解偏隅力易休頓忘大計事唐讐當時最服高

僧識不許詩中益一州

苕溪訪友

春風棹入桃源路細雨寒流認落花隔水遥聞鸞鳳嘯知君釣罷晚還家

沈梅朧日明淨疏爽如春綠初滋秋翠欲滴

贈錢塘令

東望海門接泬寥秋風落日客停橈故人作宰錢塘縣徛鼓聲隨早晚潮

江南道中

春風千里江南路日日鶯花送客行但遇故人多

飲酒好留題處便書名

袁簡齋曰雅極

江邨杏花

江路旗飄見酒家壓欄杏蘂色如霞故園一樣逢

春樹可爲歸人緩作花

春閨吟

待得春來春已賖尋春又見日西斜空廊獨立愁

無侶卻羡牆陰姊妹花

對鏡

莫道蛾眉不讓人憐香別自有情眞只緣玉貌嬌無比還對菱花覓兩身

鶴嶼日錦屏透

剔玉鎖玲瓏

棋

妙悟河圖數裏得閒身悔未橘中逃偶於殘局逢樵客卻被人間識我曹

畫桃花

筆端春色浩無涯閒寫仙源一樹花好把紅英藏玉軸免隨流水引漁槎

題美人撲蝶圖

閒因捉蝶下階行蓮步遲遲蝶翅輕撲蝶誤將花片落回身滿袖是紅英

叢松

孤松偃蹇老巖前雪虐風饕意闇然野草自知無勁節早將春色取人憐

水桂花

嫩黃簇簇綴枝新名托仙葩臭味親不是姮娥天上種也分金粟化餘身

任苧邨曰
意致蕭疏

自題詩卷

元詩宋句幾回過卻悔從前攻苦多會得松風流
水意左司沖澹右丞和

張竹軒曰得
失寸心知

陳氏聯珠集卷二

全椒王肇奎鶴嶼采錄

陳其名 字于聞青陽人乾隆戊子舉人官平谷知縣著有天柱詩草

除夕自津門赴南路夜宿楊村驛

終歲苦奔馳不覺又除夕人人皆言歸而我獨遠適豈不懷宴安無乃非循職況此逆旅中何分家與客驅車出關門蕭然賦行役驢背曉霜花沙堤落日色向晚顧僕夫假宿楊村驛驛邊數十家門戶悉裝飾男婦各欣歡兒童爭跳躑夜來具壺觴

團圞繞芳席顧我宦遊人孤燈照寒壁因此憶故鄉遠隔天南北老來兒女情未免心惻惻

鶴嶼曰語朴情眞自然佳妙

和衛淇泉明府正夏日詠懷

嫣嫣空羣姿凡目迥不覺一蹴致青雲方可辨頭角顯晦良有時誰能禁謠諑明哲具幾先慷慨尙清邈高情寄冥鴻麗句媲文鴦不受俗人憐暫爲拙者樸長夏開北窗琴清酒復濁何以謝炎蒸冰雪自湔濯

題吳瀹源聽泉樓

芙蓉之水千丈落飛沫驚波相噴薄主人擇地起高樓藏修豈爲耽邱壑樓上碧窗次第開好風時送泉聲來瀞煩除燥淸如許洗盡一切凡塵埃天光雲影共吞吐靜聽分明難比數時而澎湃似松濤倏爾瀝滴如竹雨喜同戛玉怒奔雷輕則鳴絃重鐘鼓疾徐高下日紛紛座上知音隨意譜須濘潗潛碧潭深繚竹何如山水音雨餘春溜伴朝讀月明空山和夜吟請君試看樓前水生機活潑無

渣滓此景惟有智者知此聲不入俗人耳君家家
學有淵源陸海潘江差可擬羣流會合信有期坐
看風浪破萬里

吳怡軒曰錯落如跳珠層出若抽繭

梅豪亭

春光已遍江南北路入豐山訪消息中有老梅大
十圖云是當年杜公植雪壓霜凝七百春蒼蘚盈
皮花滿身冰枝鐵榦世無比樛曲離奇如有神先
生探勝陟邱壑肯使癯仙終寂寞爰築新亭續舊

遊曲檻横斜勝籬落亭成不必彷紅羅古色何須
艷曲歌榜懸亦不題玉照清光自爾相炫耀想見
先生意氣豪縱横詩酒洗塵囂錫以嘉名揭素壁
香韻時並清風高君不見姑蘇鄧尉山前後千樹
春風百壺酒雪海香濃邀品題遂使孤芳常不朽
又不見揚州東閣花盛開耽吟水部還重來千秋
蜀岡留勝蹟至今過客猶徘徊

晚望

飯罷徐行候前村半落暉棲鴉爭栁岸歸鴨識柴

扉峰影和烟没鐘聲隔澗微鄰翁相語久不覺月侵衣

吳禮園曰晚景如畫

春晴

雨霽春遊好詩囊問小奚鶯翻花上露燕啄道旁泥南澗深纔尺東皐足一犂山行曾有約尊酒正堪攜

重陽

已到重陽日東籬菊未開自憐青鬢短誰遣白衣

來石露灘聲急山空木葉摧登高聊復爾慚愧詠
糕才

雨夜書懷

不慣經年別那堪隔死生長宵供細雨孤枕度殘
更已了尋春願空懷對月盟簷前頻滴滴恰似此
時情

曾宛平日空階
夜雨嗣響安仁

趣涉園

剛得數弓地橫拖一面欄草多生虎耳花半是雞

冠池小瀦新雨牆低接遠巒主人能作賦應比庾
園看

暮飲田家

地僻春還到山村暮靄新園香花醉客簾捲月親
人病後難豪飲田閒最率眞得嘗雞黍味晉接不
嫌頻

山莊留飲

雞黍申前約來尋處士家門隨靑嶂合鄰遣翠篁
遮足倦惟宜酒山寒欲放花主人眞愛客歸路夕

陽斜

從閬圜上天臺峰

從此天梯上羣峰一望中巖空茅屋補路隔石橋通嵐氣常疑雨花香但信風疏鐘何處響絕頂梵王宮

華雲庵夜坐

山寺窮秋夜高齋睡未能悲心驚落葉孤影伴殘燈酒斷愁難卻天寒病易增塵緣徒自縛方美對牀僧

和鮑雨辰明經震省試後到山偶作原韻

峰高秋氣淨樹老翠光微恰着登山屐還尋釣月磯菊寧甘後放鶴不等閒飛剩有林泉伴相邀話靜機

五溪展汪侍郎墓侍郎名珊貴池人

翁仲何年物高風仰侍郎一揮清凱水十漸凜秋霜績著碑銘古蹟留史册香佳城依岸曲澤並五溪長

袁蘭舫曰一揮十字包括侍郎平生

夜泊三江口

扁舟輕似葉向晚慰驚魂秋水江三面霜天月一痕潮聲喧蟹市燈火辨漁邨太白祠堂近令人憶酒尊

遊青山莊題共語軒

王白齋曰壯濶中別饒清靜之致

欲語誰能共還成獨自遊半潭空映月三面已驚秋（軒內有秋水半潭月春風三面花聯語）畫棟高棲燕平沙穩睡鷗主人何處覓江上一扁舟

壬辰南旋登眞州城晚眺

向晚秋光好高城望杳然殘霞明遠岫飛鴈沒遙天客散江頭市漁喧渡口船故鄉何處是只在白雲邊

客邸秋夜

只道離家好依然寄恨深苦遭連夜雨愁聽隔墻砧漏急芳魂杳牀空冷氣侵遙憐兒女小誰爲覆寒衾

鶴嶼曰文生於情

天津望海樓

地據津門勝高樓氣概雄接天春易雨近海夜多風煙樹三岔合雲帆萬里通南飛無數鴈何日過江東

洪北江曰通體雄健頷聯寫盡海濱光景

古北口

相傳秦代築邐迤障山隈遠堞雙虹落重關一線開塵高看馬去鈴響辨駝來中外爲家日休誇鎖鑰才

全穆齋曰似唐風集中語

自捷地晚回滄州

日暮溪風緊天低海氣連計程幾萬里學宦已三年歸鳥沒殘照疏鐘飄晚烟沿隄頻訪問應有故鄉船

潘蘭如曰江蕭疏之致

鐵匠營舊寓

鐵匠營前館臨溪一徑斜到門仍是客久寓即爲家小市鑪堪食鄰壚酒易賖年年重九節來此醉

黃花

宿龍泉寺

勞勞車馬客向晚駐山阿寺古涵秋早林疎得月多僧能空色相龍解聽彌陀苦是無杯酌緣何引睡魔

津門贈衛淇泉明府正

張竹軒 日幽秀

人生不得志搔首問青天十口家三處孤舟病半年琴書增寂寞親友罷周旋相慰惟杯酒陶然復

悵然

大凍過南皮柬衛淇泉明府

臘月南皮路風霜冷最殊鬚眉皆綴玉咳唾盡成珠瘦馬拳如蝟饑鵶縮似雛一寒已至此曾念贈袍無

寄示長女絡

有妹汝居長無娘我倍憐詩吟風際絮音辨月中絃苦背先慈訓深叨世父賢將來餘薄俸隨數買花鈿

大風過滄州

朔風將作雪向曉更蕭颼沙起能穿袖飈迴欲拉裘冰河車懼覆霜樹鳥難投此去滄州近逢人問酒樓

夜過安州

向晚未停泊春潮正上時槳搖城影動帆轉月痕移客路行靡定家書到故遲服勞今日事不敢怨奔馳

平谷官署

山城如斗大。終日卻安恬。政簡能藏拙。民貧易養廉。惜花晨掃徑。待月夜開簾。退食無他事。惟愁酒債添。

繞城三十里。計戶四千餘。地薄多旗產。壓廬半客居。膠庠兼稼圃。商賈帶樵漁。所喜民風古。能容吏治疏。

袁簡齋曰敘述小邑精確不移而政事之清閒亦可於言外想見

晚從昌平赴沙河留別甄孝廉

沙河猶廿里。出郭已黃昏。雪冷欺裘敝。肌寒賴酒

温鐘鳴知古寺犬吠辨前村方羡高吟客圍爐早閉門

三月杪自保定府至白溝河

百里行三日一車坐兩人遊蜂喧暖日新柳送殘春盡道官塲好誰憐客路辛白溝河水淺何處是通津

王𦮅齋曰起得警闢
第四語陳意皆新

四月晦日雨後過楊家莊

入夏幾成旱雨餘生曉涼細萍浮野渡高柳擁山

莊市集閒人少耕鋤到處忙家家懸艾葉知是近端陽

春日郊行

難得春時雨況當雨後晴烟濃垂柳重風細落花輕上市傭工語沿途賣餅聲勸農惟宰職載酒事郊行平谷西關有人市傭工者俱集此謂之上市

修白龍潭路

靑洞山前路年年須備過穿崖平石磴担土疊沙河本爲祈甘澤何妨補晩禾通長四十里不敢說

勞多（路係新開地面民開俟夏至差竣補種晚禾）

即事

退食事無餘淸閒似隱居堂空貓伺雀池淺鷺窺魚得句拈唐韻銜杯讀漢書素餐非所願何日得懸車

咏劍

本是雙南品況經百鍊深時常騰虎氣夜定作龍吟秋水照人眼霜花寒客心從茲逢薛燭價豈值千金

郎栟塘日作作有芒可
與少陵蕃劍並傳千古

憶故園梅

最是關心處庭前手植梅五年花下蔓幾度雪中
開疏影誰相伴香魂定見猜山居無驛使不寄一
枝來

詠盆松

具此凌霄質緣何這許長由來遭屈抑喜不逐炎
涼苔細蒼鱗潤濤輕翠鬣香回看桃李輩誰是耐
風霜

登九華天臺峰

芙蓉絕頂是天臺。一綫危梯度得來。十五里鐘銜月上。兩三家寺傍雲開。洞因多曲煩僧引。峰不知名任意猜。到此方能寬眼界。人閒端的有蓬萊。

袁簡齋曰名句

初晴有約春行者不果

徹夜牢騷夢不成。山窗曉日聽流鶯。溪聲入枕全疑雨。花氣侵簾半放晴。本以愁深常抱病。況逢春好更傷情。青鞋布襪殘針線。一覷空箱便懶行。

袁簡齋曰
中唐佳境

首夏郊行

梁間燕壘濕芹泥雨霽平疇足一犂消受餘寒輕
暖日行經芳草落花蹊秧成碧毯溪光潤麥刈黃
雲隴勢低知是前村新酒熟小帘遙出板橋西

客至

蝸角廬周麑眼籬久疏迎送起常遲鶯欣客至花
開報鶴避人行竹裏窺向婦空謀茶當酒任兒潛
聽飯成糜年來只話山中事除却桑麻總不知

章謹堂曰運典如自己出

灌園遣興

先業猶留半畝宮閒鋤蔓草掃殘紅引瓜上架時遮日種豆編籬好護風淡泊自能淸世味栽培聊以助天工也知學圃尋常事博得人呼賣菜翁

春日睡起

鶴嶼曰閒中妙趣

詩篇狼藉枕欹斜一覺朦朧看九華宿雨晕添依檻柳午風香透壓簾花鼠鬚筆搨蠅頭帖蟹眼湯

煎雀舌茶接得溪南春社東來朝又喜醉鄰家

秋夜自荆溪返毘陵

荆溪荏苒滯行裝復返毘陵似故鄉烟月應多離

別恨琴書也受道塗忙孤舟永夜人千里久客深

秋淚幾行爲念東籬歸未得况堪時節近重陽

壬辰舟泊老鸛觜

岸曲流回浪起花扁舟傍晚泊江沙行經兩月鄉

關近笑計三番客路賒郵酒已醲登早稻海潮初

長上新蝦篷窗遥見雲深處數點青峰是九華

曉發高陽

輕車快馬出高陽向北風多曉更涼是處瓜田留析韻幾家茅店露燈光經年已負琴書約作吏頻添道路忙算到中秋剛半月故園曾否桂花香

九日過安肅白塔舖

吹帽風來手自扶路經禪院上浮圖村邊霜葉濃於染天際雲山淡欲無到老偏嫌佳節促深秋倍覺旅懷孤三年未向東籬醉料得黃花遠笑吾

秋後八日東高村觀荷

東高村水碧悠悠萬柄芙蕖一色秋具此清香標
品格也將紅粉競風流芳塘路窄難容馬曲港花
深好放舟宛似齊山湖上飲十年不覺起鄉愁

鶴嶼曰新麗

口外

喜峰東北望茫茫知是當年古戰場霜地日光連
草白風天沙氣入雲黃平原吹角秋歸馬遠堡鳴
鉦夜逐狼幸際太平休養久儘教流寓作家鄉

莫韻亭曰調高響逸嗣音盛唐

登宣化鎮朔樓

保障中華第一州凭闌遙望思悠悠嶺通八達乾坤近河入桑乾晝夜流身世幸無逢墮淚功名何必盡封侯春風關塞平疇綠好譜恬熙入鳳樓

洪北江曰起語雄渾五六運用鎔化

同作　陳其位

高樓極目杳無垠二月邊城柳色勻勸石燕然慚破虜牧羊圭木笑孤臣烽烟久斷千山淨殺氣全消萬壘春沙漠盡成耕耨地麥苗無處不

懷新

秋日李陵臺懷古

似掌平原一望開登臨云是李陵臺鷹鷲戍角穿雲去馬踏邊沙動地來驕主定然輕士卒將軍殊自累嬰孩至今指點河梁上荒草萋萋暮色催

夏日郊行

綠樹村中夏屋啼來年收盡稻苗齊蠶姑煮繭祠辰馬餉婦炊烟聽午雞餅熟誰家香正烈酒多到處價全低農夫共話明朝雨好趁輕陰種菜畦

朱心垣日對仗工緻巧不傷雅

新秋夜坐

井梧綠淨沼蓮紅。夜坐涼生暑氣空。薄紙糊窗還透月。疏簾當戶不遮風。更闌甚處尋芳夢。酒斷何心問碧筒。屈指來朝剛七夕。教人遺恨更無窮。

除夕有感

年去年來底事忙。歲除聊復具椒觴。薦辛誰舉眉前案。設影空匳鏡裏粧。舊恨不隨殘臘盡。窮愁爭共此宵長。癡獃可賣須當買。正恐癡獃也斷腸。

元夕觀燈

處處笙歌沸燭圍滿天星月正交輝花開火樹連枝動鶴趁龍燈比翅飛寶鏡未分人已杳金杯作證事全非手攜稚子歸來倦明滅寒釭照敝幃

鶴嶼日緣情使事動中自然

雪霽苦寒

竹爐無燄篆香殘凍合遙天分外寒月挂霜簷眉共淡風回雪徑骨能鑽尋詩客歎村醪薄問夜人嫌布被單惟有梅花真耐冷已將春色報袁安

冒霧過九華

萬壑千峰渾不分一天香霧正氤氳行經谷口初疑雨轉過山腰已入雲向午鐘聲何處響驚寒樵語半空聞有時踏出蓮花頂人道當年太乙君

鮑三溪曰清便婉轉着紙欲飛

遊九華與兄同賦分得雙燭峰

誰向峰頭會列仙雙燒高燭照華筵曉分捧日亭邊影晚接摩空嶺上烟萬壑松風吹不滅一天花雨灑還然笑他法炬終虛寂怎似光明在眼前

分得玉屏峰　陳其位

黄金鋪地玉爲屏萬丈高懸捧目亭石磴煙霞

縈鳥道天橋簫鼓度雲軿遠吞江影胸中碧俯

瞰山光眼底青寄語謫仙沉醉後好將佳句問

蒼冥

登望華亭

好尋詩思破幽棲晴雪初消漲碧溪飛閣全臨修

竹上疏鐘徐動石橋西依前風景多年别向晚烟

巒一帶齊坐久莫愁歸路遠寒林月色尚堪攜

華雲庵早春即事

此生何事苦勞形托跡茅庵養性靈新漲鋪來池面綠暖風吹上樹梢青晴簷曝背留僧話午院清心寫佛經且喜陽春消息早門前桃李自亭亭

族叔父師周自漵浦告歸

洞庭春水浩波瀾一葉扁舟度急灘親老自然難擇祿家貧偏是肯休官知心當日慚張奉徹骨而今笑范丹且喜嘉魚新出穴溪邊無事好持竿

章謹堂曰漵浦志稱少府君克供厥職讀是詩益想見其人

贈族兄郁庭 芳

勁骨淩霄氣傲霜此身位置在羲皇獨留古道寧辭拙不合時宜郤類狂淸極祇應梅是友閒多頻借酒爲鄉閉門坐擁書千卷那有纖塵到草堂

送家瑞符 九鼎 九月十二日赴皖

曾上龍山醉酒卮十年又値送君時皖江夜冷楓飄早彭澤秋深菊放遲應向惜陰尋地主倘逢逼隱是心知歸來好赴尋梅約不用樽前歎別離

和族弟豹章 蔚 悼亡姬吳荔娘

知是前生十八娘移來異地便摧傷魂隨夜月歸
南海淚洒秋風葬北邙蕋榜誤君成永訣蘭陂遺
稿殉幽堂金釵罔畔凄凄雨失意人偏賦悼亡

題族弟吉人藹畫蝶

西園彩蝶競風華管領手情搧碧紗謝逸詩雖多
好句滕王圖已遜專家長留悄夢迷芳草慣遺香
魂伴落花懸向小窗簾半捲笑看燕接幾回差

春日訪一葦上人禪渡

禪房深處絕塵侵架上圖書案上琴本借天花空

色相不妨城市作山林波搖塔影添春思月帶鐘聲伴夜吟幾欲向師同結社攢眉又恐負初心

潛港謁張睢陽廟

文武難兼忠更難睢陽纔不愧衣冠生吞逆賊牙俱碎死懾降臣膽盡寒誰謂明神司疫部俗傳公主瘟疫合罾正氣奠狂瀾巍巍古廟臨江岸勝似淩烟閣上看

自采石打蹡至金陵

采石磯邊雨乍收長歌辭下謫仙樓苦無健翮摩

雲路巧借顛風送客舟巨浪亂堆千障雪斜帆橫織一江秋諸君莫謂今番險異日還從宦海遊

鶴嶼曰斜帆句寫打蹼絕工

謁方正學祠

殺運無端啓禍戎先生遭際正匆匆處人家事原非易報主臣心卻是忠十族貞魂依老佛千年罪案定周公當時不少從亡侶慷慨終教拜下風

謁黃侍中祠

鐵騎南來下石頭金陵宮闕晚烟愁徵兵莫遂勤

王志破浪還思赴國讎最美闔門全節義可憐兩地任沉浮至今那叱磯邊水猶作狂濤怒未休

謁景御史祠

從亡殉難任人爲公獨深心託委蛇報主常懷三寸刃殺身何惜一層皮文光早已垂星象靈魄還能犯仗儀今日緋衣崇廟貌分明猶是侍朝時

謁岳忠武廟

宋家南渡運邅迍報國精忠志莫伸新主不圖歸二帝老奸勢必死孤臣汴河流帶金牌恨洛樹陰

籠鐵騎塵惟有荒祠留夕照幾回瞻拜淚盈巾

過淮陰釣臺

漢家開創重英豪淮上漁郎建節旄十面纔收空裏網三齊已伏笑中刀人心到底同烹狗宦海從來莫釣鼇何似及時歸舊隱應多烟月少風濤

舟過維揚

春滿江城到處花香風吹送過三义雙隄綠柳尋詩路十里紅橋賣酒家邗水烟波搖錦繡平山樓閣入雲霞此間自古稱佳麗況復年來駐翠華

山東道中

舉頭何處是長安纔卸輕舟又據鞍爲士豈甘長作客養親怎敢薄求官雲飛江國頻依夢春近皇都不畏寒好水好山千萬里無如多在道中看

座師王白齋夫子晉戶部尚書

敕使捧分符除授歡聲遍九衢藻鑑久昨宵

推眞學士冰心恰稱大司徒經營國計輕山海軫念民生重版圖更羨韓潭休沐日籧屏補服一寒儒

賜第在城西韓家潭

過全穆齋夫子第

棨戟森森傍禁城。清華門第舊家聲。文章化雨被南省。禮樂春風接上京。（時爲盛京禮部侍郎）青眼屢蒙推國士。白頭依舊作書生。十年三至無由見。羞對閽人說姓名。

送曾宛平夫子歸里

蕭蕭風雨送行旌。慷慨全無世俗情。敢以催科邀上考。過於寬典坐官評。人生到此休言命。造物從來最忌名。五載宦囊舟一葉。皖江還遜十分清。

答京中知已

魚鴈頻來盟未寒故園近况託平安閒將水酒邀詩版新得山蔬上食單身隱豈關雲路窄舌耕猶幸硯田寬堂堂歲月催人老腰似休文鬢似潘

宿黃姑屯

黃姑屯上日將曛暫向山家宿暮雲亂石砌牆成碎壘野荆編戶織斜紋棗糕價賤堪充飽黍酒沽多亦解醺問說今年生息好下來牛馬一羣羣

袁蘭舫曰屬對新雅不涉纖巧

郊行

二月將盡春繁華流鶯丁寧燕子斜乍晴不晴官栁路欲放未放山桃花酒力扶過四五里茶香嘗遍三兩家曰歸曰歸忙甚事坐看前村飛暝鴉

張竹軒曰體拗調高骨力蒼古

三月初六日寶稼營卒老民接駕

去年此日拜丹墀今又瞻雲在路岐花遮香風迎鳳輦栁拖春色上龍旂省耕野外飛靈雨（是日自天津至武清皆雨）寶稼營前賞壽眉獨

愧微臣蒙寵錫會無治術佐昌期時蒙恩加一級弁賞給荷包

鶴嶼曰是李唐應制好手

中秋

絃管吹開細雨天客中又見月團圓清光到處輸今夕秋思撩人勝去年露濕桂花雙鬢冷風飄蓬梗一官懸故園兒女遙相憶瓜餅庭前尚未眠

客寓賞牡丹

春風着意護朱欄上巳纔過見牡丹似此知君眞

富貴得毋憐我太寒酸日高爭捧黃金縷露重斜擎赤玉盤留取客中娛老眼閒攜杯酒捲簾看

都門送劉別駕赴承德時予亦有順義之役

白草黃沙嶺勢高知君于役最賢勞橋邊冰齒明晴雪樹杪風聲響夜濤到處應施長吏樹何年解贈上公刀可憐此地同漂泊欲檢空囊少賜袍

春日送趙翠峰明府玉臺歸里

捧檄山城未及朞家家爭撰去思碑簪纓豈與初心負泉石能將病骨醫千里曉風芳草路一鞭春

雨杏花時年來琴鶴都依舊添得漁陽幾部詩

章謹堂曰
秀色可餐

自滿城晚抵方順橋宿大寺贈明霞上人

滿城西去盡泥沙方順橋頭晚駐車路映星光何處渡樹穿燈影是誰家奔槽驛馬爭歸號排跕更夫亂奏笳惟有蒲團一片地飛塵不到篆烟斜

沙河道中

雨餘沙路淨無泥禾黍參差四望低亂石盡教秋水没遠峰多被晚雲迷七年宦況成雞肋五斗官

貧仗馬蹄爲問僕夫何處宿鞭梢遥指大橋西

于上舍送菊詩以謝之

圃菊叢開處士家高情分送到寒衙正當細雨疏風節接得幽香冷豔花老圃莫嫌秋已晚窮官差幸酒能賒公餘儘可供消遣不減東籬伴月斜

風雪過丫髻山

丫髻山前過客稀黄塵陣陣撲人衣溪邊流水冰還咽谷口寒雲凍不飛雙頂樓臺時隱現半天鐘磬遠依微晚來更下霏霏雪惜少梅花覔醉歸

春日　駕幸盤山適値微雨

禁鼓初闌靜不譁曉風吹漾雨絲斜輕調新綠歸楊柳暗抹微紅上杏花雲裏鐘聲千影寺檻前樹色萬人家東君灑道眞能事不使纖塵近羣華

王蓮府日清圓雅潤盛世元音

雨後過琉璃橋

奔走風塵苦備嘗琉璃河下拂征裳欣瞻北極神京近回望南天客路長溪石壘橋憐馬滑楊花撲面趁人忙西山最愛新晴後綠水芙蓉似故鄉

秋過長陵

祾恩門下歷階升，稽首先朝感廢興。翁仲鬚眉分兩兩，祖孫宮殿列層層。松楸尚覆香臺水，風雨難然隧道燈。二百餘年佳氣盡，傷心不忍到思陵。

即事

漫思製錦少師傳，遽爾操刀已十年。雀鼠幸無情外訟，鶯花仍結靜中緣。飯蒸香軟高村米（平谷有東西兩高村多水田產稻），茗煮清甘下寺泉（山峪寺有上下兩寺下寺東有泉流經城東南滙入泃河）。地僻民淳官更拙，公餘時詠伐檀篇。

大雪抵昌平署

時交大雪雪交加暖帽重裘赴晚衙寒擁重關剛度馬瑞同甘雨恰隨車居然員嶠千枝玉較勝河陽一縣花莫道代庖休越俎好將春色遍人家

輓貝子福敬齋中堂

蠢爾荊苗敢不庭將軍萬里奉 皇靈七旬廟筭班師日（時 廷寄有湖南苗匪不日告竣即便道赴湖北之旨）五丈原驚隕將星刀斗夜寒風瑟瑟旌旂㢑濕雨冥冥大功垂就身先死屬纊遙知目未瞑

崧生嶽降有由來入相經綸出將才仗鉞西天通絕域洗兵南海馘渠魁公弱冠從戎凡平緬甸回部金川皆著勞績惟平定西藏廓爾喀及擒臺匪林爽文則公其專圖也金戈鐵馬殊勳屢玉印花翎異數該詎料一朝遺表至怎教朝野不心摧

莫韻亭日氣魄沉雄音節悲壯具此手筆方許作乃公輓詩

春夢

方牀斗帳枕攲斜睡去分明見九華酒力能忘身在客春風知引夢還家繞窗仍舊千竿竹夾徑新

添。幾。樹。花。正話離愁猶未了。無端驚覺是啼鴉。

寄題族弟豹章借山園

幾年小礫結荆扉。新闢林園傍翠微。地曠妙於幽

徑。曲。牆。低。喜。得。近。山。圍。圉加點綴春來早。不愛趨

迎客到稀。爲語田疇多種秫。秋成釀酒待予歸。

夏日檢視舊作

奚囊留得未全抛。碎句零章手自鈔。花滿槿籬迷

蝶。路。葉。濃。槐。徑。失。烏。巢。重羅早麵供朝膳。上市新

茄佐晚殽。更喜農忙無訟事。任教長晝費推敲。

三泉寺

數年孤負此林泉，今日方來結勝緣。僧解吟詩知不俗，吏能無事豈非仙。山開兩面分松嶋，水涯三潭灌稻田。東望盤峰猶十里，時聞鐘磬下遥天。

密雲卽事

屏藩畿北好關山，暫攝雙符忝未班。漕白河流縈似帶，東西城勢抱如環。舟車爭赴千秋節，冠葢從無片刻閒。從此美他隄畔栁，一年兩度覲天顏。

擬歸田四律

九峰疊疊水灣灣十載歸來似夢間敢憚勤勞誇
勇退未能報稱愧生還病餘有藥多儲酒俸薄無
錢可買山一帶松陰千个竹依然當日舊柴關
薄宦他鄉春復春已拚蹤跡老風塵十年自幸安
庸吏一病誰憐作棄人泉石眞能成痼疾參苓寧
解濟清貧從今正好閒調養藥鼎茶鐺伴此身
謝卻簪纓着緼袍故園畢竟少塵囂地鄰竹里開
幽徑亭近松墩響細濤晴雪灘連三級峻曉雲山

放九峰高鬢眉莫怪渾成白環顧兒曹半二毛
違勞親友日相尋攜酒登堂喜共斟此後諒能淸
路債當前猶未改鄉音引年兒嫂稱雙壽守分兒
孫抵萬金留得歸耕田十畝好從農圃課晴陰

章華巖曰恬退之人自寫胸臆故其詞瀟洒可愛

偶吟

公車五度赴長安濫佩銅符宰彈丸漫調催科能
作吏須知撫字愧爲官生來傲骨逢迎拙病後羸
軀起拜難遙望江南歸去好免教局外賦河干

明知一割是鉛刀未肯藏鋒漫自操素乏涓埃加
父老空留清白與兒曹脂膏有幾難生法時大吏有州縣虧空設法彌補之諭廉俸全捐敢濫叨時廉俸悉抵捐款何似脫然
歸去早時時北望五雲高

洪北江曰吾儒存心不同俗吏

署中養貓

花陰滿地午晴初聘得貍奴意自如差比劉牀眠
有毯不愁范釜食無魚張羅庭畔休窺雀對簿齋
頭好護書貧吏空廚常斷肉免來鼠獄費驅除

鶴嶼曰雅切生新體物工巧

冒雨

冒雨過山郵披雲載酒樽歸來雙屐上猶帶落花痕

王遜菴曰情致絶佳

華溪

流水護郵居垂楊過雨初碧潭春漲滿新上石斑魚

中秋夜憶兒暨兒女南旋

野寺秋剛半，遙天月正圓。歸舟何處泊，同此望嬋娟。

天津

鹵地明於雪，冰牀疾似舟。市饒牛馬稅，人服犬羊裘。

鶴嶼日四語簡括
可當津門風土志

夏雨

幽亭隱隱遠聞雷，傍午軒窗四面開。啼鳥數聲花亂落，西風吹雨過山來。

午睡

枕簟涼生晝夢賒卻忘鄰叟約看花兒童笑說未
爲晚適見林蜂鬧午衙

袁簡齋曰
蹊徑自別

納涼

蒲葵團扇竹方床移向池頭納晚涼開得白蓮纔
數朶炎威便不到山莊

冬日偶成

北風吹雪正蕭蕭枕畔瓶空更寂寥閒卧小窗詩

不就起呵凍筆畫芭蕉

閒窗日暮遣兒開沽酒人遙望未回忽指前村溪上路蹇驢徐過小橋來

王蓮府日詩情畫筆

雪日馬上吟

雲暗山頭雪滿天梅花開處酒旗懸騎驢不慣偏騎馬半學昌黎半浩然

晚抵雲華庵

寒山曲徑少人行葉落林疏見月明度得石橋猶

半里晚風吹下讀書聲

閨情

杜鵑日日喚春歸獨步香階露濕衣不敢花前頻拭淚恐驚蝴蝶一雙飛

魯星邨曰纏綿委曲幽艷動人

芙蓉池水綠迴環俯映蛾眉卻一般撈得落花紅數點誤將濕手整雲鬟

鶴嶼曰柔情綽態媚于語言

哭族姪有俊六首錄二

曩時曾作竹林遊白鶴山前共唱酬瞬息六年成

往事誰憐小阮最風流

粉本何年學趙黃冰綃三尺畫秋光誰知就裏春

將盡暗托寒蟬咽夕陽曾爲余作寒蟬圖

悼亡十首錄四

嫁得黔婁似磬懸何曾交謫且交憐針刀杵臼無

虛日累爾辛勤廿九年

冬紡繰棉夏績麻到頭空是眼前花可憐殯殮無

他物零落釵環在酒家

爭覔人間肘後方。人間獨鉠返魂香。早知藥餌全無力。悔把丹丸苦勸嘗。

食案從今再不齊。果然紅粉委黃泥。山名夜來第一傷心事。覔乳饑兒夢裏啼。

章華巖曰情境逼真使人凄然欲絶

七夕

銀漢澄清玉漏遲。遙知天上是佳期。年年猶喜重相見。不似人間永別離。

中秋

秋色平分月正圓愁逢佳節更淒然蟾宮一入無消息惟有清光照獨眠

王春臺曰興往情來悲婉中節

都門口占

上林風雨送餘寒千里尋春春又闌來已恨遲歸恨晚㡚裘羸馬出長安

宿盤山石佛莊

宿醉初醒旅夢清半鈎斜月挂窗明山村徹夜無鐘鼓聽到雞鳴是五更

赴盤山見杏花

籃輿精小似神龕坐看盤山入翠嵐春雨杏花三十里教人怎不憶江南

果然紅杏倚雲栽陣陣香風撲面來知是上皇旋蹕近故教萬樹一齊開

昌平道中

居庸山勢碧崚嶒二月春光暖未曾開到杏花寒食近年年風雨十三陵

夏日東軒卽事

高槐疏柳屋三間卧理何妨竟日閒午夢初醒詩已就東風飛雨過盤山

席上贈陳參戎

十載從戎博一官鬚眉猶帶陣雲寒酒酣說及金川事自解團花數箭瘢

洪北江曰激昂慷慨一片商音

陳枋字馭驊青陽人乾隆己亥舉人著有醉草堂集

獨酌

獨酌不成醉悠然見古人所貴淇知識混沌全天眞智巧矜百出無乃勞其神至味本淡泊嚼之愈津津太羹與元酒信乎醇而醇所以柴桑叟志在葛天民

鶴嶼曰風格似陶

夜讀

落落數卷書飢來難果腹雕蟲技未忘篝燈佐夜

讀疑義無與析淵懷箬尺幅思深神若喪恍然悟心目箇中見真趣會心無欲速涵泳有餘情天風響林木

登官祿林

山水有真趣達者悟其微登高一以眺飄飄思欲飛青葱錯萬井秀色開朝暉遠樹藏村落蒼翠徹巖扉日暮碧雲合茫茫混四圍天風鼓海濤觸浪排崔嵬空青落我手嵐氣襲人衣卽景愜幽賞逸興幸無違惓言謝康樂舍此將安歸

李少白曰語意冲
澹在晉魏人之間

曉登龜山

啓戸見龜山山靈舊結想夢寐時往遊彷彿窮其像茲辰幽興生逍遥自曳杖曉露泠沾衣危磴叠榛莽朱輪耀羲馭騰騰初日上宛轉達招提一帶軒楹敞池水淡鬟眉清泠照萬象秋山霽景澄目曠神駘蕩團圞桂樹佳摩抄洽心賞朗吟招隱詩幽人自長往

登玉屏山夜宿古月庵

崔嵬玉屏山崎嶇道云阻攜手躡危磴盤曲杳如
許石角鈎衣襟榛莽窘步武努力造其巔亦自矜
豪舉萬象羅胸中衆山盡傴僂九朶金芙蓉滴滴
青桐乳參差巖壑間時見白雲吐解衣共槃礴藉
草酌綠醑呼吸帝座通石破飛天雨四顧思茫茫
斜日界山塢遲回到禪關僧徒久延佇更有同心
人殷勤具雞黍放浪杯盤閒秉燭深更語欣歡罄
所言誰問我與汝恍然外形骸寧爲拘攣苦謝公
遊石門謫仙夢天姥一嘯海天空高風足千古

翁覃溪曰敘致
偉麗嗣響六朝

夢遊仙

鬱鬱白雲起引我空中行丹崖青壁飛步過神魂
縹緲風雨驚出脫人間世逍遥到玉京樓閣輝五
色碧霞繞赤城中有少年吹玉笙云是仙人董雙
成霓裳隊隊方按舞妙曲迎風仙樂清交梨火棗
須臾至麟脯鳳腦難具名飲我金漿玉醴之仙液
食我瑤蓝瓊糜之青精飄飄頓使俗塵脫御風控
鶴身何輕冷然一覺遊仙夢起看窗外空月明

王蓮府日飄忽迷離恰是仙境恰恰是夢境

月夜

中庭地白無人迹月彩霜華相激射漸移竹樹影交横恍如荇藻浸寒碧誰家機杼響空房思婦樓頭怨夜長可憐一片關山月清光冷照合歡牀

贈族兄郁庭

縱目空天地遥情觸緒深揮殘千古淚未盡一生心慷慨看長劍牢騷托短吟孤懷殊耿耿何處覓知音

洪北江曰意旨
遙深音節悲壯

贈家玉符

經綸推妙手，市隱自逍遙。得句囊盈錦，揮毫雪滿蕉。高情不耐俗，逸氣卻凌霄。故我今何似，相看鬢已凋。

歲杪偶成

清貧留素業，瀟灑舊生涯。寒盡冬三月，陽回春萬家。開樽傾竹葉，敧枕看梅花。且了殘年事，天邊玩物華。

登九華東巖

幾度山腰過，今從絕巘登。洞尋無極處，峰踏最高層。龜額烟籠字，崖碑石起稜。危欄憑立久，東壁月輪升。

旅舍偕友

同作飢驅客，他鄉說故鄉。酒闌愁易集，夜靜話偏長。薄履留泥跡，寒衾映月光。隔籬雞乍唱，敲火束行裝。

鶴嘆曰：悲切溜亮，寫出旅況淒清。

九華道中

峰密疑無路嵐深望欲迷人來千嶂立天到九華低杖底看飛鳥雲間聽午雞眼空塵世外身與斗牛齊

何石柱曰有振衣千仞之概

早起

早起窗前望秋林興有餘荒苔臨鳥跡破葉篆蟲書對景新成句窺園舊種蔬清貧殊自得趨逐欲何如

秋雨雜感

入世徒多事牢騷喚奈何岐途楊子淚秋雨杜陵歌老驥嘶長道冥鴻落淺莎年來虛歲月何處補蹉跎

寄內

別院涼初至蕭蕭夜不眠春風一分手秋月兩回圓旅夢殘燈後歸期小雪前高堂添白髮菽水賴卿賢

鶴嶼曰鄜州夜月情緒綿綿

春興

一緉青鞋任所之晚春閒玩意遲遲漫空日漾游絲軟隔岸花飛碎錦披非是步兵偏縱酒不逢京兆莫敲詩淸狂自笑難諧俗名教由來是我師

醉過小橋見亭壁題詩因步其韻

水態山容眼界遙春風十里黯魂銷煙横村落鳩鳴樹日暖溪亭栁拂橋禁火不堪過冷節尋芳剛喜是花朝天涯遊遍知音少寂寞樓頭碧玉簫

危亭縱目綺雲低取次川原望轉迷花趁晴風林

下上水流村澗屋東西微微梵唄聞山寺冉冉漁
歌度小溪搜盡錦囊無好句奚奴空逐五花蹄

歲暮書懷

上林花發促征輪檢點行裝剩此身亦識遠遊憐
客子爲謀祿養慰衰親塵封杵臼兒求米雪滿庭
堦婦問薪差喜廵簷堪索笑寒梅已報小園春

張竹軒曰寫貧況而
饒興趣自是雅音

太白樓

半是詩仙半酒仙百篇一斗想當年高吟渚畔誰

知我明月樓頭別有天落拓自邀名士賞風流何
必世人憐江南莫道無同調謝朓青山在眼前

華雲庵感舊

春山如染翠鬟濃流水桃花認舊蹤松老未歸華
表鶴杖投難化葛陂龍仙壇不掃紅塵遍古碣猶
存碧蘚封喜得閒游偕舊侶情深北海酒盈鍾

夜泊夾馬營

誕育英明舊有營至今夾馬尚留名克遵母命生
無忝頓背兄心恨未平漫道黃袍加五夜早驚紅

焰起三更瀟瀟風雨孤舟泊茅屋人家野渡横

送從兄躍亭之閩

引領閩天道路賒籃輿迢遞度仙霞餞兄愧乏之壺
中酒贈我須分縣裏花鳥石秋風肥荔子武夷春
雨長蘭芽粵王臺畔飛鴻少縱斷音書莫憶家

鮑三溪曰語雅情殷
令人增友于之誼

春夜偶成

花陰搖靜夜曲檻撫瑤琴領取絃中趣移情定外
音

遊龜山崇壽院

碧磴度春風。攀躋發清興。曳杖拱幽禽。鶯飛棲不定。
振衣臨絕頂。高閣俯深林。靜裏通天籟。豪情託短吟。
滿院種芭蕉。房櫳透深碧。活火煮清泉。香風生兩腋。

吳禮園曰淡遠
冲和不減王孟

不寐

欲慰相思夢不成萬般幽恨對孤檠秋蟲唧唧因何事偏向愁人枕畔鳴

風寒露冷逼人愁耿耿銀河曙欲流山鳥一聲窗外喚起看殘月在松頭

[illegible]裏活火煮清泉杏風生兩[illegible]兮

振衣臨絕頂高閣俯深林靜裏通天籟豪情詫獨[illegible]定

碧磴度春風攀躋發清興曳杖出幽含鶯飛棲不

遊龜山崇壽院

陳氏聯珠集卷三

全椒王肇奎鶴嶼采錄

陳蔚 字豹章青陽人廩貢生著有梅綠書屋詩鈔

曉起

睡起晨氣冷開扉見日影披衣步銀塘眠沙鷺未醒烟凝柳絲垂風定溪光靜不見捕魚人罾懸露炯炯

午霽

午霽林塘幽散步延清爽苔磯没舊痕秋水雨後

長鷗鳧靜不驚遊魚跳波響朵蓮舟已遥荷珠自
蕩漾

華溪雨霽

華溪勢盤屈急湍鳴迴圻偶值驕陽候波淺聲亦
稀驟雨生新漲驚濤百折飛輕雷散大壑烟沉古
釣磯芳田沐膏澤禾稼綠依依我家溪水曲鄰舍
並開扉日暮耦耕侶小橋荷笠歸所願既各足相
見語無違

朱心垣曰似
儲王田家詩

遊南陽山 在九華南

遊興深夢寐殘月疑曙色披衣步中庭月落庭重
黑秉燭且烹茶漸漸晨光逼携杖出柴扉凝眸心
得得遠山宿雨過巖壑淨如拭靈禽振彩翰花藥
爭霞艷時有緒風來清芬散林棫緩步入雲深峯
回路漸仄遥聞清梵聲隱隱松杉側

陳古漁曰 發端似謝

雲峯堂 在九華山

山巖窈然深嵐翠撲眉宇松杉晝沉沉萬壑飛蒼

雨緩隨流水聲步入白雲隝修竹隱茡茨桃花閒

藥圃山中高臥人日午門猶杜

鶴嶼曰得摩

詰之幽秀

遊前山洞

策杖登前山嶙峋聳奇石石隙一綫通豁然靈境

闢秉燭恣幽探空色摇金碧蓮花幾萬重琪樹挺

千尺玉笋秀可餐瑶芝嫩堪摘朗澈入冰壺璀璨

羅圭璧戸戸珠簾垂徧地明璣積華蓋與旌旗森

森雜劍戟萬象何玲瓏詭譎褫人魄愈探景愈奇

側視不敢逼隔水眠青虬懸巖跨白澤皓鶴欲高騫素鷹奮健翮莊嚴一佛趺對待兩仙奕冉冉寶座懸皚皚秋枰白珍果刻銀盤金杯泛玉液嚴冬氣常溫不辨朝與夕乃嘆造化奇咫尺仙凡隔

蓮花庵 在石埭魚龍洞下里許

日午步溪邊天風落濤磬隨響覓禪林凌虛陟碧磴經壇貝葉紛法界蓮花淨雲碓近香厨春聲與泉應僧雛急煎茶老衲方出定留客坐軒窓綠陰相掩映

潘蘭如日
起筆超

鷺門觀海

我欲觀日出。雞鳴登高岡。獨立倚層雲。颯颯天風涼。縱目視積水。一氣惟蒼黃。須臾豁濛氾。咸池浴朝陽。烏赤鼇背碧。五色相焜煌。萬里無端倪。鏡影磨天光。叫絕開心胸。頓令塵念忘。隱隱見金闕。蓬瀛欣在望。惜無雙羽翮。遠凌青霞翔。仙人期不至。瑤草終茫茫。不知亘古來。此處幾滄桑。遐想草昧初。宇內如沸湯。天威用迅掃。旌旗清海疆。而

胡汝小醜蠢蠢猶跳梁負險以逆命未幾旋
敗亡螳臂拒車轍力小不自量迄今昇平久
聖澤敷八荒海外幾百國重譯咸來王職貢與蠻
貨爭向此中航柔遠貴以德不在弧矢張島嶼絕
氛祲終古波不揚予願隨雙鷗日夕相徜徉
朱笥河曰絕大筆力

閩中送胡稍峯上舍梅歸姑蘇兼呈覺羅宣
齋將軍永德

上章困敦歲榕城放燈夕火樹聯星橋燭團光赫

搤六鼇駕蓬山魚龍相跳躑佳節故人去能不心慼慼翠華時南廵春光滿澤國桓桓大將軍覲聖情獨廻闈闢四扇開揚鞭指古驛迎風劍戟鳴映日旌旗赤胡子從之行居然帷幄客馬上其論兵道路頗不寂幸逢太平時談笑開胸臆御轂敦詩書崇祖擬韓白古人建奇功立志在平昔吾子雄武姿千人氣辟易況與將軍親行矣思受益

張竹軒曰二詩似杜

古意

有客蜀都來。贈郎新樣綺。郎欲作妾裳。妾欲爲郎履。夜來繡窓前。恰成合歡被。

秦淮曲

公子天台來。歇棹秦淮曲。秦淮多麗姝。夾岸起華屋。畫檻度香風。珠簾耀晴旭。翡翠開金屏。芙蓉隱繡褥。歌喉圓若珠。顏色美如玉。修眉蛾雙彎。纖腰帛一束。百態盡嬌妍。公子意不屬。獨有素心人。淡粧清且淑。相逢一盼間。脉脉兩情篤。至愛之所鍾。

寧必在膏沐鴛鴦比翅飛蝴蝶抱花宿誰傳雙鯉
書美人歸期促豈不念生離阿母苦相逼妾家住
山塘門前種花竹他時過金閶能否辱君足嗚咽
不成聲淚珠空續續明朝秋風生遠影片帆速惟
見柳蕭蕭不聞美人哭人來淮水清人去淮水綠
秋天萬里長雲際起孤鶩

秦淮水榭期友不至

客舍俯淸淮日暮窗扉倣讀罷掩殘書凴欄看月
上晴光浩無涯空水相摩盪盈盈酒在壺落落誰

同賞之子期不來引領神欲往須臾假寐間如聞
扣門響
袁簡齋曰得陶韋之神

冬夜客至

梅月透窗虛一榻坐花影柴扉剝啄聲客來夜已
永談詩興轉酣無酒聊思茗抱甕向巖阿層冰凍
古井鑿破碧琉璃清泉拂手冷竹爐爇火紅松風
響瓦鼎

費秋浦以吳與九齡幼女嚴靜墨竹見贈

墨竹推湖州阿女受秘訣魏國趙夫人書畫媲松雪近者嚴氏女五歲學波撇今年甫九齡遒勁筆三折娟好無比倫冰壺映秋月時還寫琅玕瀟灑墨無跡雨籜間風梢猗猗秀在骨感君能脫贈不啻盈尺璧懸置幽齋隅雲烟時出沒

題李忠節公傳後

李公名可受字季度邑人也崇正六年以太學生授陝西澄城縣主簿時流賊蹂躪秦中公佐令以死守七年秋城陷被執抗

罵不屈賊怒以竹箕焚之妻曹氏欲赴火
俱焚賊擁阻不得前痛哭大罵賊刃其肩
膊倒於地賊意已死棄之去累日復甦乃
於灰燼中收骸骨携弱孫而歸事聞賜謚
忠節其後裔汝南秀才名濟者携其行述
乞予傳并題於後

我家伯建公。參謀入蠶叢。獻賊躪西蜀。殉節著貞
忠。一門十三口。聯翩毅魄雄。池州府志載陳懋壆字伯建青陽人崇正
末官四川布政司經歷流賊張獻忠破蜀被執不
屈死妻高氏子艮臺艮卿及僕王香等十三人從

死焉伯建公之高伯祖也余今觀李簿事嘆悼仰蒼穹勢危尚
死守賊黨盆圍攻城陷義不屈甘蹈烈火紅燃箕
何慘酷頰爚流晴空整衣赤熛裹端笏丹燄中烈
烈膽如斗騰騰氣若虹縱銷珠玉質難泯鐵石衷
焚屍逐勁節投鑊媲英風誰從灰燼餘拾骨歸江
東老妻被刃死累日復開壚當時贈恤厚至今俎
豆豐青史失紀載與我伯祖同

題一葦上人禪渡塔影集

九華葦上人焚香愛鑄島趺坐千峯間尋詩如悟

道祇林墨吐芬貝葉詩留草靈妙語圓通變化筆天矯歛則須彌寬放則滄海小有時智慧珠觀者歎奇巧有時歡喜團讀者解煩惱朗徹散千光莊嚴羅七寶悠然文字禪義藴窺難了我本狂吟人落托風塵老今夕宿招提獲睹塔影稿展卷俗慮蠲頓覺明鏡皎挑燈讀未終疏磬發清曉既別出門聽吟聲又裊裊

題王鶴嶼廣文肇奎移居圖

僕本家江南寄寓在江北結茅鳳嶺東種樹龍池

側差喜隴畝寬晨夕事播植回憶初遷時擔頭只
蓑笠今讀移居圖相對爽然失君負挾天才手握
晝日筆　金殿策羣英　睿鑒掄第一宜教
玉堂居用掌清華職而胡廊廟委秉鐸在下邑五
歲不一遷教澤溢鄉國今將徙何處扁舟載卷帙
買隣既乏錢拔宅更無術丹青托意深游戲弄筆
墨鵬鳥搏扶搖會展圖南翼

題黃翠箘煜竹谿滌硯圖

煙樹復煙樹迢遞巖灘路予方從此來君返西洽

去別攜滌研圖向子索題句展卷青琅玕森森帶

宿霧一溪春水平清影披離處綠波瀲紫雲脉脉

幽情注知君善書翰藝苑推獨步腕下龍蛇奔紙

上烟雲鶩硯凹宿墨多洗濯如去汙丹青有會心

觸手自成趣

題鳳梧軒畫譜後

舉世學丹青專精師往古近或倣四家遠或追三

祖吾弟率天眞幽情托圜圖信手作蟲魚隨意寫

毛羽設色何新鮮點綴花枝嫵蘭竹尤入神筆酣

墨欲舞解衣鳳梧軒求者屨滿戶珍若徑寸珠不脛走寰宇前生老畫師足爲後輩矩今日人琴亡遺墨空留譜展卷不忍看潸潸淚如雨

課雪樓

凴高眼界寬雲構託木末開窗面遙天坐攬千峰雪向晚快初晴東山吐凍月寒光相照耀四顧愈皎潔當樓開騷壇悉萃里中傑命名未書楣屬我先題跋諸君各賦詩臨風霏玉屑奇呈冰桂思秀聳天花骨我醉且狂歌倚欄襟懷濶

延華觀在九華鳳凰嶺東唐趙知微所居

羣峰高刺天空翠光凌亂飛泉挂壁鳴松風相續斷仙人趙知微煉丹延年算桃從澗底浮月向雨中玩元牝道術精羽衣上霄漢我行恣清遊捫蘿陟嶺半路逢采藥人猶說延華觀

七弟萼新構響山亭喜而賦此

天籟本虛無觸物方摩盪徒以音聲求轉覺涉跡象柴桑琴無絃聽水每孤往聆明謝絲竹清音洽幽賞異哉宗少文山藉撫絃響我弟抱勝情忽結

臥遊想一亭高出𡍲衆山匝如幌風泉瀉潺湲林禽鳴下上我心自寂寞不爲外物蕩雷霆靜不聞況有杯在掌

醒樓

夢覺延朝曦滿樓光炯炯千山雪後寒遙空飛翠影倚檻久低徊返照在峰頂嵐凝紫煙酣冥冥喚不醒醒以名我樓取義惟自警

周錦如曰鄖冬山如睡之意反襯醒字故佳

九華山歌

江上何年種碧藕秀出芙蓉九十九巢叢千尋插
漢霄嵯峨萬丈干星斗雨過峯頭翠影橫烟消日
出嵐光剖雲門天柱何孱顏七賢五老齊招手振
衣直上山之巔俯視長江一線走帝座非遙呼吸
通青天可問休搔首

九華山用劉賓客韻

靈山突兀褫人魄欲向青天問誰闢豈是女媧失
守補天爐夜半飛來萬仞石陰陽炭熄不計年峯
勢尚逐雲霞合又疑銀漢天風冷凍折芙蓉落翠

影花藏世界葉如來大啓優曇成聖境我來放眼最高亭漫漫雲海如滄溟巖崟猶含炎夏雪瓊林玉樹相晶熒君不見太白未來何寂漠詩成遂與嵩華角荆山女几未足論秀壓天台與廬嶽九華山九華山自是人間之壺嶠不比銀臺金闕虛無縹緲間

大樓山歌在池州府城南四十里

大樓山大樓山雙峯拔起何孱顏青蓮一見驚奇絕呼吸能通帝座間望仙徑上今秋草美人多恐

風塵老試從山下一溯洄秋浦漁歌月皓皓

三折嶺在太平縣

我從洋川來上踏天都頂言歸九華峰路轉三折嶺回望黃山盡白雲白雲濛濛不肯醒是時山頭作海觀視我一片魚龍影掉臂居然浪底行此身已達瀛洲境延佇翻驚四月秋松杉翠滴衣裳冷

洪北江曰奇思妙語如出青蓮

鼓山巔岁峯觀海

鼓山萬仞何嶕嶢天風夜半驚海濤雞鳴起登巔

岈項千盤鳥道摩青霄弓挂扶桑日初出晴光射我九霞袍俯視東南盡積水歸墟閭尾連沃焦對此惜無九牛餌舉竿一釣聯六鼇冉冉仙雲爛五色蓬萊異境欣非遙銀臺金闕隱隱見羣仙下上隨輕飈我今褰裳陟弱水仙人與我有宿邀天吳馮夷導先路雲裾霧佩相飄飄滿飲瓊漿饌瑤草共聆清樂彈琅璈姓名從此隸仙籍洪崕羨門偕遊遨

九鯉湖（在仙遊縣）

湖光杳渺山崎嶇山中昔有仙人居丹成白日弟
兄去攜手爭騎九鯉魚煙鬟水佩澌髣髴風車雲
馬騰空虛我欲淩波躡其跡望之不見空踟躕

李畏吾曰
似山谷

黃石村歌在莆田縣

壺公巖嶅何嶙峋靈秀獨鍾黃石村不產奇男產
奇女江家之女尤絕倫齠齡解誦二南句肇錫嘉
名曰采蘋繡口錦心負夙慧朱顏玉貌充宮嬪平
生別有愛花癖戲呼梅精號亦新是時太眞獨專

寵只許虢國朝至尊明皇愛極不敢幸長門花月
孤青春密賜珍珠卻弗受樓東作賦誠酸辛倏忽
漁陽鼙鼓動天子蒼猝狩蜀門玉環侍寵尙同輦
六宮不得隨車塵長安鐵騎驪山火金釵寶走羅
綺紛梅妃磓磓守古義蘭摧玉折甘捐身寒梅花
底葬香骨往往月夜游精魂馬嵬亦是同一死薰
蕕異臭難並論龜年弟知溫泉事琵琶一曲徒沾
巾白傳長恨歌不及金翹雲鬢空敷陳舉世但慕
顏色好不知節烈爲可珍而況有德兼有色蘭心

蕙質揚芳芬我今弔古過村畔請作長句鐫貞珉

張芝亭曰婉雅清麗可與長恨歌並傳

展高伯祖伯建公衣冠墓

我陳氏高伯祖字伯建諱懋登嘗明季膺簪組擢參軍佐大府獻賊怨肆虐蠶叢振金鼓成都夜破火燭天滿地流紅血如雨仗劍將軍四作奴持符官吏縛爲虜蜀王遇害蜀宮焚成仁誰繼龍巡撫參軍不屈臣死君艮臺艮卿子死父孺人高氏婦死夫更有王香僕死主闔門殉難十三人毅魄聯

翩難悉數長子艮闍留侍親一脉不絕微如縷痛哭西望萬里天剪紙招魂葬山隖青苔三尺碑碧血一坏土年年麥飯薦王孫夜夜春風啼杜宇

趙甌北曰慷慨淋漓可作忠節傳讀

和張竹軒明府朝樂贈令弟荔亭朝纘原韻

太阿出匣不凡器之子英年負大志卓犖雄才邁等倫寧惟章句究精義君家自有門內師朝夕講論如生知龍文驥子各競爽鼠訟雞碑焉足奇兄若是弟若是元方季方眞難矣其識先人植德厚

芝蘭玉樹庭階有

贈一葦上人 禪渡

一葦上人僉事孫。上人明浙江按察司僉事吳公淵之後也 珠眉月面

皈沙門。克振宗風掃禪習。吐詞儒雅淵源存。平生

無別慕。推敲琢奇句。曇花帶墨香。詩草得禪趣。私

衷猶恐方隅拘。杖錫雲遊如飢驅。不效磨塼作明

鏡。只思點雪尋洪爐。三唐可法若不足。一字爲師

歸有餘。歸來業益精。巨製由天成。獅子吼。迦陵鳴。

大聲。一。呼。聾。聵。驚。舌。本。天。花。既。亂。墜。毫。端。水。月。還。

空明君不見唐釋金喬覺航海來九華竹馬送童子妙語契金沙又不見趙宋僧希坦築室雲峯下抗懷惠遠公香林結蓮社至今悠悠千百年芳名不朽詩與傳願請上人面壁坐細思其故何以然

袁簡齋曰調響意圓結處尤得三昧法

題田莆坪妻姚氏孝行傳後

艮人遠作長安客阿舅龍鍾暮景迫膏肓有疾術難施藥石無靈救不得夜半焚香泣向天自剔肌膚心惻惻凝血斑然刀上紅庭前荆樹無顏色作

羹和粥勝金丹，奪命回生在頃刻。書生刺股遜精誠，烈女斷臂嬔奇特。孝行豈是邀人知，摯情聊以代子職。芳閨兒女競相師，太史揮毫記婦德。

胡駘峯上舍梅畫山水歌

李唐妙手稱王維，詩中有畫畫有詩。輞川遺跡擅千古，筆精墨妙誰能追。胡子駘峯後來秀，胸羅星宿非凡姿。雄才磊落信天授，世人欲殺寧非癡。讀書卓犖破萬卷，高談舉座咸驚疑。有時拔劍壯心起，狂呼濁酒澆千巵。家傍青山要離塚，往往弔古雙淚垂太湖三萬六千頃羣峯葱翠烟迷離風鬟霧鬢神女現魚龍雜沓相遊嬉眼前奇境看不足、北走燕趙歌愈悲三年懷刺字磨滅秋風一夜生歸思歸來衡門學種菜荒畦半畝隣雞陂鴻鵠斂翼志千仞藩籬燕雀焉能知笥河先生使閩越千里負笈還追隨踏遍西泠溯嚴瀨更從九曲探武彝蓬萊三山宛可即會攀羨門偕安期方寸隱隱具嶽瀆發為新詩峭且奇試教餘意作圖畫雲煙觸手紛離披

題王介農秀才𧐖成吟鞭春曉圖

東風滿眼韶光早花柳參差弄春曉帽影欹斜馬足遲山容澹冶烟迷離王郎天才本磊落詩思飄飄雲外鶴江南風景入吟鞭錦囊佳句何便便我亦耽吟興不淺對此頓覺詩情遠

溪行

出郭千峰碧沿溪一徑斜人家隔春水釣艇繫桃花雞犬晴依岸鳧鷺暖宿沙何須武陵路即此謝紛華

張廉船曰
好句如仙

借山園 在小礫山莊

竹木千章秀林園五畝寬花間移石坐牆外借山
看徑曲留香久亭空落翠寒臨池頻把琖夜月上
闌干

飲湖上莊

野屋占湖隈雙扉面水開新菇依岸種晚稻退潮
栽莩網窺魚婢筠欄聚鴨媒隣翁聞客至載酒過
牆來

田家冬日

苫蓋欣初畢。圍爐小雪天。蒸饋添白墮。和餅飯烏犍。米輾迎風響。魚叉向日懸。陂塘須早築。蓄水灌春田。

農家

農家東作候。隴畝動歌謠。柳岸乘春補。秧田趁暖燒。老翁時教犢。稚子學迎貓。滿眼桑麻景。吟成貯酒瓢。

魯星村曰

眞便佳

田舍

田舍小如蝸。疏籬帶晚花。風和人簸麥。池靜婦椎麻。斷木修秧馬。驅牛踏水車。新篁抽碧岸。清影入溪斜。

雨集湾園夜話

湾園久未到。幾度悵離居。花放君歸後。我來雨滴初。爭奇分險韻。鬬捷作行書。夜永重開釂。寒蟾入綺疏。

華溪草堂

溪水草堂前紆迴抱屋圓野橋通寺磬岸柳接村煙浪暖針魚躍風微帶鳥翩吾兄饒逸興高詠動林泉

南陽澗與族兄予聞其名聯句九華南陽澗旁有牛跡石又上有二石對峙明督學聞人公詮題曰龍門

不盡華溪勝其名探源更上行亂山飛翠合蔚懸瀑濺珠明牛跡蒼崖印其名龍門怪石橫姚江遺韻在蔚憑弔動幽情其名

香林峰九華香林峯有杜荀鶴書堂

晴巖風日暖杖策共追隨峰影連雲密松聲出鴂遲山花迷木客藥草走蚍醫遺迹今何處空懷杜彥之

遊齊山

巑岏橫郭外蠟屐恣躋攀嵐影都搖水湖光欲上山危巢雲縹緲古洞鼎斑斕唐宋磨崖舊搜尋碧蘚間

鶴嶼曰名句

夜登齊山涵秋亭

秉燭續清遊。高亭縱遠眸。馬蹄明月夜。鴈影大江秋。樹密煙初合。山空翠欲流。前溪堪弄水。待曉上扁舟。

宿齊山棲雲禪林

晚煙迷曲徑。停屐欵禪扉。燈影搖青壁。經聲出翠微。坐花遊客醉。敲月老僧歸。但道松風冷。爲添五戒衣。

晚過齊山遇雨

狂風吹急雨。湖上片時昏。雷怒高崖裂。蛟橫巨浪

奔撥雲尋伴侶待電覔堤痕日暮何休息欣逢野

店門

遊萬羅山在池州府城南二十里

理棹清溪曲羣山翠影横雲梯穿樹出石戸與天

平千嶺暮烟紫一湖秋水明綠苔封錦字摩拭最

關情

那刹磯黄侍中祠在池州府城西南李陽河

江上勤王急金川已啓門波濤甘殉國妻女早招

魂落日旗旛動荒祠俎豆存遙憐淮水上片石血

留痕。

遊金城寺晚歸在石埭縣治西二里

踏遍金城寺。歸吟入暮煙。旗搖沽酒市。香散賣花天。古岸千家樹。秋波一葉船。昨宵佳節過。把琖月猶圓。

杉山寺在石埭縣治西一百六十里

淨宇絕塵蹤。虛簷列萬峰。野猿朝聽法。山魅夜敲鐘。煮石燒紅葉。援琴倚碧松。優曇成慧業。花發木芙蓉。

盡忠池

渟泖池水碧慷慨答君恩力盡知難禦城亡肯獨存一門留正氣千古弔忠魂春雨添新漲蒼苔認舊痕

登巢縣城贈莫樸齋明府 宗蔭

湖水碧漫漫孤城湖水間市廛聯蟹舍官署枕牛山仙洞杳何處釣臺高可攀政清民訟少廉吏自清閒

采石

到此江天潤蒼茫萬古情燃犀窺象罔捉月跨長
鯨采石秋濤壯青山夕照明臨風動高詠誰復問
袁宏

登攝山

磴道盤旋上遊人九折行石留千佛影松有六朝
聲山色涵空碧江流入海清回看春樹裏烟雨秣
陵城

袁簡齋曰的真是攝山
領聯十字抵八千百

謁孝陵

治定宮車晏鍾山隧道長朝天有女戶會葬少諸王鼎就龍初去城高燕又翔當時承顧命冢宰是齊黃

朱笥河曰三四警策結句無限感慨語短而意益長

金陵黃侍中祠

奉詔急徵兵燕師已入城闔門俱化鯉報主遠騎鯨那剎濤聲壯秦淮血影明荒祠秋水上落日亂鴉鳴

登毘陵大觀樓

騁望雙眸豁三吳第一樓雲開山北向潮落水東流倏爾千門暮蒼然萬里秋爲吟王粲賦鄉國思悠悠

客中送人遊九華

簇簇九芙蓉淩虛翠影重君今向南去我昔住東峰雲外三間屋門前幾樹松舊時猿鶴侶此際定相逢

憶女

毎逢生汝日記憶在家鄉看月思爺抱拈花學母

妝蟲聲尋促織燈影戲迷藏最解牽衣別嬌啼淚數行

中秋前八日送族兄君素　其位之毘陵

一片泬寥天吾兄別纜牽風來江上冷月向客中圓岐路秋看鴈扁舟夜宿煙鶺鴒情最切異地早言旋

送族弟魯濱　秉烈　之霍山

燒燭整征輪離亭夜嚮晨獨憐懷餅客遠趁賣茶人風雪休言冷文章不救貧濟園梅欲放誰寄一

枝春

送友從軍

持節遠從戎將軍意氣雄封狐懸畫戟飛鴈落琱弓夜邑千營月秋聲萬馬風臨邊宣帝德不在建奇功

朱心垣曰雄渾確是盛唐結處極有體裁

九華山晤僧優曇

古刹繞千松松聲雜梵鐘風回溪渡虎雨過鉢藏龍撥火朝煨芋分泉午聽春講堂塵不到爲有白

雲封

旅館

不作他鄉客焉知道路難曉風雙袖冷夜雨一燈寒酒至同誰酌詩成獨自看故園書欲寫只是報平安

旅館曉雨

風聲驚旅夢曙色上窗扉聽雨知花落開門見鳥飛小池瀦漲滿深柳帶煙肥客子經年住春從何處歸

途中偶成

匹馬度長堤征衣映碧溪斷橋疎柳外流水夕陽西潮落魚梁見風寒酒斾低行人未投宿幾處暮鴉棲

夜行

暝色滿汀洲行人夜未休櫓聲烟外渡燈影水邊樓淡月依山没寒星入浪浮榜人歌乍發驚起宿沙鷗

莫樸齋曰酷似襄陽

江行

歸心隨浪急日暮向揚舲牛渚清堪照天門敞不扃霞光連樹赤山色過江青落落漁郎近疎燈似散星

江行打蹋

巧借石尤力橫江百折行帆斜常胆怯舵轉更心驚壓浪舩幾沒披濤柂獨撐遡來翻順受乘勢趁歸程

歸棹

偶因山水癖數載滯天涯夜月愁爲客春風苦憶家鄉書連楮葉歸棹趁桃花明日澄江上蓬窗見九華

洪北江日
得大自在

夜月江行

蘋末風初定波平夜放船魚潭聽網下蟹籪見燈懸岸遠天連水江空月化烟蓬窗人獨坐淸絕不成眠

張竹軒日江
空句奇妙

月夜溪行

劃破鏡中天蘭橈夜渡川荷香風出浦波影月隨船覓句吟頻斷懷人坐不眠漸聞雞唱曙知近水村邊

晚抵雙河口在青陽縣北關外

纜牽溪邑暮半醉倚歸風古塔蒼烟外孤城落照中亂山南障合流水北門通回首來時路蓼花映渚紅

繁昌舊縣址

潮落舟初泊臨風酒半醺山迷前浦雨岸失隔江雲泛水鷗千點横空鷺一羣舊城遺址在孤塔挂斜曛

過盧江盛家橋

隴低泉脉斷況復値驕陽民自饑來少田兼疫後荒水塘飛鴨鶩山徑走豺狼誰識催科吏猶徵舊日糧

雪後過白湖

寒重覺衣輕連陰喜放晴漁蓑堆雪卧客艇打冰

行山逐湖雲動風依岸樹鳴故園梅蘂早窗外幾
枝橫

夜發棲鳳嶺至盧江城

澤國秋猶熱征人早夜行曉烟炊飯火斜月叱牛
聲驛路經三堠江城徹五更停鞭天已曙喔喔亂
雞鳴

袁簡齋曰寫早行情
景絕佳宛然如畫

曉發金陵

柔櫓驚殘夢推篷日在船千絲垂柳岸疋練展江

天寒重添衣衣仄聲風微藉牵仄聲牵客星曾犯
斗往事問張騫

同張廉船上舍舟泊眞州

流連邗上路兩日到眞州拂水風千片留人月一
鈎燈紅沽酒店茶臼載花舟擁鼻張公子清吟共
不休

到閩

萬里入炎荒山川特地長綠烟榕葉路紅雨荔枝
鄉海氣蒸衣濕天風徹骨涼主人愁瘴癘勸客啖

檳榔

朱心垣曰語壯
麗而意深厚

家東村學博琔招遊小西湖

選勝上荷亭溪山列畫屏南閩好風景煙水似西
泠城影涵波碧嵐光入鏡青殷勤湖海士投轄醉
仙醽

將之鷺門感而賦此

秋風捲地起不見塞鴻飛萬里書難寄三年人未
歸行厨蕃芋給旅舍剌桐圍更渡東瀛去淒然淚

濕衣

冬夜徐炎若明經大受過訪

皓月照鑪盧空山雪霽初乘舟勞訪戴下榻爲留徐甕熟垂頭黍盤供縮頸魚聯吟頻刻燭呵凍意何如

題郡伯張芝亭夫子詩草後

惠澤流江左循良迥不羣經綸蕭相國風雅杜司勲行部心偏寫登高韻每分瑤編時朗誦聲入九華雲

題程東壁洞天幽隱圖

索我題清照披圖不見君候門惟稚子繞洞盡浮雲鶴出青霄外珠藏赤水濆應嫌邱壑裏位置未超羣

陳氏聯珠集卷四

全椒王肇奎鶴嶼采錄

陳　蔚

春日山居

柔綠暖日蕩春光一鳴山花十里香澗底吹沙魚哈吥林間搗藥鳥丁當牽蘿重補杉皮屋護笋新堆石子牆幾處輕烟茶已焙好分泉水試旗槍

其二

十笏幽齋寄此身閒居觴詠度芳辰摹描山水亳

端畫醉臥鶯花甕裏春吟苦應呼詩學士飲酣偏
愛酒賢人午餘一枕渾忘覺夢破松梢月色新
秦磵泉日二詩襟
懷澹遠音節和平

春行

暖日和風漾麴塵錫簫引我到溪濱苔經展印痕
俱綠草藉裙拖色倍新穿栁鶯招携酒客過橋蝶
趁戴花人韶光九十今添閏展作東皇百二春

溪行

興來時把錦囊携近午尋幽傍碧溪春水晃鷺楊

柳岸晚風蛺蝶菜花畦山光宿雨澄螺髻人影斜陽趁馬蹄極目詩情無限好青帘招客板橋西

袁簡齋曰通體幽秀

夏日山居

繞屋千峰列翠屏全無暑氣到門庭泠淘色帶槐芽綠新釀光涵竹葉青步毋求安靈壽杖願能知足吉祥瓶巡簷閒看松梢鶴時向晴風自刷翎

葉汾浦曰名語可佩韋弦

秋日泛湖

湖光如鑑碧悠悠檀板清歌載酒遊淺水半篙菱

葉路香風十里藕花秋賣魚翁帶鸕鷀網望鶴人

搖舴艋舟島嶼瀠洄看不足一彎新月柳梢頭

十四夜玩月

皓月偏欣是望前黃昏光映曲欄邊冰輪已近三

秋半桂魄將看八度圓分韻賡歌慚我後開樽玩

賞在人先慢亭明日還仙宴重上層霄聽管絃

張桐谷

日雋思

歲杪雪霽

千峯玉邑照蝸廬景物方新歲欲除滿院埽風兒
放鶴一橋殘雪客騎驢衝寒出貰陽昌酒呵凍歸
臨逸少書不識孤山林際路梅花春信近何如

魯星村
日清老

卜築

卜築依然傍故林門前松竹散清陰春苔有跡幽
人屐夜月無聲處士琴米未乞來常偃卧酒方賒
到即高吟比鄰幾箇支笻侶處處花開約共尋

小樓

小樓高結碧雲端萬卷圖書四壁攢蠟炬燒殘知夜永半裘質後覺春寒瓶空酒遣文章換錢盡囊留詩句看獨抱壯懷誰共語起窺北斗倚闌干

田居

桔槹聲向枕邊聞睡起巡簷看夏雲風乍披林聽鵲噪雨纔隔轍識龍分簪花餉婦攜兒坐植杖鄰翁對客耘從此共安耕鑿樂北山無事用移文

小礫山莊雜咏余別業也在盧江縣治東五十里

薙草誅茅鳳嶺東幾灣流水小橋通蒸菇葉潤簷

牙雨粳稻花香屋角風不斷情根連理木暫羈行

脚寄居蟲比鄰晨夕時相過桑柘陰間載酒筒

曲徑周行日幾回池邊鷗鷺弗驚猜軒因向暖簾

衣捲圍任探春戶扇開吟侶偶緣分韻坐游人都

爲看花來地當山麓斜陽早一派松陰覆碧苔

半生踪跡混漁樵雅有閒情破寂寥摘句爲圖同

鑄島栽花滿屋當藏嬌杯浮夜月愁何在簾捲春

風意也消溪水繞門成九曲扁舟時向綠波搖

鶴嶼曰雅人深致

麥滿平疇桒滿畦芳辰無事好扶藜毛公古洞春
雲外治父晴嵐夕照西老驥敢懷千里志鷦鷯聊
借一枝棲漁人錯認桃源近幾點花浮九曲溪
茅爲矮屋竹爲扉四面無牆倩水圍遲麥已收欣
歲稔早禾初秀喜田肥魚爭趁子銜萍上蜂爲尋
花繞戶飛坐久斜陽在高樹牧童乘犢渡溪歸
潘蘭如日
放翁佳句
蘚壁茅簷野老家疏籬低映水田斜鶯依屋語門
多柳蝶入簾飛案有花天宇放晴知晝靜林園逢

閒覺春眠只除載酒無人至時把魚竿上釣槎

洪北江
目新穎

夜宿田家

輕烟漠漠滿溪濱野鳥低飛若趁人近水燈光堪問渡當門月色解留賓朱櫻碧筍松醪舊紫蟹青螺麥飯新爲道荼蘼花事好清晨還約過西隣

雪後登九華山

乘輿探奇九九峰小梅香裏便支笻冰懸峭壁泉俱澀雪壓層崖路已封忍凍共驚遊事早衝寒偏

覺勝情濃不知飯土餐松侶高卧蓮花第幾重

重遊九華

奇秀依然蠟屐尋亂山飛翠結輕陰泉垂絕澗松常冷日射層巖雪尚深峰頂吠雲偷藥犬枝頭嗔客護花禽扶筇踏到題名處重掃莓苔續舊吟

鶴嶼曰積健爲雄

登齊山

嶙峋怪石簇湖隈踏盡修隄一徑開人帶夕陽穿樹上鴈拖秋色過江來吟懷乍減花應笑遊興方

濃月已催細數樊川登眺後鄂王端的是雄才

翠微亭

夢去揚州不復歸秋江猶見鴈南飛當年九日簪黃菊終古孤亭接翠微萬頃湖光宜夜月千尋山色趁斜暉倚欄傾盡壺中酒更上崚嶒自攝衣

過清溪弔二生

宋池州破州判趙公昴發死節有二生不知其名姓枕公尸而哭遂題詩於壁投清溪死之詩曰生爲趙氏臣死爲趙氏鬼何

以洗此寃清溪一泖水

五字吟成血淚新一泖溪水碧粼粼朝廷尚乏干城將草莽誰爲赴難臣拚得身軀酬趙氏不留名姓與元人從容堂上雙忠烈咫尺芳魂合結鄰

過梅根弔羅給諫

廿年火耨與刀耕每過梅根百感生場屋三羅才有數公車十上榜無名賫君嘗墅成高誼鄭女窺簾能誦聲垂老猶憐唐社稷錢王不起越中兵

余忠宣公墓

艱危六載障江城力盡難支大廈傾闔戶成仁同
卞壼千人從死勝田横空亭夜雨青燐嘯高塚春
風碧草生皖水東流遺恨在怒濤猶作戰爭聲

趙甌北曰氣足
神完盛唐高格

龍潭夜泊

偶逐烟波訪五湖情深憑弔托菰蒲潭心浪激星
光碎灘背沙明月色鋪夜火人家擒稻蟹秋風旅
客愛蓴鱸原非飄泊愁何事興至高歌擊玉壺

秦淮有感 一

秦淮一別幾經秋重艤蘭橈續舊遊燈影波光搖
畫舫簫聲月色滿歌樓酒傾碧甕鷫鸘杓人捲晶
簾翡翠鈎惆悵故交零落盡蔣山長在女牆頭
袁簡齋曰如聽桓
伊之笛一往情深

石頭城

從來外靖內憂多王濬樓船事若何但道波濤沉
鐵鎖可知荆棘卧銅駝空城暮雨鼯鼪嘯荒徑秋
風牧豎歌一片降旛千古恨傷心寧異魏山河
陳古漁曰
善於隸事

遊雞鳴寺晚歸

虎踞龍盤舊帝畿六朝風景已全非紅橋野岸橫
魚舫綠樹人家傍鴨闌淮水波連斜日白秣陵山
入暮烟微當時王謝今何在巷口空餘燕子飛

江陰君山懷古

層巒岪鬱起雄圖天塹遙來接海隅一派波光全
失楚半江雲氣欲吞吳延陵碑碣清風在黃歇邱
墟落日孤山徑萋萋芳草綠幾回憑弔倍踟躕

君山登寒閣一

歷遍丹梯數十盤巍巍高閣逼霄寒天開吳楚煙

波濶山壓東南眼界寬成敗昔人貲鎖鑰登臨盡

日拍闌干狂歌贏得襟懷壯回首孤城一彈丸

宜遠樓和姚苾香學博志鵠韻

臨湖百尺起高樓盡日開簾縱遠眸千疊晴嵐當

檻落一泓秋水抱城流斜陽柳色檐端出夜月燈

光鏡裏浮指點鷗波饒逸思乘風我欲泛輕舟

登舟

盈盈紅紫蓼花洲無限深情寄碧流暮雨疎簾人

倚閣秋風短棹客登舟波光瀲灩魚鱗出漢影橫

斜鴈字浮此去何堪頻極目滄江惟見水悠悠

江行

一枕蓬牕睡未醒槳聲伊啞已揚舲波搖楚尾連

空碧山到天門夾岸青曉日長鯨吹極浦秋風旅

鴈落前汀凝眸卻喜鄉關近九九芙蓉列畫屏

同張廉船上舍舟江行

垂楊裊裊布帆斜邗水歸來正自嘉萬頃烟波千

里月半囊詩草一船花時逢曲岸尋漁舍每過江

郵問酒家晨夕相依貧討論所欣博物有張華

江干阻雨

連日江村滯短篷凭窗四望盡濛濛迷離雲樹橫前浦羃歷烟巒障遠空嚮屐人沽花外雨披蓑漁唱柳梢風獨憐孤客情無限千里鄉關一夢中

巢縣道中

行行幾處見荆扉一帶修堤傍翠微葉脫風高知獸健烟凝波靜覺魚肥結繩林麓張山網聚草湖灘打水圍偏是騷人常碌碌授衣時節未曾歸

無爲州

古塔亭亭倒碧潯江城楊柳影蕭森千艘聚米成朝市百室臨流響暮砧秋酒價低知歲稔蠏羹味厚覺秋深九華樓上堪憑眺遙見鄉山動客心

暮返武進

篷窗斜倚興蕭然城外氤氳欲暮天流水夕陽人洗馬春風歸棹鶴隨船沙堤樹色增新景畫檻簾聲憶舊年剛道是歸仍是客渡頭纖月淡寒煙

張竹軒曰似岑嘉州

曉發潤州　一

煙樹離離旭照紅歸心從此繫孤篷天連北固山光遠江入南徐水氣空六槳不驚鷗鳥路片帆恰趁鯉魚風卻欣瞬息馳千里回首金焦杳靄中

姑蘇道中

旗亭煙柳遠空濛千里歸人倚短篷岸草關心前度綠野花含雨隔溪紅慵將往事供詩料總把新愁付酒筒舟子不知遊客意停橈猶說館娃宮

馬湘靈曰

無限深情

吳越道中偶詠

覇業荒涼已刼灰。無端往事轉生哀。人歸空使黃金鑄。潮起翻疑白馬來。春盡鷓鴣啼越國。目斜麋鹿走蘇臺。千秋成敗憑誰論。兩地郊原悉草萊。

青陽灘次朱笥河夫子韻

圖畫居然小米家。亂山圍處放船佳。溪紆石齲千篙折。浪急風迴一纜斜。宿雨添飛灘上雪。秋霜巧染樹頭霞。游魚皎鏡皆詩料。見底新安可並誇。

原倡　朱筠

青陽灘外幾人家舟擱頻扛處處佳短樹峰腰
紅豔冶淺流石髮綠歛斜小圃隨意圍叢竹古
錦無心裂晚霞連日江行茲絕妙留將好句北
歸誇

興化

蘭水壺山日日看遊人半載滯興安宅依夾漈茶
芽綠碑搨端明荔子丹螺琖黨瓢供器用蕉蛱花
蛤佐盤餐何當巨舶乘風去碧海鯨波縱目寬

五通渡公館在泉州府

候館蕭然傍五通。簷牙低接法王宮。地連閩粤要荒外。雲繞蓬瀛指顧中。斜日波光搖畫鷁。晚煙山邑駐花驄。今宵獨宿繩床上。消受濤聲一枕風。

送六弟若蘭之姑蘇

凌晨吾弟蘇臺去。因憶蘇臺二月天。十里梅飄元墓雪。半塘柳染武邱煙。晚風越客龍鬚笛。春水吳娘鴨觜船。逢着墨池須細看。揮毫脫帽卽張顛。謂張扃齋廣文

王蓼樓曰。一氣呵成。七律上乘。

次朱心垣秀才艮焯見贈原韻

奚囊句爲壯遊增，行處留題杜少陵。月店暫眠吟弗輟，雪舟來訪興時乘。江東合集搜羅隱（時心垣輯江左詩鈔），方外徵詩到惠能（上人謂一葦）。把晤情殷旋告別，詰朝雲樹隔山層。

送朱心垣秀才歸涇縣即次留別原韻

後會頻邀強自寬，河梁五字寫烏闌。多君月旦同金鑑，贈我箴規勝木難。元亮既歸誰入社，灌嬰雖老許登壇。林巒雪霽春風早，一路梅花取次看。

送李畏吾北部威程彝齋秀才敦北上

諸君聯轡出郊坰時何數峯胡客裏驪歌不忍聽夜雨疏窗同剪燭春風古驛共談經別來海水含情碧愁繞閩山入夢青我亦明朝抱琴去那堪回首子雲亭

次韻　朱筠

休賦驪駒歌在坰籃輿上嶺鷓鴣聽風情不復吟難路題識都將證古經春雪莫驚花外白燕山須看暮來青多君好古吾鄉到爲問酈家尚

有亭

送朱笥河夫子校士延平建寧諸府

星軺遙指化龍津師弟依依不忍分萬里天涯初聚首三春海國又離羣越王臺畔空芳草螺女江頭盡暮雲行到幔亭開宴處臨風爲弔武彝君

送圖月郵中翰明阿北歸 朱笥河日似新城先生

閩嶠遙因扈蹕來寧親未久別親回承歡官舍心初慰供職民曹檄又催十幅蒲帆過澥水千

金駿馬入燕臺南宮獻策知無敵聖主方求
柱石才

送張桐谷中翰時風歸西冷行卽北上

驪歌一曲餞松醪別後山花憶錦袍數月聯牀閩
嶠雨三年歸棹淛江濤鄉關秋老逢鱸膾
帝里春深起鳳毛獻賦瀛臺誰是敵聲華壓倒
舊仙曹

孫碧山仁自甘肅至閩

芒鞋踏破萬山雲細數遊蹤夜欲分十載西窺星

宿海三春南訪武彝君闕門紫氣騰仙馭巖戶清
風擁鶴羣我亦探奇興不淺蓬壺後約共殷勤

四十生辰

彈指流光四十春鶯花又向客中新鄉關入夢連
三棣山水勾人滯八閩果老生年逢丙子靈均初
度溯庚寅漫勞戴月簪星侶攜酒殷勤到海濱

將之白下留別毘陵諸友

共立程門未一年忽將銀燭對離筵心傷暮雨毘
陵驛魂斷秋風白下船送客驪駒歌渡口留人杯

酒餞江邊雞窗有約前期在楚水吳山路幾千

贈石埭李青崖司訓鸞

講席霏霏翠影寒陵陽山邑挂簷端門惟桃李春常好署有煙霞夢亦安牧鴨詩人稱地主釣龍仙令是同官長林風月舒溪水盡日無營拄笏看

晚泊池口逢王錫九秀才夢齡

片帆遙趁午風開剪盡秋波渡口來漸近家山逢舊侶且投郵店試新醅挑燈細認翻疑夢懷刺空歸枉負才從此結茅深谷裏日攜鵶觜種寒梅

曹雲瀾曰一
性靈語

酬趙甌北觀察翼以詩見贈

謝卻銀魚把釣筒先生出處古人風請纓馬踏珠
厓外解組家移玉局東論拔堅城千敵勁詩懸別
壘一軍雄奇才若不兼清福那有名山著作工

陳豹章明經過訪揚州　趙翼

揚州春老柳綵風千里相逢陳孟公家住謫仙
流寓處詩參摩詰畫圖中清遊邗上三分月小
隱池陽一畝宮九朶芙蓉青在望可能頻爲寄

郵筒

趙甌北觀察翼招同李嗇生郡博保泰張廉船上舍舟揚州城外看芍藥

連日邗江雨似絲故教紅紫殿春遲瓊花觀已過三月金帶圍今放幾枝獵酒我陪鵷鷺侶題詩君憶鳳凰池觀察試中書時詩題紅藥當階翻清遊不敢同溱洧贈芍殷勤賦別離

己亥除夕呈朱笥河夫子

每度新年憶舊年綵雞蠟燕列華筵嬌兒學寫宜

春宇慈毋匀分壓歲錢遠在異鄉聞爆竹聊將濁
酒祭詩篇先生應爲江南客絳帳春風奏管絃
次韻　　　　　　　　　　　　朱　鈞
又過五十一番年勝客偕攜好肆筵盡臘須浮
陳橘酒先春已放小榆錢似稀爆竹微懷土絕
豔紅茶急著篇連日聞歌太嘽緩不煩黍律爲
迴絃
呈朱石君中丞　珪
曾侍坡仙見賴濱鸞臺鳳閣許相親七年別兩閩

山夢一日光風皖水春折檻名流新建節登樓詞
客尙依人從茲深爲鄉閭幸雅化徐行俗自淳

鷺門留別張松圃司馬　朝縉

踏徧千山到八閩半年奉袂鷺江濱未能馬角還
鄉里不僅豬肝累故人清署飛觴簾月夜平臺聯
句筆花春携琴遠指榕城路回首天涯柳色新

寄鈕牧村　孝思

尊酒河梁賦別離天涯又值鴈來時依人應笑同
王粲對客猶蒙說項斯夜雨鰲峰恒入夢秋風鷺

鳥孰聯詩遙知蓮幕燈窗下佳句吟成自課兒

同張廉船上舍舟謁袁簡齋夫子不遇

絳紗紅粉競風流謝傳園林近莫愁早副盛名過
白燕能消淸福卽丹邱三唐讀遍無摹倣五岳歸
來更漫遊同甫心胸開萬古寧惟壇坫占千秋

德碧峰方伯文於閩南署中新構小亭

開藩建節鎮南滇三載旬宣萬室寧惠化八州成
廣廈幽懷十笏結高亭春回粵樹圖簷綠雨過閩
山入座青最愛隔垣民舍近城中頌祝已堪聽

奇麗川中丞豐額撫江蘇

建節新猷迥不同歌聲傳誦到江東蘇臺花柳咸沾澤皖水甘棠倍憶公名士撫軍三月治詩人爲政二南風自欣楚尾吳頭地猶在餘暉委照中

洋川書院訪洪稚存山長亮吉

建言諤諤是奇才萬里新疆去復回問字昔聯書案坐傳經今見講堂開朱雲折檻生徒盛李法還鄉故友來一別九華三十載幾時雙屐到天臺

章謹堂曰用舊合機不啻自其口出

題洪稚存山長萬里荷戈集即用見贈原韻

侃侃陳詞迥不羣，高岡鳴鳳振朝曛。上書自謂同劉偉，移副何嘗異李雲。此日更生逢聖主，當時欲殺有將軍。荷戈萬里詩篇富，西域江山盡助君。

洋川書院喜陳明經蔚過訪　洪亮吉

驚起山南烏鵲羣，筍輿穿徑已斜曛。意中欲定千秋業，肩上猶飛五色雲。種蛤盧江開別墅（君近買田盧江，有別業在焉），看花閩嶠憶將軍（君留閩五年，曾客將軍永德節

署

他年九子峰頭路訪罷東巖便訪君東巖三十年前與君分手處也時訂重遊

贈李銘三

亭亭怪石疊階墀瞥眼山巒意思奇樹罩層簷分
月少花籠曲檻度風遲嵇公好鍛涼生竈陶令窺
園香滿籬君作居停吾作客一般清況兩相宜

贈一葦上人

香臺岑寂斷塵緣慧業文人共一篇水月鏡花成
法界雞園鹿苑證詩天懶殘撥火爐惟芋惠遠聯

吟社是蓮疏磬數聲淸晝靜階前頑石解參禪

輓番禺何少府

萬里迢迢瘴海濱半生辛苦一官貧方期綵棒宣

威遠詎料瓊瑰入夢頻庾嶺北枝空有淚揚州東

閣已無人傷心不獨風流盡喬梓同枯更愴神

悼吳荔娘

塵滿粧臺鏡影虛傷心猶記汝來初晨牕劈紙爭

臨帖旅夜焚香伴著書辛苦追隨千里外等閒歡

笑一年餘鈿函剩有蘭陂稿吟向秋風淚濕裾

朱心垣曰情文雙至

洪稚存山長爲亡姬吳荔娘誌壙

誌壙遙頌五色文青山何幸葬紅裙曇華一現空愁我慧業千秋重賴君子厚有情銘馬淑東坡垂老瘞朝雲幽魂得此差堪慰泉室新添翰墨芬

閨情

金刀玉案紫雲簪啟匣重看思不禁高閣夕陽千里淚孤燈夜雨十年心征衣腰帶知非昔別路莓苔看到今欲向天涯傳錦字碧霄何處覓仙禽

醉吟

日日山厨抱甕眠出遊還掛杖頭錢聯吟白社非初願從事青州是宿緣有且學仙無學佛清斯爲聖濁爲賢十千一斗休辭醉身後浮名總惘然

偶成

滿架牙籤李鄴侯一間書室足勾留雄心竊擬文中鳳老眼徒言棘上猴腸日九迴愁未斷肱今三折事都休繩床默數泥鴻跡始悔從前孟浪遊

歌者遲至主人不悅詩以解嘲

當筵幾度促韓娥月上花梢始見過郢國豈先歌
白雪旗亭最後唱黃河曲終奏雅聲偏妙客散留
髡飲倍多盡興不妨歸去緩豪情那問夜如何

追和譚糭庵卧牛石詩糭庵遺民也

綵繪文繡已全除猶憶媧皇鍛煉初萬火劫餘身
化石五丁迎後國爲墟年皆復起何堪比馬縱能
流總不如說法臺邊頭一點勿隨諂使駕柴車
默對流泉口未污逃名一任作牛呼雲迷函谷眞
人杳星隕銀河織女孤鐵馬汗枯荒寢外銅駝淚

滴故街隅鬱林不復爲霖雨漫把青泥竟體塗

袁簡齋曰工

整似義山

看桃花

紛紛紅紫遍高低十里全開萬樹齊曉日霞蒸台

嶽洞春風錦簇武陵谿定知此後門難認不待重

來路已迷裙屐往還頻玩賞落英芳草踏成蹊

鈕牧村曰使事

自然鎔化無跡

落花

珊瑚七尺碎牆東不盡繁華過眼空金谷歌殘樓

墜綠玉壺人去淚成紅魂歸蝶夢三春雨怨入鵑
聲五夜風一曲山香舞未畢金鈴難護畫幡中

春草

靈根野火未全燒又逐東風入望遙流水晚煙迷
古渡亂山細雨認前朝銅街泥膩香車緩綺陌花
飛寶馬驕南浦不堪頻極目綠波人去總魂銷
鬬罷金釵已幾時匆匆又逼踏青期寒消碧岸鶯
初滑春入羅裙蝶未知丁字簾前花寂寂午橋莊
裏雨絲絲輕陰滿地榆錢亂野店風光漾酒旗

張芝亭曰春入一句耐人咀味

禁煙時節又將過一片芳心可奈何暮雨綠歸雲夢澤春風青入洞庭波平沙馬跡當晴淺小苑鵑聲向晚多最是萋迷腸欲斷遙村牧豎起悲歌

江南江北總芊芊無限離愁付暮煙細雨落花蝴蝶夢斜陽遠樹鷓鴣天平原是處成青塚芳徑何人拾翠鈿往事不須重悵望吳宫隋苑已千年

秋草

霜風昨夜遍天涯青女難同鬬鳳釵秦苑鳥隨斜

日下吳宮花共晚煙埋蓁迷有恨塡金谷蕭瑟何
心向玉階一道裙腰卿記否露多曾濕合歡鞋
香車緩緩軟如茵南浦重來憶遠人翠帶獨憐今
日舊青袍無復昔時新平原寥廓嘶金馬高塚荒
涼卧石麟落葉一堤黃欲亂誰云秋色碧於春
寥落川原對夕曛龍池春事已全非風高北塞鵬
翎勁煙冷南園蝶粉稀拾翠人遙紅樹滿採香徑
斷紫雲飛年華消盡芳菲節何事王孫竟不歸
枝頭鶗鴂又重鳴搖落天涯楚客驚彭澤菊開秋

邑老吳江楓冷夕陽明涼風關塞愁何極夜雨池
塘夢不成遙識平原寒食後芊綿還向燒痕生

蝴蝶

曾將春夢入南華蘭蕙香濃走鳳車風縷路迷秦
苑草雨絲魂絆廣陵花詩敲謝逸情思麗圖搨滕
王筆興賒栩栩絲衣成五色想從仙洞乞丹砂

悼鹿

雲漢瑤光盡日昏誰知汝合白茅純仙人欲遣龍
爲駕處士空餘鶴在門堪嘆蕉藏眞是夢擬將香

返竟無魂渠休自覺中原靖猶念豐苕舊跡存

午夜

午夜西風生瀟瀟一枕雨起看落葉多明月在高樹

偶成

林居少俗情性懶稀迎謁向晚渾無事教兒看新月

袁簡齋曰淡得妙

齊山雜詠

仙人跡

仙人亦不襪夜踏空山月千載留芳踪弗與蘚苔沒

鶴嶼曰古趣盎然

無極洞

一畫未開初太極本無極誰進問先天白雲自飛出

丹砂巖一名石鼓洞

石鼓眞堪叩丹砂亦可探我來巖洞裏名實兩相

參

潛蚪洞

古洞潛神蚪依稀九處館不隨雷雨飛較比閒雲懶

蓮子洞

洞當絕壁開石戶臨秋水出入蓮花間停橈弄蓮子

一勺泉

一勺寒泉水難教二客嘗遊人方苦熱涓滴亦清

涼

章華嚴日諸詠聲息氣味俱古自是王裴輞川一派

江行雜詠

日沉遠樹昏煙起遙山失何處艤孤舟一燈古渡出

朝發螃蠏磯暮宿針魚嘴秋風一夜生吹冷半江水

金陵訪王梅坡明經　廷泰

旭日雞鳴寺秋風虎踞關為尋王謝宅看盡秣陵

山

上覺羅宣齋將軍永德時臺灣械鬪

覲聖心誠切蜂屯勢已兇旌旗休北向策應

賴元戎

春閨

春來花滿枝春去花亂飛幾度花開落栽花人未

歸

湯綺堂曰一片深情得古詩神韻

青棠號合歡楊柳名離別莫傍池塘栽春深花似

雪

秋闈

落日上江樓千帆亂水流秋風興客思都半是歸舟

鸜鵒眼硯

澤並蟾蜍潤圓同鸜鵒勻不知雙眼碧曾見幾才人

叩頭蟲

腷膊頭常叩逢迎孰汝如可知怒臂者覇主亦囘

車

閬苑

閬苑晴雲靄夕暉經旬猶未御風歸芝田養得雙雛鶴羽翮初成已學飛

瑤臺

瑤臺宴罷月三更猶向花陰奏玉笙爲問西池諸女伴風流誰似董雙成

青鳥

記得瑤池奏玉笙碧桃花底見雙成今朝青鳥傳

來信要遣鸞車降上淸

鶴嶼曰蟬聯而下妙在一氣呵成

晚行

蒼松謖謖晚風晴山徑無塵覺步輕身背斜陽向東去伴人瘦影卻先行

洪北江曰眼前景未經人道

寒食偶成

簫聲隱隱賣餳天雀噪空厨類禁煙幼女不知囊內空繞牀爭索買花錢

冬日溪行

攜得詩瓢與酒瓢沿溪風冷雪蕭蕭芒鞋踏徧寒林路又爲梅花過小橋

袁簡齋曰風致飄然

白鶴臺 在青陽縣治東南一里許

崇臺何處問令威九轉丹成白日飛仙去曾經騎鶴去鶴歸可復載仙歸

捧檄橋 在廬江縣

平生踪跡托煙蘿今日溪橋策蹇過我有雙親須

祿養未能捧檄愧良多

徐洞春曰其言藹如

過西楚霸王廟

衣繡空餘野岸花淒淒古廟夕陽斜重瞳也有東歸思誰道英雄不顧家

史督師祠

落日城闉弔督師梅花嶺畔有新祠同時殉難皆忠烈誰向西風薦一卮

同史公死難者有揚州知府任公民育賞功副將汪公誠諸公今史公有祠而諸公未獲配饗故賦及之

鶴嶼曰標出同難
諸公獨有卓識

靈巖

支硎踏徧又靈巖嵐翠空濛欲滴衫乘輿更從高
處望煙中露出太湖帆

汪荊門日眞景

西湖

朱樓畫舫簇湖濱花柳鶯啼十里春南渡君臣愛
歌舞可憐嘗胆卧薪人

往毘陵留别弟薰藹若蘭萼

東風曉日柳初新攜手依依澗水濱別後春光各

努力高堂同是望中人

隨從兄郁庭遠行

江梅開徧雨霏霏同駐郵亭整客衣今日反嗟人

似鴈一行齊向異鄉飛

胡眉峰曰

翻案有情

和郡伯張芝亭夫子青陽至石埭道中喜雨

山田閒學種香秔隴畝無雲日日晴刺史勞農車

乍過忽聞夜雨滴階聲

江干阻風

千古深情說石尤逆風爲阻客帆留那知煙雨春江上半是歸舟半去舟

過餘干

篷窗睡起覺春寒細雨斜風上碧灘兩岸輕陰籠綠樹鷓鴣聲裏過餘干

車盤旅舍在鉛山縣

晴光未午駐車盤客舍疏窗面翠巒不是肩輿行不得爲憐山色一憑欄

鷺門

羣山嵂屼海天隅。鷺島風光漸覺殊。赭瓦紅牆郁落好。門前都種綠珊瑚。（綠珊瑚樹名無葉多刺土人植以爲籬）

思親

雲水重重道路漫。雙親常念客衣單。遙知接得兒書看。縱說平安疑未安。

自題擕囊閩嶠圖

豈效岐途阮步兵。生來傲骨拙逢迎。耽吟自笑成詩癖。載得奚囊萬里行。

閩南學使署中雜詠錄二

茗椀詩牌意致高官齋政暇卽仙曹一番新雨簷前過乘與閒扶夾竹桃

簾垂清署靜無譁高燭芳筵與自賒[illegible]分足徵師弟樂公然賭酒夜猜花

朱笥河夫子於福州使院疊石爲山曰笥仙

閒將使院當平泉九仞功成號笥仙較勝鬱林廉太守不攜一石上歸船

王蓮府日筆端新穎寫出學使清風

送何數峰內翰 青縣應 名試

江花江鳥待君回萬里春風翠輦來獻賦不須逢狗監漢家天子自掄才

閩南偶詠

江左方傳九九圖閩南風信動花鬚天憐旅客貂裘敝不遣寒威到海隅

湯緯堂明府大奎招余東渡時余將歸江南詩以辭之

鯨魚碧海壯波瀾愧我無緣飽大觀最是海邦新

定後須知覓猛兩俱難

袁簡齋夫子納寵

隨園彷彿小山隈金粟離離帶露開桂子不須雲外覓姮娥新下廣寒來

程香浦納寵　時客巢邑莫明府幕

淺淺輕波小小艭載將春色過須江風流仙令清齋裏綠水紅蓮影自雙

衣香鬢影漾晶簾搦管粧臺樂事兼呵凍畫眉忘卻冷從今半臂有人添

山妻遥在楚南天別把紅絲隔幔牽他日攜歸湘
水上鏡臺相見我猶憐

題蘭陂剩稿

剩稿殘箋不忍看偶吟佳句淚闌干埋香葬玉尋
常事閨閣能詩再得難

鶴嶼曰潘岳悼亡無此沉痛

題畫

竹樹參差積翠間幾家茅屋傍溪灣憑誰寫出江
南景撩亂鄉心雨後山

題張松園司馬朝縉蕉陰默坐圖

欲借芭蕉證此身科頭長踞獨凝神試添幾點寒林雪便是王維畫裏人

題劉履吉步蟾桃園夜宴圖

台嶽洞邊成勝遇元都觀裏續前遊如何地有桃花處逢着人來便姓劉

寗樸菴曰湊合自然語成天籟

題族弟魯濱秉烈課兒圖

諄諄誨子一經遺儒素家風最可思分俸延師成

往事披圖想見課君時

毘陵官署題吳信庵司馬灦歸棹圖

擬將初服返林邱花縣黔黎苦借留卧轍攀轅歸不得又從圖畫覓扁舟

黃仲則曰透徹玲瓏面面俱到

吳興九齡幼女嚴靜能書兼工墨竹

嚴家繡閣霅溪濱松雪幽齋合結鄰九歲女郎工翰墨風徽想見管夫人

短髮垂垂覆額初居然才調女相如晨窗寫罷簪

花格矮髻還教阿母梳
纔過齔齒未三年解染宣毫試越箋寫得一枝慈
姥竹輕煙淡月影娟娟

秋閨怨

夫壻長征紫塞間誰知妾鬢已成斑鄰家昨日傳
來信又說單于入漢關

池陽郡城竹枝詞

沿湖如劃界紋斜析竹編簾處處遮潮退潮生牢
記取一年租稅在魚蝦

比戶朝朝買米炊無儲粟賴賈船移清溪涙大帆
檣斷三日南風一郡飢
囊空無計覓金錢剜肉醫瘡劇可憐賖得斗裘歸
質庫明年債負倍今年
交子飛飛當制錢任他萬貫可腰纏謾云後蜀三
年界貲薄難償在目前
淡粧素服總如雲南北山頭各一羣五戊將逢春
社近人家剪紙挂新墳
南湖同坐小舟輕前向荷花多處撐妾貌似郎郎

似妾與花比較看誰贏

吳禮園曰淫情古思

芍藥

當階芍藥手親栽前歲維揚載種來莫訝今春花事盛幾番澆灌隔年開

玉女幢九華草名

雲軿冉冉上遙空玉女捘壺宴已終芳草不知僊去盡碧幢依舊挂春風

念佛子九華鳥名

日暖祇林巧弄吭。聲聲濤梵出松篁。誰開佛國蓮
花頂。山鳥猶知誦法王。

吳荔娘字絳卿莆田人靑陽陳明經蔚副室著有蘭陂剩稿

園居

逸志屬烟霞。園林歲月賒。臨風時放鶴。欲雨早扶花。甕釀黃精酒。爐烹紫筍茶。地偏饒逸趣。那問室如蝸。

閒窗

殘臘繡初成。閒窗最可情。詩吟陶靖節。譜閱蔡端明。有火爐香細。無冰硯水淸。平生未見雪。也寫快時晴。

孫華陽曰二首詞句秀逸殊有自適之致

秋日有懷

澤國秋陰重。涼浮小院東。池喧荷葉雨。簾漾桂花風。覓句困寒蛬。裁書憶遠鴻。遙知湖海士。獨坐與應同。

種竹

分得淇園種。窗前翠影沉。數竿纔解籜。兩月已成陰。時戛風天玉。還篩月地金。悠然千載下。想見子猷心。

落花

小苑微風起飛花拂面來丹砂盈玉砌紅雨降瑤臺艷質偕鶯去餘香引蝶回殷勤林下祝重向早春開

途中暮雨

日暮鄉關杳頻將別淚吞濃雲迷海國密雨鎖山邨水漲隄痕濶鴉歸樹影昏雙親行漸遠回首黯銷魂

灘行

溪水清如鏡扁舟小似梭沿流平地少夾岸亂山多雲碓懸青壁水輪湧碧波灘聲三百里歸夢奈渠何

春日偶成

曈曨旭日映窗疏荏苒韶光一枕餘深巷賣花新雨後閒門插柳嫩寒初鶯兒有語遷喬木燕子多情覓舊廬那用踏青郊外去芊芊草色上階除

袁簡齋曰
晚唐佳句

郊行

千家垂柳閒天桃想見東皇點綴勞嫩綠細裁風

是剪新紅膩滑雨如膏午陰覆地籠遊騎春色隨

人度野舠香屧黏花裙簇蝶最怡情處是青臯

幽軒

幽軒十笏俯清渠簷影波光漾碧虛石竹叢邊貍

撲蝶水芝花底鷺窺魚迎涼試演彈棋譜銷夏閒

鈔博物書坐久不須葵扇拂微風時透葛衣裾

洪北江日領聯摹描

靜細宛若宋人寫生

題擕囊閩嶠圖、

耽奇絕不憚辛勤游輿飄飄宗少文幾緉屐隨闖
嶠月一囊詩雜海天雲若添近侍須圖我願買新
綵更繡君有此無庸銅鑄島淸齋時把瓣香焚

觀燈

風景何須美廣陵晴光夜久更淸澄踏殘歌吹千
家月看徧魚龍一市燈寶馬欲囘銅漏盡瓊樓猶
倣玉人凴歸來擬寫昇平象舊曲重翻愧未能

鏡中美人

雙蛾也解倩儂描非雨非雲暮又朝曉起每同梳

綠髮晚寒還共着紅綃銅臺靜鎖喬公女金屋深
藏漢代嬌只恐樂昌分折去青鸞音信海天遙

建蘭

廉纖春雨始分盆近日幽芳灌鼻根獨抱素心凡
豔盡別饒清韻國香存瑤芝之室裏秋紉佩玉樹庭
前夜撲樽一幹數花當是蕙欲將九畹細重論

夾竹桃

和露和煙巧結胎如霞如簀漫驚猜葉堪神女壇
邊掃花似漁郎洞口開豔質應招崔護賦靈根合

倩子猷栽此君原是俱那種遙託仙槎海上來

蜘蛛

經綸滿腹向誰誇愛把珠簾處處遮屋角時縈新雨霽空中乍織晚風斜閒張密網除飛蠹解吐柔絲繫落花七夕年年人乞巧不知卍字在誰家

紡織娘

三日誰嫌紡織遲終宵乞乞弄機絲繅車初試金風動杼軸頻敲璧月移唧唧近依桐葉院聲聲遙在豆花籬平生疏懶驚心切繡閣燈殘夢醒時

隨大人郊行

隨侍出郊行風光喜乍晴此時爺試聽黃鳥正多聲。

題畫

危亭初過雨蒼翠亂山秋一徑通深澗無人艤釣舟。

對鏡

今日是何日離家已幾時對卿頻歎息心事只卿知。

吳興九齡幼女嚴靜工書兼善畫竹

繡閣遙鄰墨妙亭開簾煤麝動芳馨晴窗書破洪兒紙誰識金鑾未十齡

琅玕嫋嫋影縱橫千尺寒梢一筆成我看丹青先比較此君風韻卻輸卿

賦茗才華總角年揮毫風致自翩翩他時理棹苕溪上好結香閨翰墨緣

竹窗閒詠

門前一任落花深翠竹亭亭寄此心嫁得江南老

詩伯閒窗無事日聯吟

王春臺曰想見高致

睡起

春夢初殘曙色微雨消窗外濛晴暉呢喃燕爲銜泥急起捲珠簾放早飛

夏日偶詠

江珧車蛤並堪誇通印魚肥味亦佳近日心齋無別嗜楓亭荔子鄭園茶

冬日偶成

融融淑景近嘉平簾幙風和雨又晴深院不知春
色早怪他牆外賣花聲

趙甌北曰
韶秀絕倫

牡丹

名花未放覺春遲航海新添四五枝國色由來描
不得世人空自買胭脂

曉過延平

溪流百折亂山中一片輕帆面面風昨夜龍津過
新雨回看烟樹遠空濛

過嶺

千峰如劍插雲間保障南閩第一關從此思家心更切回頭不得見鄉山

魯星邨曰語淺情深令人欲淚

望華亭

溪上危橋橋上亭凭欄山色向人青芙蓉疊疊秋空淨一幅王蒙水墨屏

憶莆陽

兒家住近木蘭陂比戸臨流種荔枝最愛年年梅

雨後星毬紅映碧琉璃

和風暖日透窗紗纔到江南苦憶家殘臘故園清

供好一瓶同浸四時花

陳氏聯珠集卷五

全椒王肇奎鶴嶼采錄

陳秉烈字曾濱青陽人諸生著有涔園詩鈔

自題課兒圖

憶昔總角時抱書就邨塾日夕方趨庭了然句讀熟燈下荷提撕雙親愛彌篤諄誡語諄諄期望心甕甕上念數世來貽謀在饘粥庶幾立功名藉以光寒族烏何運數奇偃蹇困場屋蹉跎四十春平生殊碌碌況復生計拙困圍半已鬻惟遺滿架書

殷勤課兒讀程功貴有恒求效無欲速譬彼物易
生匪徒一日暴茲圖懸小齋俾爾時觸目
吳禮園日眞摯語從性靈中流出故自悱惻動人

滂園夜雨喜豹章兒及諸弟姪至

瀟瀟雨正飛寂寂日初暝殘葉墮楓林幽香沉菊
徑小軒無客來棐几聊獨凭門前剝啄聲豁然假
寐醒伯仲羣見過衣裾笑泥濘篝燈各劈箋抽騁
發奇興謂我將遠行賦詩遞投贈轟飲夜轉深罍
空缾亦罄

甯樸菴曰筆致瀟洒

出門

僕夫催束裝今日復明日迨更一月餘猶居半畝室同社餞新詩盈几成舊帙過從羣攀留聚處恣恬逸云胡樂遊遨擔簦出蓬蓽大江風蕭蕭孤館雨瑟瑟四野沍寒凝銀花飛六出匆悲去路長但覺行期疾

盧江城別豹章兄

追隨兩月餘風塵共勞勩故園松竹存胡爲淹旅

次兄返城北隅弟挼城南轡相顧各躊躇世途亘不易

章謹堂曰
語短意長

題鳳梧軒畫譜後

吾兄非畫師穎異從稟受襟期湖海寬槃礴致不偶竟體成芳蘭胸中竹千畒寫意不寫形水墨頗自負時還作丹青精工奪妙有蛺蝶筆端飛羣推寫生手揮灑與自豪寧落古人後我昔學摹臨循循承善誘載酒鳳梧軒相契兩心久今惟畫譜存

那堪重回首含悲語鐵門遺風善世守

課雪樓

昨夜寒林風正怒吹起同雲四野布主人新築課雪樓邀我登臨賦長句樓頭八扇白板扉樓外兩株烏柏樹鄰翁將欲伐作薪我屬主人須勸住青條葱蒨待春深紅葉斑斕作秋暮冬初殼脫子離離尤似梅花鬥雪吐即今玉屑飛前山掩暎冰枝悉可數

鶴嶼日卽景生情饒有别致

冶父山

歐冶昔居此山中鼓鑄多年稱良工巖邊鍛鍊懾猛虎池上淬礪飛青龍至今佛子競卓錫亦敎慧劍開禪宗我欲躡屩探其奧一徑盤屈楓與松梵宇沉沉綠陰裏金碧光連搅率宫老僧引我最深處千竿翠竹生清風殼壺泉煮壑源茗響鼓嶺度魚山鐘世外俗塵飛不到冷然萬慮捐心胸我本偃蹇羈旅客意氣枉欲凌蒼穹硯田荒落久未穫蹉跎世路成何功對此忽然發奇嘯一洗抑塞磊

落之氣歸洪濛

章謹堂曰通體蒼秀一結更有奇氣

梅田茶社

壯志無成性轉野潦倒風塵作牛馬經年負販客霍山採茶歌裏花香惹君家昆季飲與豪梅田詩社兼茶社盧同七椀腋風生李白百篇心花瀉大沁枯腸覺趣清何必岐途嘆交寡深談徹夜峭寒增淡月低簷霜墮瓦

家仲聲少府儷自陝至霍山賦贈

平生然諾感同類秋雨秋風入汧渭遠道秦關百
二重老翁鬘鑠何所畏離亭餞罷我將歸分手無
言還自慰衡山聚首復有期沉思約共梅花醉相
逢剛值雪初飛一樹寒葩開尚未

洪北江曰足徵交誼之重

怨歌

妾顏如花郎愛惜妾心如繭郎不識花有落時繭
纏綿願郎重情不重色一朝辭妾從軍行十年邊
戍無消息富貴忽傳金屋深中有阿嬌競奇特芙

蓉帳暖錦瑟調如樹連理鳥比翼空閨淪落知未
知猶爲征人念孤寂

涔園獨酌

閒愁驅不盡花下且啣杯白眼狂猶在青春老漸
催門因招謗杜詩爲謝交裁獨有聯珠社時時索
句來

鶴嶼曰工
於發端

華雲庵夜坐

連日山中卧孤衾冷若冰引杯邀片月撫劒倚殘

燈。夢噩無涯。岸心煩。少勸懲。蹉跎成底事。習靜不如僧。

謝金門曰夢噩一聯未經人道

遊金光洞

一徑盤旋上。崢嶸夾亂峰。石奇蹲碧獸。松老卧蒼龍。殘日山頭落。寒雲洞口封。遊人未投宿。已聽上方鐘。

中秋夜飲涔園

玉宇秋將半。空庭月色多。一輪供玩賞。五字費吟

哦花萼樓臺宴塤箎伯仲歌廣寒爭屬目誰解問

姮娥

九日

偏到重陽日愁思一倍添砧聲驚倦枕花氣襲重

簾送酒人誰遣題糕韻自拈金霞山在望孤負最

高尖

過雙溪館

竹裏書聲朗橋邊石徑通門迎雙澗綠簾捲一林

紅詩酒餘狂態頭顱半老翁梅花春信早還訂歲

寒中。

余忠宣公墓

仰首瞻遺蹟。忠貞自昔聞。一門元季魄。千古皖江墳。碑碣埋春草。松楸冷暮雲。崔巍崇廟享。長此靖妖氛。

過江宿老洲頭

破浪剪江流。停橈問老洲。濕烟楓樹暗。細雨蓼花秋。犬吠誰家院。燈昏獨夜樓。傾壺謀一醉。難遣客中愁。

鷺鷥廟題壁

淡煙迷野浦綠水繞沙塍頹角三椽屋科頭一個僧堂空蝸篆壁人靜鼠窺燈自笑征途客塵緣脫未能

老洲至落拓石

離卻江濤險長途漸自諳橋通三汊澗渡問九兒潭野堠勞相送行囊苦屢探生涯真落拓對石倍懷慚

鶴嶼曰結語感慨情深幾于頑石欲語

大坳口

谷口崎嶇甚山凹勢漸平雙峰天際聳一徑峽中行石壑含雲氣松濤挾雨聲空濛秋色晚凝眺益淒清

吳禮圖曰如讀柳州遊山記

過歧嶺

且莫躭危坐紆迴嶺路長摳衣攀石磴分擔越山梁佛寺鐘初動僧厨飯正香行塵看乍拂低首禮空王

梁家灘望月

又見團圞月清輝倍可憐桐疎分影瘦灘靜落痕圓玉宇明長夜銀河竟遠天故園吟檻上應共靚嬋娟

歸思

鄉心春更切竟日數歸期慣作歡娛夢多吟離別詩簾櫳昏雨夜鶯燕落花時底事愁羈絆催裝已覺遲

施素之日
旅況可想

登檀樹嶺

簦步太凌兢崎嶇第幾層懸崖堆碧蘚老樹絡蒼藤泉韻鳥相和樵呼山自膺渴煩宜椀茗尋就下方僧

章謹堂曰樵呼句新

宿栁樹店

一帶溪邊樹飛花已過時不勝風蕩漾甘受雨披離敗葉添茶竈長條拂酒旗羡他巢上鵲安穩最高枝

寄內子

遠出原非計，歧途喚奈何。田園慚我薄，鹽米累卿多。畫荻兒知字，鳴機女學梭。書生羞薄倖，太息伏雌歌。

憶鐸兒

邇來長幾許，無日不關情。乞乳窺娘意，攤書學父聲。立貪花影密，抱指月華明。記得門前路，牽衣解送行。

洪北江曰：一起神來，以下一筆掃去，自爾情深。

寄施素之

落落性殊慣。孤吟半畝宫。每逢深夜雨。偏憶故人風。興趣酸鹹外。形骸脱暑中。秣陵秋漸近。相望桂花叢。

旅舍

鄉園離未慣。倍覺客途遥。曉發霜凝履。宵餐月入瓢。友朋思促膝。兒女夢垂髫。山店燈殘候。裁詩獨寂寥。

旅懷

飄泊生無計萍踪滯一方疾仇心地窄拋業硯田荒貧我原非病依人不敢狂前途如未艾且自歛鋒芒

青田河

十里黃花路風光眼乍新每逢沽酒處多半故鄉人勸勉期加飯攀留看賽神思家因問歲把臂倍相親

孫華陽曰極風韵極自然

過山莊

四顧山如郭衡茅三兩家晚香彭澤菊活火趙州
茶帘影溪邊動炊烟屋角斜秋聲零亂起深柳撲
羣鴉

題霍山大冲口石壁

峭壁參天立溪流滙一灣怒聲風捲樹倒影水吞
山客散評茶去舟喧載米還小庵清磬發日落掩
禪關

哭從兄馭騂

身被功名悞緇塵迫遠遊公車三度上京洛五年

畱有硯遺黃口無詞慰白頭傷心燕趙路輿櫬返山邱

朱心垣曰一字一淚

寄華雲庵僧

搔首天難問知音何處逢杜門翻受謗避地學藏鋒舊寺雲侵榻閒門鶴倚松幾時依老衲同話暮山鐘

鮑有軒曰起得悲壯

寄華南書堂及湛清園諸子

書劍竟無濟風塵孰丈夫可憐投市井相識半屠沽伏櫪慚駑馬浮江笑野鳧遙知同社者應歎旅情孤

鶴嶼曰沉摯不減少陵

寄姪衷

八載崎嶇路他鄉宿願違多因家是累自覺客難歸夜雨驚花落春風怕燕飛相期三月暮重與話庭闈

贈王雨文

衡南停屐日寂寞老王孫客散千金去囊空一硯存吳山餘醉夢湘月繫吟魂别有悼亡句春衫染淚痕

一花齋

課罷兒童白版箋日高亭午抱書眠一花開放詩成癖半畝穊耡硯是田伯樂何曾虛骨相休文畢竟怕腰纏奚奴會報搴簾客來品宜村石谷泉

登齊山大觀亭

危亭矗立傍巑岏放眼湖天飽大觀日落霞光連

水濶秋空雲氣逼霄寒南來帆密搖吳舫西去山多接楚巒有句未堪酬小杜每因懷古倚闌杆

杜荀鶴書堂

香林峰下舊書堂石磴重尋半就荒曠世風流遺九子當年詞翰接三唐秋聲院落餘芳艸峭壁藤蘿挂夕陽咫尺謫仙祠廟在碧山烟月共蒼蒼

三十初度

少時意氣邁兒曹覽鏡頻添頰上毫度我青容虛白日悞人何必是青袍庭萱春暖逢親健井臼年

荒恃婦操斗酒篇詩還自祝不須悲壯首空搔

新春客感

年來行跡付飄蓬菑滯江天愴客衷兩月鄉園憑夢蝶一春風雪阻歸鴻徒敲京兆門前句誰辨中郎爨下桐萬斛羈愁塡臆臆難將杯酒遣途窮

自小礫山抵盧江城

山莊積雪玉成堆驢跡衝泥凍乍開載筆征途空賣畫過江淸興只探梅午煙林麓屋高下春水野塘鷗去來驛畔堠墩閒指數夕陽淡淹小城隈

金水村日彷彿李營邱晴山春曉圖

先君忌日

單寒門第目蕭蕭。回首家風淚暗飄。記父休官猶戲綵。先君官溆浦縣尉痛兒失怙正垂髫。機聲夜月堂初冷。棣萼春煙樹半凋。先君沒之次年正月二十九二兒沒三十年來承手澤。不能展卷是今朝。

洪北江曰至性流露

城南

城南春去綠陰稠。積雨初晴翠欲流。渡澗鐘聲烟

外寺隔橋簾影水邊樓濕泥低掠將雛燕密樹遥
嚦引婦鳩歸路一林桑葚熟好賒甕蟻泛深甌

鶴嶼日三四語晚唐風韻

遊百牙山

百牙山勢俯城闉勝日能娱淡蕩身梛鎖長堤青
裊裊溪環古塔碧粼粼老僧編枳圍新笋游女提
筐摘早芹試對斜陽動微咏奚囊分得一湖春

湖望

夾岸垂楊綠翳郊野人臨水結衡茅棚張淺浦魚

懸網門隔踈籬燕覓巢雞黍憑誰尋舊約湖山與我締新交行吟得遂烟霞興何事羈懷未肯拋鶴嶼曰窄韻穩叶

寄于聞師

天分南北悵何如棒檄移官近帝居每憶鳴琴千里外不親摸杖十年餘秋風同洒鴒原淚時君素師及余大兄俱病故夜雨多沉鴈塞書一鳴梅花數竿竹幽棲相待早懸車

贈豹章兄

襟懷湖海氣吞牛廿載風塵罷遠遊花萼詞章宗

筆削竹原譜牒荷編修始祖自祁門竹原遷閩中青陽族修譜兄主稿

建策將軍幕謂鎮海將軍覺羅宣蕭永德幕府天下論交翰撰流

結得梅緣江北岸兄於盧江小礫山築別墅植梅百餘株自號梅緣年年

晴雪放扁舟

孫華陽曰神完氣足包括無遺

送友征苗

世世　天恩撫洞頑軍容此日壯江關民歌戴

德爭行役兵學攻心合縱蠻驍騎才臨湘水外捷

書旋奏楚雲閒風流年祜遺碑在綬帶輕裘仰峴
山

鶴嶼曰
得體

哭君素師

平生心跡共誰傳遺語呻吟卧榻前親尚雙棺畱
淺土弟叨一綬隔遙天藏書少有貽公雅族譜遲
修愧老泉時方修譜理稿未竣欲賦長言伸一痛拈毫嗚咽
不成篇

過清泉嶺

兩壁青巒夾徑斜孤亭兀立見人家雲陰鐘定僧
編貝石罅泉香客品茶横笛牧傢秋岸草鯽魚鷺
撲野塘花城西指點無多路一任林端噪晚鴉

鮑有軒日
樊川風韻

夜過三溪

迷離暝色一林秋路轉三溪獨夜遊隔岸輪聲喧
水碓誰家燈影閃山樓烟籠村落遥聞犬浪静沙
灘穩睡鷗乘興不須重秉燭空亭翹首月如鈎

涔園夜雨繡輿熟之右三至

大江同泛秣陵船滌盡塵襟話榼前促織聲悲涼夜雨菊花籬鎖晚秋烟文章不第誰名士壘塊能澆即散仙約我分題須刻燭愧無新句上鸞箋

讀明澄城主簿李忠節公傳

獨向西南捍一隅澄城往事匱長吁身方入蘉詞偏厲賊縱燃箕骨肯枯地以卑官存正氣天留芳緒續遺孤班班行述稽難盡擬賦公忠載史圖

遊華雲庵

重尋幽徑避囂塵慰息山齋話舊因十二年來羣

從散昔家亍聞師同鮑雨辰先生三千里外一官貧亍聞師時任直隸平谷縣少時豪氣今全減衲子交情老更親分課殘題猶疥壁幾回拂拭幾傷神

清溪泛月

一片溪光暮景催畫橈搖動浪紋開中天月色凌波亂午夜秋聲帶鴈來遠岫蒼茫橫九子浮圖罨靄接三台篷窗酒熟詩初就雙槳夷猶荻港隈

乙卯閏二月皖上寒夜感懷

鶴嶼日午夜句沉着

逡廵匝月滯江城客舍春愁逐閏生白壁已磨時
受玷青萍欲試夜先鳴十年舊事拋難盡一枕新
吟續未成徹曉思歸歸夢少瀟瀟風雨打窗聲

登晥江城樓

層城迤邐枕江沱翼翼飛樓跨碧波彭澤潮來新
漲潤樅陽日落客帆多天涵雲影春歸鴈風雜濤
聲夜吼鼉隔岸故山欣在目九華空際鬱嵯峩

鶴嶼日通
體雄壯

大觀亭

曾記披襟倚畫欞攜樽重上大觀亭江濤捲雪千層白山色拖雲一帶青守墓老臣餘愧恧旌忠古廟尚芳馨憑闌兀坐狂吟久遥送飛鴻入杳冥

紫竹柯夜發

匝徑琅玕繞屋斜漸離城市漸無譁扁舟水淺穿雙峽違岫雲深失九華雪壓橫橋催蹇路灘流涼月捕魚槎榜人指點長山近十里篷窗聽曙鴉

泊紫沙洲

一片風帆向晚飛沙洲停泊月生輝年荒負硯行

猶壯歲暮干八計已非敧枕靜聽鴻鴈坐敝衾寒

借鷫鸘圖心頭離緒江頭浪顛到篷窗夢不歸

蕪湖關偕豹章兄

南來屏翰壯江濱官閣危闌入望新煙鎖蟂磯迷

遠岸雲開雉水瀉長津天朝賦薄輸金易賈

客船多納稅頻獨有小舟輕盪過筆牀茶竈兩閒

人

寒江夜泊偕豹章兄

萬派清光百尺瀾扁舟隨月泊江干乍離庭戶登

迷易不慣風波涉險難沙渚懸燈官舫靜霜天吹角戍樓寒阿兄攜得鯨蘭集擁被聯吟到夜闌

鮑有軒曰霜天句可與五更鼓角並傳

無爲州道中

舍卻舟行又陸行笯囊分載一車輕雪消山郭無跡冰裂圩田暖有聲籬落鳴雞催午餉茅檐飼犢待春耕風光觸起狂吟興更趁斜陽十里程

吳禮園曰是繪聲手

除夕盧江飲全家莊

四壁輝光燭上初茅堂歡宴歲云除飯香瓦甑炊紅粒膾薦辛盤斫白魚瞬息推移新日月幾番棖觸舊田廬遙知子母團圞處酌罷椒花念客居

半家莊大雪

萬木風號雪亂飛更無人欵白雲扉杯傾竹葉談深夕爐爇松枝坐四圍問慰桑麻情轉熱飄零書劒計原非隔江桃李家山近擬趁春晴買棹歸

九華看雲海

濃雲千疊漾晴空九朶芙蓉幻海中峰矗天臺成

蜃市殿迷地藏落蛟宫銀濤浴日非關水雪浪傾
山不借風好待仙航容桂檝凌虛飄渺接清穹

秋日寄友

輕舟一葉溯三湘岸曲波迴接混茫雲夢日斜猿
正嘯洞庭霜落鴈初翔卿杯應惜秋江暮話舊寧
嫌旅夜長獨憶東籬開卧客疎風冷雨過重陽

鶴嶼日的
是唐音

江村阻雨

濃雲冪歷滿汀洲兩岸荷喧雨未收戴笠童沽橋

上路推篷人繫栁邊舟自將濡滯憐行客誰解清閒伴宿鷗明日曉晴風色好蘭橈摇動一江秋

甯樸庵曰寫江景如畫

展王豹如墓

稚子雙攜拜墓門斑斑淚灑隔年痕眼看宿草荒三尺腸斷秋風奠一樽作善祗云敦古道降祥無語慰幽魂那堪回首寒塘路嗚咽殘蟬日欲昏

夏日小園

幽軒一帶傍踈籬掃盡塵氛事事宜婢愛品泉爭

門茗兒貪問字解吟詩拂簷垂柳陰初密脫籜脩篁粉乍施最是晚來新雨過魚遊池面水漣漪

秦淮晚眺

秦淮秋水碧粼粼盡日流連古渡濱波漾晚風歸艇客簾開新月倚闌人紅牙翠榭歌三疊銀燭瓊樓酒幾巡惆悵烏衣舊時巷阿誰相對話前因

喫雪

清晨枵腹舌尤乾掬得飛霙入手看齒着冰花敲欲碎喉沾雲液化猶寒江南梅蕊堪同嚼塞外氈

毛漫並餐小婦亦知風味別掃來瓦鼎煮龍團

鶴嶼曰雅韻欲流

自笑

自笑蹉跎歷歲華年來依舊冷生涯曉窗風雨重簾暗高枕琴書半榻斜爲養定須謀菽水甘貧只合卧煙霞晚菘早韭林圃事更爲擕鋤學種瓜

新秋即事

門稀剝啄起長遲一卷黄庭共枕欹塗盡穠材方惜墨償多書債倦臨池輕陰滿地桐初落瘦影横

窗竹自披遶岫雲生知雨至呼童編葺菊花籬

山莊留飲

節報西成火正流豐盈晝出太平秋勞民有土何嫌瘠貧我無田也慶收白飯山家新款曲黄花詩社舊交游莫愁歸路斜陽晚笑指林梢月一鈎

秋蟬

槐陰歷落柳絲長斷續聲喧古岸傍似爲羇人憐路遠有何幽怨訴秋涼天開新霽餐朝露雨過空山咽夕陽珍重高枝須穩適莫攖巨斧觸螳螂

秋鴈

沙明水碧楚江開嘹唳寒聲故故催關塞路長千里至衡陽秋老數行來高齋雨暗人初定旅舍燈殘夢乍回寶瑟莫教彈夜月更添凄怨暮雲隈

黃溪道中

九十韶光付逝川羈愁潦倒送春天亂花綺陌人歸馬細雨垂楊客繫船茅舍簷低雛鴨睡蘋灘晉起白魚懸水鄉寥寂烟波晚欹枕篷牕聽杜鵑

舟過羊山磯

危磯兀兀枕寒流雨過烟消倒影浮數點鵁鶄翻衰草岸一帆風送夕陽舟鄉山轉盼黃花節物候驚心絳樹秋咫尺華南茅屋穩忘機那用逐閒鷗

秋風

早是颸䬘䕶碧紗聲聲蕭瑟徧天涯涼生畫閣簾敲月冷逼澄潭浪起花落帽山中雙鬢亂思鱸江上片帆斜何如雲竈依巖築借爾吹噓自煑茶

高家堰

長堤如帶䕶重灣控扼洪湖浩渺間石築魚鱗開

地軸車邀豹尾壯天闢蒼茫浪捲東洋水杳靄雲連北固山眼界放開胸臆濶藕絲鍼孔意全删

朦朧集

背手平橋日幾囘荒涼村落水雲隈魚鹽價賤晨趨市麯蘗香濃夜壓醅扶醉兒爭擒稻蟹操鐮婦解劚蒿萊秋風何日邗江上一片歸帆趁曉開

由張家渡到家

歸程百里記重經此日衝寒莫漫停曉展霜華橋畔路午餐雲壑嶺邊亭鶯花客地心全淡烟月家

山眼始青纔入故園梅正放數枝清韻上踈欞

枕上

寒風歇夜闌一枕松濤靜夢回月正明窗上橫虬影

鶴嶼日中
有畫本

曉起

鳥啼詩夢驚春睡苦不足開門天氣和梆帶曉煙綠

雪意

雲起天忽低林昏日欲暮炊煙不出厨寒雀棲庭樹

章謹堂曰寫景靜細

新正偶成

圖梅多古香窗竹滴寒翠柴門過午開亦貼宜春字

到家

客歸夕照西蔌卸寒林下小兒不解事嬌啼欲跨馬

鶴嶼曰眞樸

聽泉亭

赫赫日如火額上汗珠墮聽泉淸風生且向孤亭坐

斧柯嶺

看奕足少停下山柯已腐仙家日月長一局成今古

舟中夜起

鄉思逐潮生不與寒潮退推篷夜望江風蕩月光

碎。

春夜有懷

春風苦別離。夜坐情默默。素月照庭階。蘭蕙生幽色。

觀釣

花飛小苑晚晴初。扶鍾還看種樹書。門外一溪春漲暖。兒童爭釣碧潭魚。

納涼

炎涼難得是忘形。一榻清風倚竹亭。除卻狂吟無

底事戲將蒲扇撲蜻蜓

秋夜

一鈎新月落林端，城柝聲聲報夜闌。獨倚雕欄望河漢，露華如水不知寒。

清溪曉別

一溪春水接江流，有客魂銷古渡頭。最是多情雙燕子，曉風飛上木蘭舟。

施烱樓曰：別具丰神。

夢遊仙

西風捲起海門濤閒向瀛洲釣六鼇雲裏忽來青
鳥使瑤池今夕讌仙曹

飽有軒日飄飄欲仙

過滕子京墓

金龜原上草芊芊空對斜陽弔昔賢誣奏用錢過
十萬當時誰力辨深堅

鶴嶼日咏古有識

途中見梅

半是山隈半水隈春風度得暗香來此中應有高

人住一樹梅花屋角開鶴嶼曰名士風流

桃花

一片春光望欲迷夭姿綽約畫橋西如何夜雨添新漲又逐漁舠過別溪

荷花

赤闌亭畔碧湖隈翠蓋紅英次第開曾見鴛鴦烟水上雙雙飛去又飛來

水上雙雙飛去又飛來

赤闌亭畔碧漪限翠蓋紅英次第開恰見鴛鴦個

荷花

新綠又添滿初過別後

一片春光望欲迷天姿綽約畫樓西知何夜雨添

桃花

上牆風流日落

人住一樹梅花風雨開

陳氏聯珠集卷六　全椒王肇奎鶴嶼采錄

陳　域　字越之青陽人國子生著有虛航集

九華太白書堂

雨過秋山淸天外芙蓉放摩空一徑懸飛立峰頂上古洞暗堆雲怪石橫如舫萬山皆森羅一巖獨雄壯頓使塵俗蠲盆覺心胸宕憶昔九子山寂寞誰尋訪自從太白來遂與廬岳抗如何斯世人虛無競相尚不崇李謫仙但禮金地藏佛殿鬱崔嵬

香煙盛供養書堂就荒蕪草木動惆悵令我來遨
遊高風獨瞻仰酌酒慰吟魂夕陽在孤嶂

園中

倚枕聽鳥言開門見花笑萬物皆自得我心亦清
妙牆頭望西山旭日相照耀隔鄰老翁來約我前
溪釣

消夏灣曲

洞庭山消夏灣采蓮人在花中間吳王昔日此避
暑錦帆夜半忘歸還姑蘇臺上走麋鹿美人不唱

采蓮曲夏縱能消愁不消煙雨無情秋水綠

張竹軒日調高
意古節短韻長

自題三我圖

處世惟患不知人持身轉患不知我不知有人心
恒私不知有我功恒惰我生百年非優游思始圖
終須早謀過去之我既如彼現在之我又如此不
知未來之我更何似聊將三我名我圖敢與三友
三賢比自警自勉自相參千我萬我如一般若教
有我等無我一我尚多何況三

甯樸庵曰神理周到變化無蹤

元夕無月

今夕是何夕看燈兼看花如何林月滿偏有嶺雲遮雪後天光冷風前燭影斜倚闌端坐久簫鼓徹隣家

夢醒

春草綠生池詩成夢醒時高僧來結社童子出尋師雨過鳥音滑日斜花影移兩三麋鹿侶朝夕共栖遲

晚晴

雲散夕陽低。春山鳥亂啼。嬌兒騎竹馬。老婢飼花雞。溪雨沙平岸。簷風果落泥。新蔬含潤澤。聊免灌園畦。

鶴嶼曰警句

招隱宮

地倚九華東。瓊樓聳碧空。仙人藏石壁。詔使訪琳宮。紫氣千年杳。清泉一綫通。花龕遺像在。丫髻更重瞳。

東巖

古寺勢如懸巍巍百仭巔鐘聲傳下界月色近諸天虎伏風生洞龍歸雨洗泉此身誰舍得不敢立崖邊

從容堂

赴死既不易從容尤其難君臣恩獨重夫婦節雙完墓古春山寂堂空夜月寒幽魂自來往彷彿見衣冠

孫華陽曰氣骨高渾直接唐人

中秋飲湛清園

坐久不知夜更深未上燈倚欄看水月舉酒集親朋天上飄丹桂人間剝紫菱酒醒重設宴斜影樹層層

周栖橋曰起四語一氣旋折力追盛唐

登白鶴山頂

石徑自彎環藤蘿幾度攀逢秋多抱病過雨強登山半嶺雲松外一節霄漢間仙人乘鶴去何日復飛還

施烱樓曰氣骨清健

香林峰訪杜荀鶴書堂舊迹

曲徑入雲深峰高嵐氣侵空山人已去遺址我重尋秋草迷行迹唐風憶舊吟殷勤懷學士斜日照香林

貴池道中

綠水繞山流青蓮舊日遊一潭開玉鏡雙嶂聳瓊樓日落桃陂晚風生竹嶺秋此間多古迹過客足勾留

咏九華蠟燭峰松

霜雪幾經冬。蒼蒼翠色濃。盤盤應駐鶴。鱗老欲成龍。遊客罕能到。名山靈所鍾。不知誰種得。根托最高峰。

春行

郵店攜壺興自乘。新年價比舊年增。野人晴掩牆頭草。稚子寒敲水面冰。花趁春風皆可折。山餘殘雪不能登。何須墮淚如羊祜。畱得浮名後世稱。

清明

清明時節放晴暉嫩柳家家插曉扉滿院落花紅似雨匝池芳草綠成圍林間日暖鶯兒語簾外春深燕子飛好趁夕陽堤上望女郎連臂踏青歸

春日閒居

草色芊芊繞砌旁何須郊外去尋芳午風初定茶煙直春日微和墨氣香幾點落花愁蛺蝶一塘新水浴鴛鴦清明已過遊人少夜短偏欣晝漸長

鶴嶼日想見
閒居靜境

夏夜雨霽

南山雨過晚來青雲外疎疎幾點星風遞荷香來遠浦月移竹影入幽庭溪邊客度樹驚鳥簾外兒歸囊滿螢但使脚跟能立定此身原不似浮萍

涔園夜坐

疎籬香晚菊初黃又爲吟詩到草堂九日已過秋漸老一花同坐夜添長（圍中有一花齋）棋聲帶雨寒侵局酒氣如春煖入觴良會無多須盡醉門前風葉落池塘

小礫山莊

青溪曲曲欲迷津結得茅茨傍水濱小艇坐人煙外渡亂花圍屋雨中春到門客少皆因懶滿架書多不謂貧除着吟詩無別事載將壺酒過比鄰

洪北江曰骨秀神清無一點塵俗氣

秦淮夕泛

石城漠漠近黃昏泛艇青溪酒滿樽新月半簾花弄影晚風雙槳水生痕樓頭燈火頻回首渡口簫聲欲斷魂一帶板橋楊柳外當年桃葉復桃根

湛清園

人間何處謝塵緣差幸園林托地偏花竹蔽門香
徑曲樓臺隔水板橋懸池邊設餵魚分飯石上調
琴鶴聽弦貪看牆頭山色好闌干生月柳生煙

周錦如日流雨端莊五六從洗
硯魚吞墨二句外另闢新意

金鎖橋晚坐

亂山高下屋東西流水彎彎度碧溪沙路不嫌微
雨濕酒旗時帶晚煙迷亭邊葉落兒爭掃竹外僧
還鳥乍啼近日田家都種麥老農歸去夕陽低

清泉嶺

踏盡崎嶇酒已醒馬頭嵐氣逼人青秋寒樹外煙

橫嶺晚霽山邊日滿亭石罅清泉經雨長茅庵疎

磬隔籬聽景元芳躅苔痕綠細掃殘碑讀舊銘

落花

江南近日減春暉萬紫千紅事已非細雨飄來鋪

蘚砌斜風吹送入羅幃臨池落瓣分魚唼藉草留

香待蝶歸欲掃復停頻佇望家童也解惜芳菲

潘蘭如曰藉草句摹寫入神

從前咏落花者未曾道及

觀釣

寒潭秋水碧漣漪獨坐磯頭下釣遲荻羽輕浮新漲後竹竿斜拂晚風時一縧落日青蜓立兩岸疎花白鷺窺攜得遊鱗歸自樂籬邊敲火喚兒炊

秋夜

獨坐何凄其秋聲砭肌骨疏籬蟲語風空谷猿啼月

舟中望小孤山

舟自武昌還風生碧浪間一峰江上立知是小孤山

舟中曉起

夜半吹北風客衾冷如鐵江寒天曉遲推篷一船雪

姚東垣曰情景逼眞十字妙絕

晚望

橋鎖三溪水一灣煙光樹影有無間牧童歸去前村晚幾點疎燈出遠山

夏日偶成

閒階草色自青青枕簟清涼午夢醒柳外夕陽猶

帶雨小池新水到蜻蜓

百松墩

華溪流水碧淙淙橋畔墩連九九峰松與芙蓉相
比較靈山還欠一芙蓉

甯樸庵曰
純乎天籟

五溪望九華

楊柳絲絲水一灣幾家茅店夕陽間馬蹄緩踏橋
邊路爲與行人好看山

雪

詩滿囊中酒滿瓢天風一夜雪蕭蕭小窗自有梅
花放不用騎驢過小橋